讀史觀勢

張建雄 著

商務印書館

讀史觀勢

作　　者：張建雄

責任編輯：徐昕宇

封面設計：涂　慧

出　　版：商務印書館（香港）有限公司
　　　　　香港筲箕灣耀興道 3 號東匯廣場 8 樓
　　　　　http://www.commercialpress.com.hk

發　　行：香港聯合書刊物流有限公司
　　　　　香港新界大埔汀麗路 36 號中華商務印刷大廈 3 字樓

印　　刷：中華商務彩色印刷有限公司
　　　　　香港新界大埔汀麗路 36 號中華商務印刷大廈

版　　次：2016 年 12 月第 1 版第 1 次印刷
　　　　　© 2016 商務印書館（香港）有限公司
　　　　　ISBN 978 962 07 6590 2
　　　　　Printed in Hong Kong

目　錄

序

　　本書是《讀史觀世》的續集，由"觀世"到"觀勢"，因為歷史大勢更清楚了。取這個"勢"字，受兩個人影響，一個是故友曹仁超，他2007年的作品就名為《論勢》，他的名言是："有智慧不如趁勢"；另一位是在六月車禍去世的前駐法大使吳建民，他勸國人"不再向內看，而看世界大勢"。過去五百年，中國是明清兩朝，"寸板不許下海"，既不准南下，亦不准西出。海上絲路自鄭和之後被封，陸上絲路亦被廢棄，直到21世紀的"中國夢"，才有"一帶一路"再出現。這也是國際大勢所逼出來的，美日聯盟遏制中國崛起，太平洋是出不去了，下南海成為兵家必爭之地。如何衝出馬六甲海峽和印度洋，是這盤國際大棋局的戰略考量。中巴、中緬兩條走廊極重要，在陸路經中亞到中東歐，比到南歐北歐更重要。而另一路伊斯蘭走廊，經中東到北非和整個非洲，更是21世紀不可忽略之處。這就是"勢"。

　　本書從講中國和歐洲五百年歷史開始，但更注重近二百年的歷史，由1820年至2020年這二百年，已經發生甚麼，和將發生甚麼的大勢，大家心中必要有個數。無知所以無畏，無知亦會無感，不認為"一帶"會對自己有影響，日後會後悔莫及。歐洲人過去五百年，只知戰爭和革命，列強之間因競爭主義和利己主義打了四百多年，直到二戰後才覺悟：世界大勢是和平和發展，還欠了合作這一環。所以歐盟起來了，歐元出現了，這都是合作的表現。但民主制度講求"正反相爭"，所以又出現了"疑歐派"，各國都有，以不在歐陸本土的英國為甚，乃有"脫歐公投"出現。是不是又要再競爭和戰爭呢？

二戰歷史遺留下來的是中東伊斯蘭問題，作為世界老大的美國，既不懂伊斯蘭語言，亦不懂伊斯蘭文化，更欠了歷史感，發動了"阿拉伯之春"，推進美式民主，結果一塌糊塗。問題解決不了，便要放棄，改為經營亞洲，乃有所謂"重返亞太"戰略。但油價暴漲後，俄羅斯又復蘇了。北約東擴，變成北約和俄羅斯對峙。俄羅斯收復克里米亞，挑戰了北約，世界不會有寧日，但和平仍是主調。

歐洲殖民主義的歷史遭了報應，宗主國接受了當年殖民地的移民，這些人分享了歐洲人的福利，令他們有苦難言。但 21 世紀又來了難民問題，比移民更難辦。全世界都有精英和平民關係相背這一現象，又形成了 1% 和 99% 的矛盾。歐洲人在 1885 年殖民達到頂峰，無人看到六十年後的荒涼。

不能再有戰爭，是最大的教訓，歐洲人學到了，日本人拒絕承認，美國人還在發世界老大的美夢，但世界不再等了。"一帶一路"、亞投行、金磚銀行、上合組織銀行……紛紛崛起，世界金融亦不再由華爾街獨霸。亞洲金融中心崛起，是世界大勢，香港、新加坡、上海在 2050 年是如何，端看如何趁大勢。

張建雄

導讀

一、從《讀史觀世》看世界發展十大亮點

　　《讀史觀世》2014 年 3 月成書至今兩年，歷史洪流在和平與戰爭、發展與對抗、合作與衝突、共贏與仇恨之間並進；世界格局由大西洋移向太平洋，大勢莫之能禦；新興大國崛起，尤其在經濟上，中國、印度、東盟顯出實力；亞投行成立、一帶一路經濟概念普及，筆者在書中作了十大結論，基本方向正確，就現況更新如下：

1. 群龍無首

　　美國仍是世界第一大國，軍力最強，但在太平洋和中東之間，顧此失彼，鞭長莫及。一聲號令萬眾追隨的局面一去不復返。2008 年經濟衰退後，復蘇緩慢，2016 年又面臨全球衰退危機，種種因素，説明美國難以為首，以下現象可以為據：

　　（1）美國 GDP 以 PPP 計算已為中國超過，2015 年中國只增長 6.9%，但美國亦只得 2.4%，往後 3 年變化不大。IMF 估計，美國 2016、2017 年將繼續只得 2.4% GDP 增長，中國雖然只在 6.0%—6.3% 之間，但超越已成事實。2015 年，估計中國 GDP 達 19.3 萬億美元，美國亦為 17.8 萬億美元，差距達 8%，不再是 "差個馬鼻" 了。

　　（2）2015 年最佳國家排名，美國只排第 4，在德國、加拿大、英國之後。

　　（3）最好的臨終國家排名，美國遠遠落後，僅得第 9。

　　(4) 2015 年 3 月 17 日，英國不顧美國反對加入亞投行，或為創行股東。德、法、意隨之。動搖美國盟主地位，此日為轉捩點。

　　(5) 美國立國 240 年，發動 53 場戰爭，以 21 世紀發動的三場中東戰爭最耗國力：阿富汗之戰 15 年；伊拉克之戰 8 年；ISIS 之戰不到 2 年，已耗資 6.6 萬億美元，為其國債的三分之一。

　　(6)"華盛頓共識"已變成華盛頓僵局，一切停擺，2016 年不可能有大進展。

　　(7) 2017 年總統大選，不管希拉莉 (1947 年出生) 還是特朗普 (1946 年出生) 勝出，執政都已是登七之年，何以老人政治成為潮流？

　　(8) 2016 年，美元強、股市弱。美國學生貸款債務達 1.2 萬億，年輕人無力消費，能源貸款、債券成為銀行心腹之患。高息債券 (垃圾債券) 回報率由 2015 年 7 月的國庫券 +3.5 厘，升至 2016 年 1 月的國庫券 +7.75 厘，升了一倍，距衰退期的 10 厘去之不遠了。石油價格低落，傷敵一千，自損八百，美國自食其果。

2. 新型大國關係

　　中國 2013 年推出"新型大國關係"，為中美關係定位。習慣了"千年老二"的日本當副手，美國不能平起平坐，互相尊重。美國得意了 70 年，一時回不過來，只能慢慢融合。中美交往各有文化背境，中國奉行圍棋戰略，美國則以棒球戰術應戰。過去兩年，中國在東盟、歐盟、拉美、非洲、中東下子佈局，美國不是不知，然而圍棋博大精深，一時間難以明白；棒球戰術因勢速變，至於是否每次都變得對，不能保證，棒球常爆冷亦在此因。

　　注意中國出招的人，當然看見下面 12 招：

2013 年 4 月 13 日：大平洋空間充足

2013 年 4 月 24 日：新型大國關係 —— 點滴實踐和累積

2013 年 6 月 7 日：穩定的壓艙石、和平的助推器

2013 年 6 月 7 日：中國夢、美國夢相通

2013 年 12 月 4 日：對話與合作是唯一

2014 年 7 月 9 日：根本問題不容有失

2014 年 7 月 9 日：合則兩利；鬥則俱傷

2014 年 7 月 9 日：絕不能被問題牽着鼻子走

2014 年 11 月 11 日：存在分歧，但非主流

2014 年 11 月 11 日：新型大國關係不能止於概念

2015 年 9 月 22 日：有效管理分歧，推動亞太經濟一體化

2016 年 1 月 1 日：變對抗為合作、化干戈為玉帛

這 12 個表述，是中國文化以和為貴的精神。問題是，美國不是注重歷史和哲學的國度（基辛格語）。對本國如此，對外國亦如此。對中國，人人皆可發言，奧巴馬亦阻止不了，所以艦隊司令亦大發言論。2016 年，中東北非（MENA）仍然不可收拾，沙特和伊朗仍對立。ISIS 之戰，沒有俄國加入可破不了。朝鮮亦蠢蠢欲動。中美的新型大國關係不能停滯不前，但球在美國那方，能等到 2017 年新政府上任嗎？

3. 歐盟

2016 年，希臘債務危機仍在，新政府再施拖字訣，歐盟泥足深陷。一百萬難民，沒有完美機制處理，在人權口號下，只能慢慢吸納，但治安問題已成，警備處處加強，巴黎 2015 年發生兩次恐怖襲擊。歐盟 2015 年 GDP 增長只得 1.5%，估計 2016 年—2017 年最佳亦只 1.7%，IMF 向來高估，下次調整成 1.5% 也毫不意外。

　　歐盟人口 5 億，吸納 100 萬人也不成功，有點醜。今後怕只怕是每年要吸納 100 萬。歐洲生活安適，水平比美國還高，無疑是難民的樂園。難民目前首選德國，因為工作機會充足；次選英國，因為英語通行。難民雲集法國海邊城市 Calais，為的是渡過英倫海峽；再次選北歐，因為福利多多。戰爭完畢，如要難民返鄉，基本亦是無望。歐洲右翼興起，影響選舉結果，多了右翼總統的風險。歐元 1999 年面世，1 歐元兌 1.18 美元，目前只兌 1.08 美元，不知何時變成 1 兌 1，得看資金往哪裏跑。歐洲不會從此不振，畢竟文化深厚，亦是文藝復興、啟蒙運動、工業革命、資本主義、馬克思主義的發源地，但過得太安逸了，沒有大衝擊，不會夢醒。

4. 金磚國家

　　中國經濟放緩，這是每個發展中國家都不可免的，中高速增長 6—7% 完全可以接受。印度莫迪上台後，增長速度亦只是 7.5% 而已，中間還有水份，標準是修改過的。不可不知，中印只是從溫飽走向小康，中國以 2020 年為目標，和發達國家不可同日而語。能買奢侈品的，只是少數富人，打擊貪污後已經收斂，送禮佳品和名錶市場一落千丈，對 GDP 當然也有打擊。

　　中國股市無端從 2,000 點升至 5,000 多點，升勢之速當然有人為成份，回歸原位亦理所當然，只是股民再交一次學費。2016 年 1 月，全球不是也蒸發了 10 萬億美元嗎？不只是中國。中國仍是出口大國，不過產品已轉為電子類，幾年間由 25% 升至 51%，衣服、鞋襪、手袋不再是主力，另有更新新興市場，這是歷史的大勢。

　　印度看似大好，但盧比匯率自 1997 年以來一直貶值，未必對出口有利。巴西和俄國在這兩年變得很慘，巴西是因為商品價格，巴西 1/5 資源出口中國，中國不是不買，而是價格大跌，所以巴西 GDP 在 2015 年是 -3.8%，2016

年再跌 3.5%，要到 2017 年才是零增長。女總統索羅夫情況不妙。俄國則是西方制裁和油價大跌，2015 年 GDP-3.7%，只比巴西好一點，2016 年 -1.0%，2017 年 +1%，這是假定油價不再大跌。中國是大買家，2015 年中國購油量 +8.8%，只是油價跌，中國亦省了不少錢貯存到戰略庫存吧。所以中國到沙特、伊朗亦大受歡迎，自有其原因。俄國能成世界大國，不在其經濟能力，而在其核實力，彈頭 8,800 個，猶勝美國 7,500 個。俄國人強忍卓絕，過去 200 年，甚麼苦都吃過，制裁肯定無效。何況還有普京作領導人。伊朗亦撑過來了，西方以制裁手段，看來不管用，何況歐美之間，已有芥蒂，齊心協力亦非易事，單是中東問題，已焦頭爛額。至於南非，GDP 增長在 1.3% 至 1.8% 之間，不過不失，但規模既小，影響不大。

5. 四小龍

毫無疑問，"亞洲四小龍"已踏入中下增長階段，由 2016 年至 2020 年之間，GDP 增長率只能在 2% 至 3% 之間。2015 年，四小龍 GDP 總計 2.5 萬億美元，在巴西之上，只是中國的四分之一，若論增長率，排名是韓國 2.7%，香港 2.4%，新加坡 2%，台灣 0.7%。若論規模，則是韓、台、新、港。

2015 年，中韓自由貿易區啟動，韓國出口中國，已超過日本，對中國依存度當然高，但台灣以 40% 出口中國大陸則更高。2016 年 5 月，台灣將由綠營管治，是不是如高希均所言"治無可治"，有待觀察。股市能維持 8,000 點，有點異常。央行彭總是否連任，則是台幣匯率所繫，電子業如何變化，亦影響台灣的未來。新加坡在 2015 年失去了李光耀這位老家長，以後 5 年如何作決策，亦未可知。但新加坡的人均 GDP（以 PPP 計算）已達 85,000 美元，世界排名第三，遠超香港的 58,000 美元。往後如能維持 2% 至 2020 年，已是人上人了。再高速也不必了。

　　香港和新加坡往後發展還有一大金礦──海外人民幣存款和相關衍生產品，目前因人民幣的貶值預期，令人民幣存款收縮，那是市場仍未成熟。"一帶一路"和"亞投行"發力，銀行聯貸必增，所以往後五年，只能看好。當然，香港因年輕世代"政治熱"，社會有撕裂危機，但政治只是人生一部分，不能當飯吃，人總會成長的。

6. 一帶一路

　　從歷史角度看，陸路的絲路經濟，從漢代起，已有兩千年了；海上絲路則自宋代開始，亦有千年。鄭和下西洋，直到非洲東岸；唐朝全盛時，中國GDP佔全球 58%，絲路經濟約 5%，不可謂不盛。21 世紀絲路經濟，沿途 60 多個國家，人口 50 億，佔世界 GDP52%，估計到 2050 年，沿途中產階級 30 億人，世界中心不但東移，亦向南移。

　　2020 年，中國將成為世界最大跨境投資者。絲綢之路上，亞洲是重要投資領域，截至 2015 年，亞洲約有 1,300 個超大型基建項目，資金 4 萬億美元。2016─2020 年間，每年需要資金 7,300 億美元，世界銀行和亞洲發展銀行只能應付 300 億美元，亞洲各政府提供 2,000 億美元，每年缺口是 5,000 億美元，五年累積缺口 25,000 億美元。所以中國組織亞投行，全球除了美日都十分積極，創始國達 55 個；速度亦快，由 2013 年 10 月建議，到 2016 年 1 月 16 日開業，僅 27 個月。香港和新加坡是目前亞洲兩大金融中心，所能扮演的角色有四：其一，投資中心，香港 FDI 企業雲集，能守住和增資就不俗。其二，融資中心，目前香港勝於新加坡，IPO 和海外人民幣存款是其二。其三，專業服務中心，如法律、會計。其四，運轉支援中心。四者大有可為，只怕人才不足。

7. 日本與安倍經濟學

　　不管"安倍經濟學"成敗，也不管"新三箭"能否補"舊三箭"的不足，中日的"老二之爭"已經完結。且看下列數字，2015年，中國經濟規模已是日本的2.2倍，若以PPP計算更是3.7倍。日本已被印度超越，東盟追上來，亦是時間問題。日本人口日減，勞動力不足，沒有補救辦法。中國外匯儲備是日本3倍，中國家庭財富22.8萬億美元，亦超越日本的19.8萬億美元。《福布斯》2,000大企業名單中，中國232家，日本218家。外國直接投資金額，中國是日本的8.4倍。外企如何看兩個國家，數字說明一切，出入口貿易，中國已是日本2.8倍，日本的出口大國地位，早已不保；日本的零件和機械出口，又欠競爭力，不是價格問題。國防預算，中國是日本2.6倍，日本再加軍備，但不能超越GDP的1%。有了核武器又怎樣，再敗一次，便很難復起，美國老大哥已無實力和意願培植。企業品牌，亦被中國超過了，西班牙ELCANO學院有個"全球存在指數(ELCANO GPI)"，中國是363.5分排第四，日本257.7分，排第七，日本欠缺存在感。日本貨幣寬鬆已鬆無可鬆，所以2016年就由零利率政策(ZIRP)改為負利率政策(NIRP)。日元繼續走貶，通脹2%的目標只能一拖再拖。獻金醜聞下，執行安倍經濟學的甘利明黯然下台，由石原補上。

　　中日關係進一步退一步，日本企業對華投資2015年下跌25%，全球則增加6.8%，是誰對呢？日本經濟2015年只0.6%進展，2016年及2017年被IMF估為1%和0.3%。中國遊客不來爆買，百貨公司有難了。中日關係在安倍新政內，不可能有大進展，安倍政權能長久，只反映日本政壇無人，反對黨無人，黨內亦無人。日本年青人政治冷感，並未改變，還是等日本40年週期來臨，那是2025年呢！

8. 東盟崛起

2017 年是東盟成立 50 週年，也該崛起了。中國和東盟約定 2020 年兩地貿易到達 1 萬億美元，已達到中國和歐盟的金額。目前東盟 GDP 為 69,000 億美元。2020 年估計為 98,000 億美元，會遠遠超過日本的 55,000 億美元。亞洲國家排名將是中國第一（280,000 億美元），印度第二（117,000 億美元）東盟第三（98,000 億美元），日本第四（55,000 億美元），估計印尼單獨亦可以排第五了（41,000 億美元）。日本的經濟實力還有多大發言權，只有增強軍力。

東盟最有利是組成 "區域全面經濟夥伴關係 Regional Comprehensive Economic Partnership"（RCEP），這是東盟十加六，全數東亞國度。比起 TPP，還是有很多域外國家。東盟人口 6.7 億，比歐盟還大，中產階級肯定比日本人口還多，極大市場機會。南海和平是區域繁榮所在，菲越兩國和中國關係不可能壞到哪裏。目前遇到 1997 金融風暴後的大危機，20,000 億美元熱錢撤出市場，當然引起股匯齊崩，但東盟基建需求仍在。RCEP 的協商將在 2016 年完成，第 10 輪在汶萊（2 月），第 14 輪在老撾（9 月），將是最後一輪，相信會追上 TPP 談判的進度，前途大佳。

9. 克里米亞事件

筆者在《讀史觀世》中寫道："無足輕重的克里米亞正在發展成全球經濟動盪的誘因。"果不其然，2014 年 3 月 18 日，克里米亞正式併入俄國版圖，烏克蘭內戰爆發，北約支持烏克蘭，西方制裁俄國，俄國反制裁，油價大跌，烏克蘭經濟崩潰，和歐盟的自由貿易要到 2016 年 1 月才生效。但 2015 年 GDP 已跌了 12%，欠俄國的 30 億美元貨款無力償還，成為第一個壞賬國家，評分已成 Selected Default，自然股匯大跌。這個 4,200 萬人口的國家，

GDP 僅 1,300 億美元，只是希臘的一半，但外債已達 GDP 的 153%，只比日本低而已，2016 年希望的 GDP 增長率有 1%，有疑！俄國還有力進軍打擊 ISIS，烏克蘭只剩下等待 IMF 救亡了。2016 年全球經濟可能進入衰退，機率達 40%，克里米亞打破了全球的平衡，哀哉！

10. 全球領袖質素

錢穆名言："立國在人，不在物。"值得細味，錢又感歎：世界上要出現"大仁慈，大智慧，大勇敢"的領袖。西方民主選舉制只能選出"平庸的領袖"，選民往往要換人換黨做做看。2016 年《經濟學人》的評論説，這一年要看 WWW，是甚麼呢？不是 What went wrong？而是 Woes, women wins。敵人和勝利且不論，2016 年要看女性領袖是否有可為。

德國默克爾已到任期之末，遭遇上難民問題，焦頭爛額，但畢竟在領導歐洲，遠勝男性對手。美國希拉莉能否以 70 高齡上任，一償入駐白宮 12 年之夢，明年才能看見。韓國朴瑾惠周旋於中日美三者之間，頗見功夫，因為本身是中國通。台灣選出蔡英文，5 月就見真章。美國聯儲的耶倫在 2016 年發揮作用，天下大吉，但她是否能當世界定海神針，無人捉摸得透。巴西總統塞羅夫，形勢最緊，要力挽狂瀾不易。

西方這一套，行到荼靡，不採用非西方的方法，只是死路一條。西方所謂的"民主、自由、人權"，不外乎是"行仁"，如今世界紛亂，恐怖分子遍地，西方對策亦只是"以暴止暴"。對難民亦無良策，看來一時間也出不了"大仁慈，大智慧，大勇敢"領袖，又是"安天下不如與天下安"，無計也，領袖培養要"時"。"時"之道，大矣哉！

二、歷史的回顧

1. 讀史論世的感悟

　　《讀史觀世》在 2014 年面世，讀甚麼史呢？主要是錢穆的《國史大綱》，那可是 1939 年成書的。那年 1 月，錢穆在宜良西山的岩泉下寺，寫下了萬言的引論，其中第十三段首如是說："晚清之季，談者率自稱我民族國家曰'睡獅'，曰'病夫'。夫'睡'與'病'不同，睡者精力未虧，蹶然興起，猶可及人；病者不然。晚清之季，非睡也。且其病又入膏肓，非輕易所能拔除。"中國人等了 75 年，卒之在 2014 年，習近平在歐洲宣佈中國這頭"睡獅"醒了。

　　為何要那麼久呢？不讀歷史之故也。兒子幼時問，歷史如此沉悶，為何要讀？錢穆的答案是讀完可以"知人、曉事、論世"。當時無法明白，長大了，要管人了，就明白了。清朝何以如此糟糕，錢穆明白說是"士大夫之無識"。中國士大夫"立身處世之綱領節目"，白話文是"做人的原則"，早已變色，官場至儒林的知識分子的風氣是："油滑、貪污、不負責任"。進入民國，政體改革，名為"民主"，實則全需士大夫和從政者"良心自負責任"。

2. 預見未來由歷史開始

　　《讀史觀世》的目標當然是令讀者能夠"了解歷史，洞悉當下，預見未來"。比如說 1990 年，新興國家的 GDP 只佔全球的 20%，2010 年已升至

50%，而 2050 年更升至 74%，到時已不能稱為新興國家了，這是未來變化之一。

新興國家要改變全球經濟政治格局是必然的，所以 IMF 總裁説有朝一日總部由華盛頓搬到北京，半點都不稀奇了。年輕人應怎麼預備呢？普通話能不學好嗎？改變遊戲規則是必然，由西方企業壟斷了 400 年的創新模式只能全球化，由新興國家創新所取代。西方企業面對新產品的威脅，只能拚命降低成本，亦即是向員工薪酬下手。美國已 30 年未加薪的勞工們，會不會在下一個 30 年有所改善，還是要移民呢？

21 世紀將是企業平均壽命縮短的情況繼續，但工作人口的工作壽命只會增加，當然人的平均壽命亦增加，年輕人如何面對？西方資本主義社會的 1% 和 99% 的財富和收入懸殊是歷史，也是當下，將來也繼續，不幸 1% 和 99% 的距離在企業內亦會如此，核心員工和派遣員工的區分更明顯，收入差距更大。

21 世紀更是訊息超載的年代，只有能夠善於 "自我管理" 的年輕人才能有智慧地應付他們職業生涯的激烈變化，有效地消解他們在生活中各種單調乏味的壓力，這是 Drucker 在他的《21 世紀管理挑戰》所提出的問題。如何駕馭生活和處理訊息爆棚，是往後 40 年每一個工作人必須面對的，這亦是讀史所得。

3. 歷史組織三部曲

《讀史觀世》的讀者，應有一個日本、台灣前景堪憂的印象，這亦是一個歷史前進中一環追不上的原因。日本和台灣都有自外於中華文化的心態，而事實上，其體制又跑不出歷史上以 "皇室、士大夫、農民" 的三部曲。天下太平，因為皇室開明，士大夫有政績，農民勤勉；而亂世則是皇室昏庸，士大夫官僚，農民散漫而已。到了現代世紀，這三部曲改為"政府、工商業、員工"。

在上世紀六十年代以來，日本有日本奇跡，台灣亦有台灣奇跡，原因是政府大權在握，工商業全面配合，而員工則人人是勤勞服從、廉價的工蟻。但九十年代以後，全球化、民主化和個人化進入了日本和台灣的社會，不論政府和員工，都進入"民主追求時代"。日本出現了新人類和新新人類，不再以終身制為追求目的。台灣更進入"一人一票"的民主遊戲，以我為尊，但偏偏是處於中游的工商業並未轉型。唸 MBA 的人都知道，企業是最不民主的地方，一切以 CEO 的旨意為最終決定，何來民主投票？

日本企業和台灣企業都進行對外投資，"企業空洞化"，面對大陸的員工，完全缺乏競爭力。台灣更以為大量投資高等教育會有回報，在未全球化是對的，但每年出產的二十多萬大學生和六萬碩博士生，有 20% 變成臨時工，薪資更多年未調，因為台灣企業最大本領是削減成本，日本亦然，所以安倍要大企業增薪，但對中小企卻無法，小馬哥更無人聽他那支笛，企業不轉型，奈何！

4. 1820—2050 年變化

西方經濟史喜歡用 1820 年工業革命為研究起點，在中國當時為嘉慶二十五年，也就是"和珅倒，嘉慶飽"的最後一年，1821 年就進入衰敗的道光元年了。這一年，中國 GDP 是全球的 33%，同年印度是 16%，中國是印度一倍以上，亞洲 GDP 超過全球的 50%，是毫無疑議的。

50 年過後的 1870 年，是同治七年，鴉片戰爭發生了，列強來了，道光、咸豐都死了，慈禧垂簾，中國 GDP 縮了一半，只餘 17%，印度也降，但仍有 12%。到了 1950 年，戰後百廢待舉，新中國只有全球 GDP 的 4.5%，印

度則是 4.2%。中國國運衰敗了 130 年，要到 1978 年，丁卯才轉運。到 2050
年，據西方經濟學家的估算，中國 GDP 回到全球的 20%，印度則是 13%。
當然印度自己算，2050 年 GDP 超過中國，但無論如何，亞洲 GDP 超過全球
的 50%，只是回到 1820 年的現實。

再回頭看看日本，1820 年日本 GDP 是全球 3%，明治維新還未發生，但
一百多年來，日本的份量最高潮也就是 9% 左右。2000 年尚是如此，但 2050
年的估計，日本將回落到 1.9%。人口和勞動力的消退，是最殘酷的，西方
年輕人放棄研究日本，也不是事出無因的。日本右翼無力於經濟，只能向軍
力發展，成為核國家也是不必說的。中國經濟在 2050 年將是日本的 10 倍，
東盟比日本重要，拉美和非洲也更重要，西方發達國家維持在 21%，仍是
重要的，年輕人日後如何取向，不是很清楚嗎？

5. 中華文化的未來

王賡武教授在論壇上談到中華文化，要大家明白，外國是不管五千年中
華文化是有多高深，而是看現代中國人的行為是否有文化。很不幸，今日的
中國遊客在海外的口碑不怎麼樣，傳媒只愛報道負面消息，中國的土豪、裸
官和他們親屬們的行為，確也令海外華僑們搖頭不已。

早前端午節的上海小黃鴨事件，又名聞海外了，中華文化中的 "罪不及
眾"，令公德不存，敢於大家一齊 "出軌"，近年更勇於 "維權"，所以有機
場跑出跑道的事件，在地鐵吃東西反而是小事了。即使號稱 "民主自由領航
者" 的台北市，的士司機亦敢於衝紅燈，筆者問為何，答案是 "大官們都不
守法，我們小民何必守"，乃有 "交通燈只供參考" 一語的流行。所以要中
華文化領導世界潮流，還有一段很長的路，正如 *Megachange* 一書的作者
認為漢語無法在 2050 年前取代英語作為世界語。外國人學漢語是用來做生

意的，但要兩個外國人用漢語來交流，難也！無他，學習 6500 個簡體字已甚難，要明白文言文中國古籍，是難上加難，外國人無此耐心和本領。

在一百年前，中國人也要全盤西化，"仁、義、禮、智、信"被視為迂腐，首先要中國人相信公德和私德同樣重要，在行為上表現出來。外國人才會有足夠誘因了解中華文化是怎麼一回事，否則單是《六祖壇經》的"煩惱障"，就不知所云。但若譯為英語，內容只是執着自我（Egoistic）、貪戀物慾（Materialistic）、躁動不安（Restless）而已，外國人不是整天如此嗎？

6. 由氣運看世界變

日本首相十年未去過拉美，美國總統上任六年，去過兩次非洲，這兩個長年被忽視的地區，忽然在美日之間又熱起來。美國搞峰會，要 50 個非洲國家來朝聖，但奧巴馬一人分身見 50 個非洲首領，每人分得多少分鐘時間，可以建立多少友情，能夠不"順得哥情失嫂意"？單是吃飯排位就頭痛極了。

美日都説要和中國在這兩個市場爭一日之長短，但全球何處不爭先，中國已是多少國家的第一大貿易夥伴，這是多少中國大中小企業不辭勞苦、不怕風險，拼搏回來。中國人到國外，主要是商人而不是遊客，雖然遊客們製造了不少鬧劇，但默默苦幹的商界，才是真的做事的人。要知道小微企業的能量，到義烏走走，看看全球商人相聚之地。中國還有條絲路，上海合作組織以上海為基地，絲路經濟帶串聯起 18 個國家，30 億人口。中國的論壇已在喀什開完會了，美日二國又做了些甚麼？不該又等十年才開始追吧！

五百年來，世界氣運由地中海地區轉移到西歐沿大西洋地區，再轉移到英倫三島。但氣運不等人，橫跨大西洋而到美洲大陸，21 世紀再由跨太平洋到亞洲各國，日本因為"脱亞入歐"，早已嚐盡歐洲在二十世紀的好果子，資源不論土地和人口都用盡了，新一代又無福享用，只能看中印和東盟來享用這一波氣運了。美國氣滯而拉美起，歐洲運消而非洲起，拉美和非洲都是歐洲列強的殖民地，美日要爭也是和歐洲爭市場，中國另有天地，不是同一個市場也！

7. 日清的"師夷長技"

日本明治維新始於明治元年（1868 年），向西方學習比大清的洋務運動（1861 年）晚，但效果迥異，孰不知日本在德川幕府開始的 1641 年，就在長崎灣上出島，向荷蘭東印度公司的幹部學習，謂之蘭學，到美國的黑船入港（1852 年），才由學荷蘭文改學英文，足足早了大清 200 年，豈能不勝。

大清魏源在 1841 年至 1852 年間寫的《海國圖誌》100 卷，主張："師夷長技以制夷"，在大清國無人看，反而流傳到日本，成為明治天皇和維新大臣們的必讀之書。日本日後打敗俄國，正是"師夷長技"之故。明治時代日本人説："清人思想和中華正道，相差太遠。"這正是大清時代知識分子的寫照，難怪日本人看不起大清人。"陶醉空言，不尚實學"的大清人，如何學西方，即使學"船堅炮利"，也要跟對師傅。

日本軍事上，拋棄了國勢中落的荷蘭，海軍學英國，陸軍學德國，派出的是貴族子弟、精英分子；而大清權貴子弟，無人願出國，派了也是枉然，官二代也不一定是精英。大清到 1876 年才派了郭嵩燾出使英法，郭氏已 58 歲仍能有所觀察，寫出《西遊紀行》，道盡改革之範，但被大清保守派攻擊，視為漢奸，連大使工作也被罷。1878 年改派曾國藩之子曾紀澤出使，但有前車之鑒，又有何作為，這距恭親王成立總理各國事務衙門已經 18 年了，而英國又是維多利亞女皇在位國勢最盛的一年，但甲午之戰已在眼前，大清無人啊！

8. 凡爾賽到華府 30 年

大清亡後，中國並未進入太平盛世，所以一戰後，列強重來，而國內則軍閥橫行，由 1919 年到 1949 年共 30 年。錢穆説："歷史無必然的事變，若使袁世凱能忠心民國，中央政權漸臻穩定，則軍閥四起的事態，亦可不起。"這批軍閥是"並無大略，思想落後，不識現代潮流"之人，只是擾亂中國幾十年，無力抵擋外來侵略的惡勢力。1919 年"凡爾賽條約"固然不利。1922 年，在華爾頓的九國裁軍會議，才是正式分臟（此會議由美國主持，俄國被摒諸門外，美俄心結由此而起近百年）。會上，英國人力保做英聯邦老大，雖然由加拿大起，人人都自治了，不能自治的只有香港和新加坡，當然香港不能回歸弱國，"弱國無外交"，此之謂也。一戰並未令日本吐出侵略地，滿洲、蒙古當然不退，由德國人手中拿到的山東，只是名義上歸還主權，日本人還是控制鐵路和經濟，並未走人。1922 年的黎元洪總統，無可奈何。

1925 年孫中山去世，南方進入蔣介石時代。1926—1928 年是"北伐時代"，北伐成功了，但各地仍有軍閥，東北就有張作霖張學良父子，且日本人從未離去，滿洲國已在 1934 年由日本人策立出來。日軍侵華，八年抗戰（1937—1945 年），世界亦進入二戰時代。美國變成蔣介石盟友，但世界是由羅斯福、史太林和丘吉爾三巨頭決定一切的時代。二戰結束，隨之是三年內戰，老蔣兵敗，退守台灣，結束這最烏煙瘴氣的 30 年。

9. 甲午後第四階段成果

1979—2014 年是中國騰飛的 35 年，當然是日本所不樂意看到的，日本認為自己提供了 3 萬億日圓的貸款，是中國騰飛的原因，足足補償了甲午戰爭的 2.3 億兩的賠款，這是日本的邏輯。事實上，中國"摸着石頭過河"的"讓一部分人富起來"，激發起人們的鬥志，這和當年的日本、"四小龍"，沒有甚麼分別。

1980 年，日本 GDP 是 1 萬億美元，中國只有 3,000 億美元，是日本的 30%，人均 GDP 更沒得比，日本的至尊情緒，發揮得淋漓盡致。這時日本已超過德國，成為世界第二，中國尚在意大利之後，排第七。35 年過去，中國已超德過日，2013 年 GDP 是 9 萬億美元，上升了 30 倍，而日本在這 35 年，只上升了 5 倍。

甲午之戰以來，日本以兩次戰爭阻礙了中國的上升之道，但這 35 年來在美國制訂下成了"非戰國家"，其要改變為"正常國家"的心態，是可以理解的，但並不表示要贊同。日本國民也不見得贊同，弄到東海、南海都風雲變色，這就是日本右派的好戲，"安倍三箭"射程不遠，這是早就看出來的。

日本走不出 40 年循環，中國再不是 120 年前的大清，要再當一次絆腳石只是空想；港澳回歸祖國，120 年來有多次機會，一戰二戰後，英聯邦 56 個會員都各自有其歸宿，代表英國的衰落。

2014 年是準備下一個 35 年後的建國百年，全面反腐、金磚銀行、上合組織、一帶一路都推行了。拉美、非洲、東盟、印度關係都更上一層樓了，"中國夢"就看第五階段了。

10. 以史為鑒論甲午

中國政研會李洪峰在《甲午鏡鑒》系列文章中，有下述評論："以史為鑒，不是陶醉於歷史輝煌，不是沉湎於歷史苦難，更不是陷於歷史泥淖；而是洞察歷史規律，汲取歷史智慧，把握歷史大勢，從而解決新的歷史課題，推動歷史前進。"旨哉斯言。

120 年前的"甲午之戰"之時，在"知己知彼，百戰不殆"的《孫子兵法》理論上，大清一敗塗地，大國競爭，爭在"綜合國力、軍事實力、民族凝聚．

力和理想理論高度"四者之中。日本早已派了間諜全面調查,連大清的電報
密碼都已破解了。早在甲午的前十年,大清在軍事上已無可觀投資,船是買
了,但無錢買炮,船只是用來看的;軍人吸食鴉片,精神頹廢,士氣衰敗,
海軍訓練跟不上,根本無戰鬥力。以文官領隊,無法控制士兵,士兵要投降,
文官只能自殺,"一死報君王",於戰事無補。不要説那些臨陣逃脫的將領,
沒有投資,有投資又大貪污,武器裝備差距只能愈來愈大,慈禧挪用軍費,
一樣無得打。日本在戰前已知必勝,面對一個文官只知"貪污受賄,詩酒風
流,較指甲之長短";武官目不識丁,沉溺於酒色賭博之間,毫無志氣和操
練的國家和軍隊,日本豈能不勝,還是輕易大勝。

　　李鴻章一心希望外國干涉,但英國早與日本眉來眼去,俄國、法國、
德國則坐享漁翁之利,戰後才干涉,全部要報酬。李鴻章可謂不知外交為何
物,亦不知日本已崛起。法國外交家評李鴻章"躺在驕傲自大上面,輕視可
能存在的敵人",慈禧不成,李鴻章更無能!

11. 歷史規律看清末

　　明清兩代 500 多年的歷史規律是,只要有一個腐敗的領導而又多年在
位,下台後很快就亡了。明末的萬曆在位 48 年,到子孫 18 年而亡;清末慈
禧擅權 47 年,死後 3 年就完了。

　　萬曆和慈禧的共通點是"為了維持自己的權勢,不管家國的興亡",有
此領導,後人如何努力也沒用,崇禎是勤勞的,捱了 17 年,還怨無大臣幫
手,事實上人才亦盡了。滿清部族,到末年還力求不"危及絕對的皇室權
威",真不知歷史大勢了。清代過了康熙、雍正兩朝,就沒有精明的皇室成
員,乾隆被和珅騙了 20 年,不能入精明之列,也沒有歷史智慧。漢人大臣
只能"羈縻",不能重用,是清宮家訓,但民間"反清"的暗流,終清朝二百

多年，並未消失。真正人才亦不會為清室所用，只有稱奴才才有前途的職業也不是人人肯幹的。清代第一流人才只有曾國藩一個人而已，左宗棠、李鴻章、張之洞等而下之，只能是二流。終慈禧47年，也不敢用曾、李當軍機大臣，遑論首席，即使到晚年用了張之洞、袁世凱入軍機，首席仍是慶親王奕劻。

看曾國藩怎麼評慈禧初期的領導階層，慈安、慈禧是"才地平常，見面無一要語"，說廢話居多。首席軍機是恭親王"極聰明，晃蕩不能立足"，無智慧而輕佻，難怪鬥不過慈禧，三次被炒。文祥"規模狹隘，亦不知求人輔助"，倭仁"有特立之操，但才薄識短"；再加一句"餘者碌碌，甚可憂耳"。如此管理團隊，可以支持47年，曾國藩到平太平天國已55歲，距死7年，無作為也是智者。

12. 清末五大戰役

康熙年輕時代就知道有西洋科技，進行學習，同時憂心"千百年後，為禍大清"，但他並未因此要子孫勤習西洋文化，甚至學西方。事實上，1661年，康熙上任的前一年，法國路易十四（太陽王）已稱霸歐洲，康熙未免太寬心了。雍正繼位，只將眼光放在西部絲綢之路，沒有海防觀念。乾隆自命"十全武功"，只是表面功夫。

傳到道光年間，1842年英國人來了，鴉片戰爭，清朝一敗塗地，只因道光是個首鼠兩端、朝戰晚和的人物；而在選接班人，亦錯選老四咸豐，而不選老六恭親王。當然同一個DNA，兩人只有小聰明，但咸豐"予智自雄"，不能用人，兼短命。恭親王比較聽得人言，同時長命近40年。試想沒有咸豐，就沒有慈禧，後來那47年也許就不會如此衰敗。慈禧是"只顧自己權勢，不顧國家大局的人"，"現世也會有，不過是選出來的"，慈禧是"誰令她一時不快，誰就會一生不快"。這份工很難打，也只有李鴻章，可以支持到最後。

1861 年，咸豐逃避英法聯軍，躲到熱河，且病死於斯。道光這位老爹失了香港，咸豐這個兒子輸了九龍新界，外加北方的 150 萬平方公里給俄國人，死了也無法向祖宗交代。父子輸了兩役，但媳婦大人的慈禧，還要面對中法戰爭（1884—1885），是不戰而敗；甲午之戰（1894—1895），是割地賠款；最後是八國聯軍（1900），朝廷逃亡到西安，怎能不被瓜分！有句當年順口溜："老百姓怕官，官怕洋鬼子，洋鬼子怕老百姓。"五億人不好管，收水就好。

13. 不受關注的密約

錢穆在《國史大綱》中論北洋軍閥（1911—1928）統治的那十七年，"專就政治情態之腐敗黑暗而論，唐末、五代殆不過如是"。此輩軍閥之私生活尤屬不堪言狀，有一人而納姬妾四五十人之多，有關軍事政治問題之商決，一定要在"鴉片煙、麻雀牌"之間進行，"煙照吸、牌照打"，不因大清亡國而改變，後世有"馬照跑、舞照跳"相輝映，不亦諷刺！

北洋軍閥頭子由袁世凱、黎元洪、馮國璋、徐世昌、段祺瑞、曹錕，到張作霖，除了馮國璋早死（1919），張作霖被日本人炸死於皇姑屯（1928），全部下野後都退到天津當寓公，成為日本人侵佔東北所拉攏的對象。

如果李鴻章在 1896 年簽署的《中俄密約》是一生大錯，那麼段祺瑞在1917—1918 年執政期的"西原借款"和日本海軍及陸軍所簽的《中日密約》，更是不堪。日本人寺內正毅宣稱，由西原借款（5 億日圓）所得到在東北的權利，十倍於袁世凱所簽"二十一條"。二十一條單是租借大連旅順、南滿安奉鐵路，延期九十九年，日本人在南滿東蒙有優先權，日本接收德國在山東一切權益，已經不得了。但段祺瑞的《中日密約》是中日的"共同防敵"，敵者俄國，結果是日本人派大軍入中國東北，和今日自衛隊可以到處去一樣，俄國被趕出東北，所建的中東鐵路亦要賤賣。但 1924 年北京大學選出的中國人物頭五名排名是孫中山、陳獨秀、蔡元培，胡適和段祺瑞並列第四，真不知何解，據稱是任事清廉，但清廉而誤國，也是無用！

14. 大清初年的安寧

德國總理贈給中國的德國精製世界地圖是在 1735 年製作的，那已是乾隆"上班"的前一年。事實上，西方的地圖在乾隆年間已傳入中國，一位傳教士曾向大清的十多位翰林介紹，這批翰林卻誤認非洲和歐洲都是中國版圖。到説明大清的真實情況，翰林們只大歎"少得緊，小得緊"，大清的高級知識分子的世界觀真可憐。

歐洲人雖云中國是神秘的國度，但最少對地形是了如指掌，法國拿破崙更説出"不要驚醒中國這頭睡獅"之言，那已是 19 世紀之初了。中國在清朝開國的 1644—1820 年之間，沒有外患，是多虧英國和法國之間（由 1689—1815 年）的七次大戰（英法百年戰爭），而英法最後一次大戰，法國由拿破崙主持，結果是拿破崙兩次失敗告終。

1815 年成為英國獨霸的起點，而維多利亞女皇時代為最高潮，下落點為中日"甲午戰爭"的 1894 年，而被美國全面取代是一戰後的 1918 年。法國的全盛時期，當然是拿破崙統治的 11 年（1804—1815 年）。反法同盟組織過兩次，第一次 1793—1795 年，第二次 1798—1800 年，都一敗塗地。在拿破崙統治期間，普魯士成為法國衛星國，俄國受重創，同意停止和英國通商，西班牙、意大利和荷蘭向法國俯首稱臣，神聖羅馬帝國土崩瓦解，德意志南部和西部大部分併入"萊茵聯邦"，波蘭成為華沙公國，由葡萄牙到瑞典都不再獨立，餘下只有英國這個敵手。拿破崙所料不及是英國已經開始了工業革命，經濟和出口到歐洲外的地方劇增，財政收入和倫敦這個市場籌款，使英國撐到底！

15. 大清人多不得溫飽

1800 年，歐洲五大國的人口如下：俄國 3,700 萬，法國 2,800 萬，奧地利 2,800 萬，英國 1,600 萬，西班牙 1,100 萬，剛獨立不久的美國才 400 萬人。軍隊方面，法國為第一大國，陸軍 60 萬，俄國 50 萬，奧地利 25 萬，英國 25 萬，普魯士則有 27 萬，成為軍事大國。海軍則英國一支獨秀，有 214 艘主力艦，第二的法國才 80 艘，俄國 40 艘，西班牙已縮至 25 艘，其他不論。這時候的大清，乾隆剛死，是嘉慶五年，人口已達 3 億，是歐洲五大國的 1.2倍，應是無所懼。因為不知敵情，亦不知工業革命已將戰爭的規模和速度全面改變，《孫子兵法》已是古典武學，既非科舉範圍，亦不可以搵食，大清的舉子們有多少人會讀，真是存疑。法國拿破崙亦有研究，但只用於謀略和權變，打仗還是講實力，兵槍劍戟打不過機關槍，是明白不過的。何況根據歷史學家呂思勉的研究，大清的武力，於 1759 年平定天山南北之時為最盛，此後政治業已腐敗，社會元氣亦已暗中凋敝了，然表面上卻還維持一個盛況。

乾隆重用和珅內耗更大，據中國人口史的報告，大清五口之家平均每人有 6 畝地方可得溫飽，康熙時 8.26 畝，雍正時 8.13 畝，而乾隆十八年後（1753），在 4 畝以下，到嘉慶更只得 2.3 畝，在人民不得溫飽之下兵力又怎強得起來，到大清當傳教士的外國人都會回國報告，古代間諜也。

16. 大清外交經歷

清朝到了道光二年（1822），單看人均土地只有 1.7 畝，就知民不聊生了。但窮人哪來銀兩吸鴉片煙呢？事實上，大清是連軍人也抽鴉片而無力作戰了。而 19 世紀，歐洲五強已由英國領頭，法國、俄國、德國、普魯士隨其後，瑞典已入二流，但仍有海軍。

英國人已在乾隆年間（1792）和嘉慶年間（1810）兩次遣使到大清，要求改良通商辦法，都無功而退，大清不知外交為何物。其實，早在康熙年間，大清已與俄國在 1688 年簽訂《尼布楚條約》，到康熙三十年（1691），外蒙古入了大清版圖，大清和俄國又簽訂《恰克圖條約》，規定國界，不是沒有外交經驗。而葡萄牙自 1516 年來澳門通商，已經超過 300 年了，大清仍置之不理。道光在 1838 年派林則徐到廣東查辦鴉片煙，乃有 1839 年虎門燒煙。大清和英國開戰，最後 1842 年簽《南京條約》，割讓香港，五口通商。1856 年，第二次鴉片戰爭爆發，1858 年簽《天津條約》，1860 年簽《北京條約》，但這次簽不只英國，還有俄國、法國、美國、瑞典。從此洋人得以在海口通商，赴內地通商，遊歷傳教，訂定關稅，領事裁判權，沿海航行，中俄則有陸路通商，決定邊界問題，全部也不過 24 年。大清弱點全露了，到清亡也只有 51 年。

17. 改變俯視大陸習慣

遠在上世紀 70 年代，台灣人還未渡海投資之前，錢穆就告誡他的台灣學生，到大陸是憂患的開始，而不是享樂的開始，要用謙遜和憂患的態度，彼此合作，才是民族復興之道。

三十多年來，10 萬企業家過去大陸了，投資了 1,400 億美元，台灣號稱 2,300 萬人中，也有 200 萬人渡海長居大陸了，心態大概較為適應那個社會制度不同、價值觀亦不同的大陸。正如大陸和台灣人的婚姻一樣，既然在一起，彼此就要適應，不能說誰的比較好，否則只有離婚一途。台灣人（香港人也一樣）在離岸俯視了大陸 50 年，如今大陸強大了，能夠彼此平視就不錯了，"樂觀其成" 是最佳態度，否則日後被對方 "幸災樂禍"，那真是悲劇。

　　小馬哥想見習大大而不得要領，亦是心態未能調整好（卒之 2015 習馬會在新加坡舉行了），而習大大會見微笑老蕭，很婉轉提出彼此間的 "信心、互信、尊重、互動" 都要改善，聽得出和聽得進的人，想來怕沒有多少。問題是台灣的競爭力和議價能力日消，社會中充滿了 "反中恐中，反商仇富" 的情緒，其實台灣的貧富懸殊並未比亞洲其他地方嚴重，堅尼係數還是很低（香港在亞洲排第一呢）。

　　郭台銘說台灣強點在 "人才、法治和社會安定"。作為台灣人不得不如是說，台灣人才不是沒有，只是數量限在幾家名牌大學的出品，同時早已出國打工，在上海就很多。法治只是五五波，選擇性很強，外商早已受夠。社會安定只在非投票時間，但偏偏年年有選舉，要專心工作的人很煩，台灣現象就是如此！

18. 歷史總是不從人願

　　1913 年，俄羅斯帝國消亡之前，俄國每人每小時的實際產值是日本的 3.5 倍（不要忘記，日本在 1905 年在大清土地擊敗了俄國）。但到 1983 年，俄國已變成蘇聯，蘇聯的人均產值只是日本的四分之一，這 70 年的變化可夠大。1991 年蘇聯解體，失去了 14 個衛星國，經濟實力自然收縮。

　　2014 年，俄國的 GDP 全球排第九，尚在意大利之後，僅勝於印度，若以 PPP 排行，俄國尚排在第六。受歐美抵制和油價下跌的影響，2015 年可能再度縮水。歷史上的俄國 "沒有聽任自己建立起來的國家衰敗的傳統和習慣"，幾百年來亦一直維持龐大的軍事力量。論者謂，沒有這龐大的軍事力量，俄國就 "無足輕重"。但有了這力量，"則讓他人感到不安，也妨礙了自己的經濟發展"。同一個道理，日本當前的行為亦是如此，眼看經濟實力都被中國印度超越，亦只有大加軍事實力，才有發言權。

　　從過去五百年的西方歷史看，任何一個擴張過度例子有如奧斯曼帝國、西班牙帝國、拿破崙帝國和大英帝國，都是戰線太長，敵人太多，而在大國戰爭中被打敗，或者是在戰爭中被嚴重削弱其實力，而不得不進行收縮。大英帝國在二戰後失去 54 個殖民地，最後保住福克蘭，但失去香港；所以，退回本土亦是歷史必然。但歷史轉變不總是以人們預想的方式進行，而且要付出重大代價，有時甚至要子孫還，例如今日的反恐。

19. 實際佔領的用處

　　最近到大連旅順走了一遭，參觀了日俄爭奪旅順的戰場，和電影《闖關東》的拍攝基地，如今旅順是大連的一區，清代大連是旅順的一部分，正如古代上海縣乃松江府中七縣之一，如今松江區亦只是上海市的一區而已。香港和屯門的主從關係，亦是歷史的一部分，不是小漁村這麼簡單。

　　讀歷史才知道，女真人入侵中原，最後被漢人同化，清太宗皇太極未入關就要女真人讀《金史‧世宗本紀》，以同化於漢人為戒。入關後，薙髮易服，留髮不留頭，大興文字獄，以挫漢族士氣，不准滿漢通婚，封鎖關東，使滿族人不至被漢人同化。又封鎖蒙古，厚撫蒙族王公，希望滿蒙聯合，以制漢人，確是深謀遠慮，精密佈置。但亦因此等歧視，漢族的民族主義於此時形成。

　　滿清封鎖東北，要到末年，才被逃荒的山東人所突破，乃有"闖關東"之事，但移殖亦以遼寧居多，入吉林黑龍江者少。到甲午之戰後的 1897 年，《中俄密約》簽訂，俄國人開闢中東鐵路，由俄邊境，經滿洲里、哈爾濱到綏芬河，1903 年完工。而南下經長春到大連，在日俄 1904 年之戰後，為日本所佔，稱為"南滿鐵路"，直到 1945 年，抗戰勝利，才回歸中國，日本佔用凡 40 年。正因建鐵路要勞動力，漢人移民日眾，竣工後，這些勞動力留下耕種。1919—1928 年間，來了 500 萬人，原因正是災荒、戰爭和外國的掠奪、剝削。日本人佔領東北，亦拚命移民，日本關東軍更達 100 萬之眾，但終不及漢人之多，不得不退。

20. 史學家的忠告

歷史四大家對歷史的看法是怎樣呢？可以匯聚如下：

呂思勉説："歷史者，研究人類社會之沿革，而認識其變遷進化之因果關係。""社會現象"是"宇宙現象"之一，其"變遷進化"，是脱不了"因果關係"，雖然不如自然現象那麼簡單，因而"斷定既往"，"推測將來"，也不能如自然科學那麼正確，但其間不能説沒有因果，所以研究歷史，就是認識這因果關係。但讀史書不一定正確，正如今日看報紙新聞。

陳垣一百年前就指出，吾人讀史書，"（一）看其成書之時代、時間；（二）看其人的學問、性情、道德。"此外還看其是"官書"或"私書"。"官書"多懾於勢力，每有所顧慮而多忌諱；"私書"亦每偏重感情，或私人恩怨有關，皆不能盡信。如今讀新聞亦如讀史，要看作者是誰，時間相距有多久，其人其事的關係，不知背後消息，中計居多，只能不信，疑中留情，情中亦留疑。

錢穆開宗明義，請讀《國史大綱》的讀者，（一）要對本國歷史略有所知者，必附隨一種對本國以往歷史的"溫情和敬意"；（二）不會對以往歷史抱一種偏激的虛無主義；（三）最少不會感到現在我們是站在以往歷史的最高之頂點，而將我們當身種種罪惡與弱點，一切諉卸於古人。尤其讀史讀到過去二百年，列強入侵、中國之弱，不帶溫情，讀不下去，辛亥革命之後的軍閥十五年，錢穆稱之為歷史上最不堪的一段時間。史家總結為"列強侵略，政客爭權，軍閥混戰，民不聊生"。史學家要好好寫出一段真確的歷史，可非易事！歷史的幕後充滿驚歎號！誰曰不然。

21. GDP 十大的天下

IMF 趁着 2014 年 10 月在華府年會前，公佈中國 GDP（以 PPP 計算）超越美國的消息，半點都不出意外。去年公佈的數字，美國 17.56 萬億美元，中國 17.45 萬億美元，中國已是美國的 99.3%。在 2014 年，中國增長 7.5%，美國增長 2%，中國變成美國的 101.2%，那是數學上的必然。只是到 2019 年，中國是 27 萬億美元，已是美國的 1.25 倍，有點情何以堪了。

美國自從 1872 年超越英國，成為世界第一，也算維持了 142 年，但 GDP 第一，不是全方位第一，那也是事實的真相。美國也要等到 1918 年第一次大戰完結後，才全球稱霸，也要 46 年呢！中國當然要有足夠的耐心和戰略準備。美國有人説 PPP "不能算數"，經濟理論要推翻也不是一個人説的。若再看 IMF 的 GDP 評估，印度早已超越日本，2013 年是 6.78 萬億美元，是日本的 1.45 倍，日本人也是説 "不算數" 的，但那已經多年了。19 世紀的霸主英國到 2013 年已跌到全球第八名。而第九名的印尼，以 2.4 萬億美元追上來，已是英國的 94%，追上英國亦是兩年內的事，當然也可以 "不算數"，就算實質（Nominal）GDP 吧。中國超過日本沒多久，但隨着日本走貶值之路，2013 年，中國已是日本的兩倍，2014 年底 GDP 超過 10 萬億美元，而日本卻無法衝破 5 萬億美元，那也是鐵一般的事實。

2015 年世界十大經濟體中，金磚四國全部進入了，巴西第七、俄國第八、印度第十。東盟若是個整體，還稍勝印度，這世紀是誰的天下？

第一章

從歐洲看中美戰略

一、從歐洲 500 年歷史看中美戰略和外交

《讀史觀世》出版後，筆者不時重溫英國歷史學家 Paul Kennedy 在 1988 年出版的《大國的興衰》(*The rise and fall of the Great Power*)，看看西方國家在 1500—1990 年間在經濟、民主和軍事上的進展，以作啟發。事實上，過去幾個世紀，西方國家其實都是在戰國時代，不斷的合縱連橫，互相攻打，在經濟上變革，在軍事上衝突，在民主制度上改進。這個被稱為"相對有效"的民主制度，是在付出 20 世紀上半葉的兩次世界大戰後，歐洲才真正明白到民主是甚麼；而殖民地區在這個上半世紀，民主制度只是烏托邦。

二戰後，歐洲相對衰落，已無力於全球推行民主制度，反而本來一直實行"孤立主義"的美國，忽然成為拚命推行民主制度的國家，其實也不過是 70 年而已，在歷史長河中亦只是一瞬。而這 70 年在美國而言，亦可分成兩段。哪一年是分水嶺，很難説，但 1990 年，美蘇冷戰結束，美國的而且確是單極霸權，有着無限權力去推行民主。

筆者這批戰後嬰兒在唸大學時代，就因新亞書院和耶魯大學關係，一直在發着美國夢，到不了美國唸 MBA，引以為憾。確實二戰後 30 年間，美國的確給人一個"公正，繁榮，有活力和包容的社會"，只要努力工作，就會過着"富足、自豪、安全、優越"的生活。美國夢無處不開花。

1. 美國 30 年之變

　　畢業後替美國人工作，雖然已覺得銀行是猶太人的世界，競爭失敗就走人是唯一硬道理，也沒有覺得有何不對，總之靠自己才能生活富足。直到 1987 年至 1990 年代替法國人到美國工作，才感覺到真實的美國是不一樣的。這段時間只覺得美國有點墨西哥化，仍不會料到 2015 年，6,000 萬到國外旅遊的美國人，3,000 萬是去墨西哥的。這段期間，美國出現兩個異類，一個是金融界的米爾根（Milken），另一個是地產界的特朗普（Trump）。米爾根創下一年賺 5 億美元的紀錄，美國開始 1% 和 99% 的不公平現象，米爾根最後入獄三年，但並未破產，反而成為 "慈善家" 和經濟界名人。從此，美國 CEO 盛行，人人賺錢比從前多 10—20 倍，而特朗普的賭場破產，但仍可全身而退，敗而不衰。2016 年更可選總統，美國之變，也就是這 30 年間而已。

　　這 30 年間，不平等現象橫行，機場和公共設施衰敗。美國槍禍橫行，監獄人口世界之最。政客只知吹噓，同時仇外，但國內如此，美國人仍認為自己有 "改善世界責任"，要將所有國家變成更像美國。同時為未來民主，不惜使用武力，聯合國的橡皮圖章也不要了。1945—1990 年，美蘇冷戰，美國其實一直處於 "敵對、不安和戰爭狀態"，中間經歷韓戰和越戰，到蘇聯解體，以為一切大好，其實不然。美國政治領導力開始弱化了。

　　1993 年以來，美國歷經克林頓 8 年，小布殊 8 年，奧巴馬 8 年。這 24 年間，醞釀出 2008 年的 "次貸危機"。全球都叫改革，中國改革力度最大，美國次之，歐盟又次之。中國經濟雖然減速，但仍是正數，美國要 5 年才回復 2007 年水平，歐盟則到 2016 年第一季才回到當年水平。這亦可反映出各國的政治領導力如何。話雖如此，中美之間的綜合國力差距在這 24 年間不斷縮小，但要超越美國還早。起碼美國 GDP 可以讓中國超越，但仍維持軍費是中國三倍。何時才可超過，恐怕也是 2047 年以後的事。

　　中美最大分歧在於意識形態。美國對中國的態度，自克林頓時代，就是
"強迫中國改變內部統治方式"。而美日聯盟，又不時發出"中國崩潰論"、
"中國威脅論"、"中國衰退論"，但全部"預言"失敗，亦不甘心接受"新型
大國關係"。眼看奧巴馬亦要下台了，到下屆美國政府再說吧！

2. 美國的外交招數

　　總結美國近年的外交政策，大概如下：防止中國在東亞獲得統治地位；
防止朝鮮和伊朗獲得核武器；防止俄國的軍事冒險主義；在中東建立一個民
主國家的垂範；防止歐洲和中國走得太近。

　　在行動上，美國推出"亞太再平衡"，要將軍力東移，但事實上，美國
的軍力在亞太、中東和歐洲三大戰場，哪個最重要，哪個對美國的"安全和
利益"最有影響，恐怕美國精英們自己也分不清楚。"阿拉伯之春"引來無
法解決的伊斯蘭國和中東難民潮。歐盟東擴引出北約東擴，和俄國起了衝
突，乃有 2014 年的克里米亞事件，烏克蘭之戰，至今亦是無解之局。在亞
洲，則有東海、南海和台海三個局面。東海是中日釣魚島之爭，日本繼續就
其"雙面人"，拖美國下水；南海則有中國大陸與菲律賓和越南的島嶼之爭，
台灣亦有太平島不可脫身；台海在蔡英文上台後是"風雲驟變"，還是"一
池死水"都不是好現象。東盟成為中美日必爭之地。一向以來，東盟策略是
"經濟靠中國，安全靠美國"。東盟國家的核心利益是軍事安全還是經濟繁
華？東盟人士仍是三心兩意。訴諸歷史，中國和東盟關係自鄭和下西洋已經
600 年了，中間亦經歷了風風雨雨，但中國推出的"一帶一路"會不會成為
轉機？機率極大，要看如何齊心合力！

　　"一帶一路"是中國和美國"新型大國關係"重要的一環。在東盟泛亞鐵
路網已啟動了，分成中線、東線、西線，東西線匯合於泰國曼谷，再到馬來

西亞和新加坡。中國西部城市由昆明領頭，對東盟的重要，不言而喻！對中國而言，建立到東盟的鐵路網，亦正好是躲過美國艦隊在南海"橫行自由"的方法之一。在歷史上，英國艦隊和美國艦隊是一脈相承，兩支艦隊都認為自己不需要徵求任何人的批准，就能在任何時間，前往幾乎任何地方。這就是 18 世紀以來的"霸權思維"，讀過歷史沒有甚麼好奇怪的！

3. 中德 —— 貿易的領頭軍

另一方面，中國的絲綢鐵路網亦已通行了，德國的港口杜伊斯堡和漢堡，每天都有火車自中國各市（包括重慶、長沙、武漢、鄭州等城市）到達。最新一班，由浙江義烏經哈薩克斯坦、土庫曼斯坦到達伊朗德黑蘭，日後伊朗再度被制裁，亦有路可到中國了。當然義烏班車，早已經德國直達西班牙馬德里了。研究 IRON SILK ROAD 已是了解一帶一路的基本功，而絲綢之路最動盪，一線是到阿富汗，如何重建喀布爾的基礎設施，通到中國新疆，亦已有前阿富汗官員提出了；本來是到西方絲綢之路的中心點 —— 土耳其，卻有點動盪。西方一直認為伊斯坦堡是"西方遭遇東方"的重心，如今有點失望了。

在"一帶一路"以外，中國成立亞投行。美國盟友裏，除了日本，大都參加了。美國已無力阻擋，亦可見其影響力的衰退。二戰後成立的世界銀行、IMF 和亞洲開發銀行，都已老大了，亦沒有足夠實力來支援新興國家，尤其是亞洲的基礎設施的融資。筆者會在另文作出世銀、亞開行和亞投行的比較，大家會恍然大悟的。

如今世界貿易的領頭軍已是中國和德國，但美國仍然認為自己才是規則的制定者。亞洲的 TPP 和歐洲的 TTIP 都在進行中。TPP 是要排擠中國主導的 RCEP，但是否有效呢？TPP 只是美、加、墨這個北美自貿區，加上秘魯、智利兩個南美國家，亞洲只有澳、紐和東盟中的新加坡、馬來西亞、汶萊、越南，共 12 國，總 GDP 量是 30.6 萬億美元；而 RCEP 是中、印度、韓國、日本、澳紐，加上東盟十國，這樣亞洲才算完整。事實上，亞洲沒有了中、印和印尼共 30 億人口的國家和中產市場，說不過去。RCEP 的 GDP（PPP）共 42.3 萬億美元，2015 年 RCEP 已是 TPP 的 1.4 倍。到 2030 年，估計約為 1.6 倍，TPP 只是美國的私心，能否通過美國國會，仍是未知之數。

在亞洲，美國仍有話事權，所以在 2016 年 2 月簽了 TPP，有兩年時間去拿國會批文；但在大西洋的 TTIP 卻沒有如此運氣和影響力。法國率先反對，和日本一樣，農業是關鍵，而在美國國內，國民持贊成態度只有 15%（2014 年是 53%）。奧巴馬希望在 "下班" 前結束談判，亦是奢望。到了選舉年，一切總成變數。看來奧巴馬希望 TTP/TTIP 成為他的政治遺產，會成泡影！

（註：TTIP：跨大西洋貿易與投資夥伴關係協定；TTP：跨太平洋夥伴關係協定；RCEP：區域全面經濟夥伴關係協定）

二、歐洲歷史重點

1. 16 世紀到 18 世紀

（1）500 年前伊斯蘭世界

　　《大國的興衰》是寫公元 1500 年至 2000 年間西方各國的興衰，而西方之興，正是東方之衰。16 世紀的東方，是中國的大明王朝，北印度的莫臥兒帝國，以及土耳其的奧斯曼帝國。日本的德川幕府時代，對世界無影響。對西方影響最大的仍是伊斯蘭世界的奧斯曼帝國，公元 1200 年至 1500 年間，伊斯蘭世界在文化上和技術上都領先歐洲，城市大，有照明，正如《沙漠梟雄》電影中，伊斯蘭長老和英國人說：“當伊斯蘭世界已經燈火樓台之際，英國還是小漁村而已。”1600 年的君士坦丁堡，正處於全盛時期，人口 50萬，比任何歐洲城市都大；奧斯曼帝國人口 1,400 萬，而這時的西班牙 500萬，英格蘭 250 萬。這個科技進步、文化堅實、人口眾多的大國，怎麼又會消失呢？作者指出是戰略上戰線拉得過長，到處樹敵，龐大的陸軍和海軍費用不菲，而內部主政的遜尼派打壓以伊拉克及伊朗為基地的什葉派，這戰爭又 500 年了，至今還未終止。最遺憾的是，1566 年以後，連續由 13 位無能的蘇丹統治奧斯曼帝國，上層無指令，官僚系統麻木，一切皆保守，商人和企業家、農民全都受害，不得不衰落。大明號到 1500 年，是明孝宗的弘治十三年，後面的正德、嘉靖、隆慶、萬曆都是沒有“負責任的工作倫理”的CEO，沒有張居正十年，大明早該亡了。大明最終亡於流寇，外患是北方的滿族而不是方興的西班牙、葡萄牙和荷蘭，是因為世界氣運剛離開地中海，來到大西洋。

（2）歐洲奇跡和多極世界

20 世紀有"日本奇跡"，又有"台海奇跡"。其實早在 16 世紀，就先有"歐洲奇跡"，而奇跡的原因是經濟自由放任，政治和軍事多元化，以及智力活動，此三者的結合使歐洲發展成世界舞台的中心，而同時代的中國明朝、中東和伊斯蘭的奧斯曼帝國卻因保守而停滯不前。

由公元 1500 年開始，哈布斯堡王朝的兩個中心 —— 西班牙和奧地利開始發力，但 150 餘年之間，被法蘭西、英格蘭、荷蘭、德意志所干擾，並未成為霸主，期間有"八十年戰爭"和"三十年戰爭"，打仗頻頻，軍費高漲，西班牙皇室和法蘭西皇室都曾宣佈破產。1660 年至 1815 年間，西班牙衰落，歐洲五大國是法蘭西、奧地利、普魯士、英格蘭和俄國，法國在路易十四和拿破崙主政期間，確想稱霸，但亦為其他四大國所制衡。直到 1750 年，歐洲各大國的製造業產量相對份額仍是很少，整個歐洲才 23.2%，最大的俄國 5%，法國 4%，英國更只有 1.9%，但產業革命引發的生產力是驚人的，英國紡紗業的機械化，使單位生產力提高了 300—400 倍，所以英國由 1.9% 一躍升至 1830 年的 9.5%，到 1880 年升至最高潮的 22.9%。法國同期只能升至 7.8%，但歐洲總額已升至 61.3%。中國則從清朝乾隆十五年的 32.8%，一跌至光緒六年（1880 年）的 12.5%，到 1900 年，中國只餘 6.2%，這是多極世界；45 年後，歐洲變了一片廢墟，1945 年後是兩極世界，但 45 年後又變成單極，歷史真奇妙。

（3）歐洲制度之所宗

錢穆論清末改革，談到張之洞的"中學為體，西學為用"的出現，因為"無比此再好的意見，問題是當時已屆'學絕道喪'之際"，"根本就拿不出所謂‘中學’來”，結論是“一個國家，絕非可以一切捨棄其原來歷史文化、政教淵源，而空言改革所能濟事”。何況中國歷史已四五千年，更無從“一旦捨棄以為自新之理”，但何以日本又可以呢？錢穆説：“日本小邦淺演，內顧無所有，惕然知懼，急起直追，以效法西方之所為。”而中國為自己傳統文化所縛，不能也不易放棄自信，但學到甚麼呢？船堅炮利是中日都在學的，但中國沒有學到歐洲各國的制度，而日本則學到了，那是為甚麼呢？

當時保羅‧甘迺迪仍未出現，《大國的興衰》亦未出版，但今日再讀這本書，看到 18 世紀的歐洲制度，書中明言：“歐洲各國制度的競爭性和利己主義性”，意味着長期和平是稀有的”，“戰爭、戰爭、戰爭”是歐洲現象。和平時，軍費是國家財政支出的 40% 至 50%；在戰時，軍費是國家財政支出的 80% 至 90%，能不民不聊生嗎？當時最富三國（法國、英國和荷蘭）都不堪重負，而中等國如西班牙、奧地利、瑞典豈能不筋疲力盡。到 1738 年間，英國國債是 2.2 億英鎊，法國亦有 2.15 億英鎊，不過英國信用較佳，只付 3% 利息，而法國則多付一倍的 6%，單是利息已是 1,400 萬英鎊。荷蘭則勝在有 18 世紀的國際金融中心 —— 阿姆斯特丹，所以籌款不難，但荷蘭亦在英國和法國夾擊下，從主要大國的地位跌下來了。

（4）西人東來實錄

西人東來，始於公元 1500 年後。這個時段，葡萄牙進入冒險家的“伽馬時代”，西班牙則進入“哥倫布時代”。

根據呂思勉的《中國通史》中所記，西人分海陸兩路而來，而海路又分兩路：一、自大西洋向東行，於 1516 年繞過南非好望角，自此而至南洋、印度和中國（伽馬路線）。二、自大西洋向西行，於 1492 年發現美洲新大陸（哥倫布路線），到 1519 年跨過新大陸，環繞世界（麥哲倫路線），麥哲倫死於菲律賓，但其副手繼續航程，經印度方向返回歐洲，這是發生在明武宗的

正德年間（1506—1521 年），明朝 276 年剛剛過了一半，但呂思勉說明朝的
"三大昏君" 正是這時代開始的。一、正德（武宗）在位 16 年，以荒淫見稱，
重用太監劉瑾。二、嘉靖（世宗）在位 45 年，以昏瞶聞名，重用嚴嵩 20 年。
三、萬曆（神宗）在位 48 年，以怠荒為務，到天啟（熹宗）用不用魏忠賢，
已無所謂。

　　嘉靖年間，澳門已給葡萄牙霸佔了（1557 年），荷蘭人已佔領了台灣
（1624—1662 年），西班牙佔了菲律賓似乎暫時滿足了，只來通商。這時西
人尚未算十分強大，來東方不外乎 "通商傳教" 二事。實力上，大明還未算
紙老虎，最少萬曆時代，尚可和日本豐臣秀吉在朝鮮大戰七年，日本最後因
豐臣秀吉死亡而退兵。但大明對西人東來是存忌諱心理。一、明朝以來懼怕
惡海盜，因其來去無蹤，根據地難找。二、發明了火藥，卻未製成槍炮，而
船隻亦不夠西方高大。三、西人來的都是冒險家，行為橫暴，但大明朝昏君
122 年，無對策！

（5）16 世紀西方群龍無首

　　在公元 500 年至 1500 年的大部分時間中，西方人也不得不承認西方是
歐亞大陸的不發達地區，在中國定義上的新興國家。當時的中國是隋、唐、
宋、遼、元、明時代，中間除了五代十國最不堪外，中國各朝的文化、工藝、
商業、文官系統，儒家思想的凝聚力，令中國人認為自己文明優於任何文
明，外國只是蠻夷，沒有甚麼可以學習的。從 1500 年開始，西方用了中國
的發明（三大），充分發揮了這些發明的潛能，而中國的大明，卻偏偏閉關
自守，由明英宗 1436 年的廢船詔書，一直到明亡，防的是倭寇和北方的女
真，對西方的外交亦只是陸上絲綢之路所能到的地方，對歐洲是一無所知。
可憐的大明知識分子！

　　16 世紀最大件事是 1588 年，西班牙無敵艦隊兩次入侵英格蘭都慘敗。

歐洲土地上，同時存在了哈布斯堡家族的西班牙和奧地利，英格蘭、法蘭西、德意志和尼德蘭聯邦（Netherland 是古代的荷蘭），而每一個國家都有潛力干擾哈布斯堡家族統治的事實，再一次證明 1600 年的歐洲是由眾多國家組成的，而不是只有一個霸主，正如 21 世紀的"群龍無首"的局面。哈布斯堡家族的問題是戰線太長，敵人太多，不要忘記還有穆斯林的奧斯曼帝國還是強盛得很。而 17 世紀，俄羅斯帝國（本來向欽察汗國進貢和被冊封的莫斯科大公國）亦引起了哈布斯堡皇朝的西班牙在新大陸的征服和掠奪，已帶來無可比擬的財富和資源，也就沒有了和大明的碰撞，中國醒覺亦晚了幾百年。

(6) 500 年來金融中心

公元 1500 年以後的 500 多年的歐洲，大概可以分為四個時代：

1500 年至 1660 年的 160 年是海洋時代中的地中海時代，主宰歐洲的是哈布斯堡家族聯合體，領頭人是查理五世，身兼西班牙、奧地利、神聖羅馬帝國、阿拉貢（包括那不勒斯和西西里）、匈牙利和波希米亞等地的君主，這時候的金融中心是威尼斯、熱那亞，海洋貿易變得重要。

1660 年至 1815 年是法國太陽王路易十四和拿破崙主導歐洲的時代，但金融中心在荷蘭的阿姆斯特丹，荷蘭人最懂做生意，與敵人也一樣可以交易，這是大西洋時代，世界中心由地中海轉移到大西洋的西岸。

1815 年至 1915 年是工業時代，英國主導工業革命，倫敦成為金融中心，主導世界經濟，歐洲則是列強協商的局面，亞洲問題全在歐洲決定。

1915 年至 2015 年這 100 年是金融時代，由美國主導，紐約是金融中心，華爾街主導金融資本和工業資本合併，實體銀行和影子銀行並存，發展到 2008 年，經濟虛擬化，和實體脫節，乃有金融大災難。美國經濟已發展到：農業 1%、工業 19%、服務業 80%。説甚麼工業回歸美國，影響總體經濟不大。

2015 年以後的 100 年，可以看到的是互聯網時代，最早出現是物聯網，工業 4.0，金融更虛擬化到網上銀行時代，可能已沒有甚麼中心，紐約、倫敦將會過時，世上會不會像 500 年來，總有一個地方獨領風騷，那要歷史家將來寫了。

（7）國際金融中心條件

世界盃荷蘭狂勝西班牙，不禁令人想起歷史上荷蘭和西班牙之間爭鬥了百多年，結果是西班牙衰弱，荷蘭成為強國，達一百年之久。

不過，荷蘭是一支雜牌軍，公元 1600 年，荷蘭軍隊有 43 個英國人聯隊，32 個法國人聯隊，20 個蘇格蘭聯隊，11 個瓦隆人聯隊，9 個德意志聯隊，只有 7 個荷蘭人聯隊。可見歐洲當時是充滿僱傭兵，有錢出糧餉就有軍隊。直至到 1622 年荷蘭 67 萬人口中，56% 生活在中等城鎮裏。世界上任何其他地區與之相比都顯得落後了，這一年在大明王朝是木匠皇帝朱由校的天啟二年，魏忠賢當道，天下已亂，亦很難比了。

荷蘭強項是阿姆斯特丹成長為國際金融中心，取代了地中海的威尼斯和熱那亞，這時候倫敦和紐約不是那回事。世界經濟由地中海西移，也是先到里昂、法蘭克福，還未跨過英倫海峽，遑論還是殖民地的美國。國際金融中心在 21 世紀要跨過太平洋，是香港還是上海？未有定論，還有八十多年呢？

荷蘭在 17 世紀已充當了 "歐洲的船運商，交換人和商品經濟人"，阿姆斯特丹成為國際金融中心是必然的結果。阿姆斯特丹能勝過其他兩地，不在乎金融產品（大家都一樣是存款、結算、股票和債券），而是財富規模，貨幣可靠，信用和還款信譽。荷蘭能輕而易舉地舉債，亦是能和西班牙開戰立於不敗之地的原因，但荷蘭商人在大利之下，連資源也一樣可供應給西班牙，可見 "利" 字當頭！

（8）保證稱霸世界的方程式

公元 1815 年，法國雄霸歐洲的時代過去了，進入大英帝國的百年時代。英國擁有最強大的海軍、最多的殖民地、最大的金融中心倫敦來支持最大的國外投資 FDI。英國人甚至相信，"他們的地位既是'天然'，又是命中注定會保持下去的"。

事實上，在歐洲大陸上並非如此，歐洲內部的領土變動，只能在大國"歐洲協調"，一致同意以後才能作出，其中有的可能需要這種或那種方式來補償，而歐洲大國是指英國、法國、俄國、普魯士和奧地利哈布斯堡，這是 1815—1865 年的實況。在這段時間，英國每年擴張速度約為十萬平方英里，戰略性地方有如香港、新加坡、亞丁、福克蘭群島，對土地的貪得無厭則有南非草原、加拿大草原和澳洲的內陸，當然由於印度當地人的反抗，也常要派大軍去鎮壓，而俄國、法國、德國也不會停止殖民運作。公元 1800年，歐洲人控制了世界土地的 35%；到 1878 年，這個數字升上到 61%；到 1914 年，達到 84%。但英國的利益集團是最龐大的，他們由商人、種植園主、探險者和傳教士組成，連絲綢之路都見到他們的蹤跡，英國人和俄國人的大鬥法是傳之史籍的。

英國商人的 FDI，1825 年只是每年 600 萬英鎊；1850 年，每年 3,000 萬英鎊；1875 年，每年 7,500 萬英鎊。到 19 世紀 70 年代，英國從 FDI 得到的紅利和利息，達到 5,000 萬英鎊，鴉片貿易的紅利只是一小部分而已，貿易和投資收益成為保證稱霸世界的方程式，至今不改！

（9）黃金百年之後要注意

17 世紀是阿姆斯特丹的"黃金年代"，1602 年就設了世界上第一個股市。而荷蘭國運上升，國內經濟繁榮，社會穩定，陸軍訓練有素，海軍實力雄厚，地理位置也無不利死敵，西班牙距離尚遠，北海鯡魚資源豐富，荷蘭商人到美洲和印度的生意順利，荷蘭東印度公司和西印度公司，實力雄厚，阿姆斯特丹旺了 100 年，也就順理成章了。

　　100 年彈指即過，歐洲地方不大，最忌鄰國崛起，遏制不住，自己也就只有衰退了。18 世紀是英國和法國崛起的年代，1700 年法國人口已達 1,900 萬，英國也有 900 萬，而荷蘭只有 180 萬，人口政策和地區吸引力出了問題。

　　這 100 年間，荷蘭並未長進，1800 年人口仍是 200 萬，法國卻是 2,800 萬，英國亦有 1,600 萬人；1710 年尚有海陸軍，荷蘭仍有 13 萬，英國 7.5 萬，法國 35 萬 。到了 1814 年，拿破崙戰爭，法國征服荷蘭，法國大軍已 60 萬，英國亦有 25 萬，荷蘭只有區區幾萬。若論海軍主力艦，1790 年，英國 195 艘，已是天下無敵，法國 81 艘，荷蘭 44 艘。荷蘭在 18 世紀遇上路易十四，19 世紀初遇上拿破崙，戰爭由 1803—1815 年，又成為戰敗國。還好拿破崙遇上滑鐵盧之役，阿姆斯特丹復生，但已無復當年之勇，國際金融中心自然被遏制了，更被法國和英國所取代。倫敦時代由 1815 年開始，誰說國際金融中心不是大國博弈的結果？但荷蘭何以在 18 世紀的 100 年人口無長進而不自覺呢？真是引以為鑒。

（10）幸運的昏君

　　進入 17 世紀的大明已是昏君神宗萬曆二十八年（1600 年），這個荒怠的東方皇帝尚未遇到西方的侵襲，原因是西方的西班牙和葡萄牙衰落了，代之而起是荷蘭、法國和英國，荷蘭在 1600 年就擁有一萬艘船，是當時全球最大船艦。荷蘭人天生就是做生意，航運業競爭力強，包攬了法國、英國、西班牙和波羅的海國家之間業務。殖民地方面，荷蘭在亞洲只趕走了在印尼的葡萄牙人和登陸台灣就滿足了，而英國人要到 100 年後的 18 世紀才能在商船上和荷蘭人競爭，而荷蘭人亦手握在好望角的南非，英國人不敢輕視，所以英國的亞洲探險隊走歐洲東北線，結果遇到冰塊，無功而返，但卻遇上俄羅斯。

荷蘭的衰落，在 1652 年至 1674 年因商業糾紛和英國人大戰，1667 年至 1713 年因路易十四的領土爭奪而和法國大戰了 46 年，缺乏資源的荷蘭因戰爭而衰落（讀歐洲史，就是戰爭、戰爭、戰爭，競爭性和利己主義性兩大特性表露無遺）。到 18 世紀，荷蘭只能讓位於英國和法國，正如 20 世紀，英法兩國要讓位於美國和蘇聯，眾多的人力資源和自然資源，永遠是崛起的動力。但 18 世紀的英法殖民地爭霸戰，發生在北美洲、非洲和印度，英法之間的 1756 年至 1763 年的“七年之戰”，1763 年的“巴黎和約”，令法國丟失了北美洲和印度，印度的蒙古後裔莫臥兒帝國亦被英國人取代了，而明朝早在 1644 年亦滅亡了，新入中土的滿清當然對西方一無所知。

（11）拿破崙留下教訓和惡例

《大國的興衰》書中第三章是描述 1660 年至 1815 年這 155 年間歐洲的爭霸戰，法國在這段時間出現了路易十四和拿破崙兩位雄心勃勃的霸主，似乎可以控制整個歐洲，但最後敗於英國聯軍，功敗垂成。

這 155 年間，單是英法之間，就打了 7 場大戰，最激烈是最後一場長達 12 年的戰爭，以滑鐵盧一役作為結束。歐洲局面變成五霸：法國、奧地利哈布斯堡、普魯士、英國和俄國，而其他如西班牙、荷蘭、瑞典、奧斯曼帝國淪為二流國家，波蘭則被瓜分了。

法國的龐大陸軍，稱雄歐洲，路易十四這太陽王要成為“歐洲仲裁者”，仍被列強群攻。拿破崙則擁有 65 萬大軍，又是軍事天才，在最後失敗前，是勝多敗少，但拿破崙的財政方式是“以戰養戰”，成為日後日本學習的榜樣。拿破崙的手法是：一、收沒戰敗國王室和封建貴族的財產；二、直接掠奪敵人的軍隊、要塞、博物館和資源寶藏；三、向敵人索取金錢或實物支付戰爭賠款；四、在衛星國領土駐紮部隊，並要它們為其部隊提供給養。實例是普魯士賠款 3.11 億法郎，奧地利割地賠款，意大利在 1805—1812 年間將二分之一稅收拱手送給法國，法國軍隊駐紮在本土以外。

法國本土居民不必承擔戰爭的全部費用，所以拿破崙和法國都大得其利，但有如所有歷史上的霸主，拿破崙拉得戰線太長，兼且過於自信，將法國的力量發揮到極限，一次大挫折，就要抽兵他調，軍隊疲於奔命，最後連手下的將軍也不願打了，拿破崙只有退位。

2. 19 世紀

(1) 19 世紀英國獨霸海外

1815 年，拿破崙想東山再起，卻敗於滑鐵盧；即使不敗，法國經濟也無力支持再戰，這場敗戰只令英國在列強中話事權增大了。雖然如此，法國並未被瓜分，只是吐出當年征戰所得，歐洲並未改變自私自利的心態，一切都本着 "遏制與相互補償" 的原則進行，但從此任何國家想和拿破崙一樣獨霸歐洲已不可能。

歐洲本土均勢，五國的恐怖平衡持續，但英國海軍卻獨自領先列強，海上霸權無人能敵。美國雖然在上世紀獨立了，但印度收歸版圖，法國的海外殖民亦被英國取代了。倫敦亦因海外市場帶來的航運商品交易、海事保險、銀行活動，帶來豐厚利潤，亦取代了阿姆斯特丹，成為世界上最新的金融中心。

工業化過程英國亦遙遙領先其他歐洲列強，人均收入成為歐洲冠軍。英國發展成 "超級優勢經濟"，在歐洲仍本着 "均勢原則" 進行，但在殖民地和貿易領域，卻是英國有絕對優勢。1840 年的鴉片戰爭，就是將勢力伸入大清，道光皇帝無能，只有割讓香港，1842 年簽下《南京條約》，香港要等到 155 年後才能回歸。

英國得意洋洋之際，美國卻無聲崛起了，1800 年美國人口才 400 萬，但 1830 年美國已成為世界上發達國家中的第六大工業國了。美國似乎未經過 "新興市場" 這個階段，美國對世界採取孤立主義，英國並未認真看待美國，只注意俄國人的崛起。但一百年後，世界是屬於美俄兩國，當時人又有誰看到呢？

（2）大驚失色的百年

乾隆當了四年太上皇才歸西，翌年就是 1800 年，乾隆若看到 20 世紀經濟學家的報告，這一年大清國製造業產量佔全球份額的 33.3%，當然老懷大慰，自命 "十全老人" 無愧。那個不能跪的英國大使，亦已歸國，同年英國的份額只是 4.3%，微不足道，歐洲亦只是 28.1%。

不過，若看人均工業化水平報告，乾隆就要大驚失色。若英國在 1900 年的工業地比率是 100%，1800 年是 16%，大清只是 6%，連日本這個小國也是 7%。乾隆老早就應設 "外交部"，搜集全球資料，而不是閉門自守，單是知道英國的紡織業團機械化而生產力增加 400 倍，就知自己工業化的不足。大清拖到 1861 年才由恭王設總理衙門主理外交，但仍不知道製造業份額已跌至 19.7%，英國則升至 19.9%，其間英國和大清已發生了鴉片戰爭。英國的裝甲艦 "復仇女神號" 的機動性和火力，早已將大清守軍打得落花流水，當然實際慘情傳到皇帝那裏，早已 "大事化小"。

英國的製造業份額到了 1880 年已經到了鼎盛期，是全球 22.9%，歐洲是 61.3%；到了 1900 年，德意志和美國都已崛起，英國已降到 18.5%，歐洲 62%，德意志 13.2%，美國更是 23.6%，大清只餘 6.2%，但若論人均工業化水平，英國是 100%，美國才是 35%，德意志 52%，大清只是 3%，乾隆子孫不肖啊！1800 年歐洲人佔領和控制了全球土地的 35%，1878 年 67%，1914 年 84%，世上只餘大清和日本仍是主權國家，一百年的殖民生涯世人真苦啊！

（3）19 世紀英國霸權

19 世紀英國稱霸了多年，那得從 1815 年英國在滑鐵盧打敗拿破崙開始，英國從此擁有了制海權、財政信用（倫敦變成國際金融中心）、商業才能和結盟外交的策略。"英國作戰方式"是"殖民戰爭，海上封鎖，襲擊敵人海岸線，不在歐洲大陸上進行任何大規模的戰鬥"。

英國事實上沒有法國太陽王在 18 世紀和拿破崙在 19 世紀初的絕對支配地位，即使在最鼎盛的 1860 年左右，英國的兵源亦只有 34.7 萬人，比不上法國 60.8 萬人和俄國的 86.2 萬人，即使二等強國的奧地利也有 30.6 萬人。所以，英國在商業上佔了絕對上風，但説不上可以打敗歐洲五大國，只能憑外交和艦隊影響歐洲邊緣的葡萄牙和比利時而已。英國只能説"統治四海"，在歐洲只能維持"均勢"而已。

英國在最鼎盛之際，GDP 亦只是歐洲的 37%，不如美國今日仍是歐洲100%，美國最鼎盛是 1945 年佔全球 GDP 的 45%（英國只是 22%），所以美國要全面承擔義務，而英國在上世紀卻不必。在人口來説，英國只佔全球人口 2%，歐洲 10%，但現代工業能力是全球潛力的 40% 至 60%，商業佔了20%，製成品貿易佔 40%，全球商船亦有 33% 掛英國國旗，生產全球 53%的鐵、50% 的煤和褐煤、50% 的棉花消費，難怪維多利亞女皇（1837—1901）中期的英國人為他們的無可匹敵而得意揚揚。1870 年後的 20 年，德意志出了俾斯麥首相，支配了歐洲大國體制 20 年，到 1900 年美國人口已是英國1.85 倍，GDP 是英國的 1.28 倍，工業化水平亦追上來了，百年如此過去了。

（4）19 世紀民族糅合

19 世紀開始的 15 年歐洲仍是戰爭不絕，直到拿破崙兵敗滑鐵盧，法國由一流強國變成中等強國，不再具支配地位，但人口經濟仍大於普魯士和奧地利，法國國內仍有大量資金，可以投資於歐洲各地，加上側翼國家英國和俄國，這五國協調體制，維持到 1860 年。

這是一個民族醒覺的世紀，講究內部凝聚力，其中最有問題是奧地利，這個國家有 800 萬德意志人，但 160 萬人是斯拉夫民族，包括捷克、斯洛伐克、波蘭、斯洛文尼亞、克羅地亞、塞爾維亞、羅塞尼亞，加上 500 萬匈牙利人，500 萬意大利人，200 萬羅馬利亞人。這個多民族國家，在 1867 年改稱奧匈帝國，維持到世紀末，到 1914 年一戰才垮台，算是有持久力，至於普魯士人口不多，但八成是德意志人，兩成是波蘭人，到 1866 年出了俾斯麥當首相，變成北德意志聯邦之首，1870 年大敗法國，拿破崙三世被俘，最後法蘭西帝國倒台，三世流亡英國 3 年後死亡，普魯士主導大國體制 20 年。俄國人口最多，7,000 萬人中 5,000 萬是俄羅斯人，東正教徒，其他是少數民族，包括波蘭、芬蘭、拉脫維亞。英國九成人說英語，七成是新教徒，法國九成人說法語，九成人是天主教徒，所以英法兩國都不需大力去糅合，英國這個只有 94 萬平方英里的國家，工業化成功，雄霸四海，在 1815 年至 1865 年間，每年以平均 10 萬平方英里的速度在全球擴張，至 1865 年到頂！

（5）19 世紀英國威風和危機

由 19 世紀英國的鼎盛，可以看 20 世紀的美國，誰最鼎盛呢？1865 年的英國人認為，他們的茶園就在中國和印度，葡萄園在法國西班牙，玉米地在北美和俄國，林場在加拿大和波羅的海，牧羊地在澳洲，牛群在北美西部和阿根廷，白銀藏在秘魯，黃金來自澳洲和南非，果園在地中海，棉花在美國，還要在地球所有溫暖地區擴充。當然，還有不光彩的鴉片地在印度，市場在中國。這種資源支配的力量當時是無可匹敵，20 世紀大變的對石油的支配權，中東變得重要了。

在 19 世紀，美國無聲崛起，1860 年，俄國這陸軍大國有 86 萬大軍，美國只有 2.6 萬，軍事差距懸殊，莫此為甚，但 1861—1865 年的南北戰爭改變了一切，單是軍隊，南北各自號召數十萬人；單是死亡人數，北軍死了 36 萬人，南軍損失 25.8 萬人，這場戰爭令美國一下子變成為地球上最大軍事國家，還是軍火大國，這是歐洲五大國所始料不及。

1860 年在歐洲史上是重要轉捩點，這一年普魯士實行"軍事革命"，七年服役制，全國皆兵。1866 年普魯士迅速戰勝奧地利，1867 年奧地利政府成奧匈帝國；1870 年擊敗法國，俘虜拿破崙三世，拿破崙叔姪在 19 世紀齊齊兵敗，人生無常。1861 年，意大利統一建都拖連奴，1865 年遷都佛羅倫斯，1870 年再遷羅馬，成為歐洲黑馬！

(6) 無人能預測 60 年後荒涼

19 世紀發展到 1900 年，"五國協調"變質，俄國和奧地利哈布斯堡（已改稱奧匈帝國）喪失了一流強國的地位，人均 GDP，俄國只是英國的四分之一，奧匈帝國亦只有英國的二分之一。

在 1850 年後的戰爭中，法國、俄國、奧匈都成為戰敗者，英國的經濟實力亦過了高峰期，1900 年的 GDP 份額已降至 18.5%，德意志（普魯士）已升至 13.2%，美國無聲升至 23.6%，而俄國降至 8.8%，德國 6.8%，中國甚至降至 6.2%（1800 年是 33.3%）。《大國興衰》的作者作出一個結論："戰敗國是那些沒有進行 19 世紀中期的'軍事革命'，沒有取得新武器，沒有動員和裝備龐大的軍隊；沒有使用鐵路，輪船和電報提供先進的交通和通訊，沒有供養武裝部隊的生產性工業基礎的國家。"

日本適時在 1860 年進行了明治維新，大清則仍在"中體西用"中爭議，乃在甲午之敗，日本還取得二億兩銀的新賠款。日本工業化水平到 1900 年只建到英國的 12%，但已遠勝中國的 3%。日本的 GDP 份額仍只是全球的 2.4%，但美國和日本仍未在 19 世紀進入國際舞台。

　　直到 1892 年，歐洲諸大國才把駐華盛頓外交代表的級別從公使升至大使，所以 1900 年的八國聯軍進入北京，美國只能是二流國家，甚至不如新統一的意大利，而當聯軍首領是德意志的將軍，"遠東的事務是在歐洲決定的"，這是俄國人説的，但 1885 年無人能預測 60 年後廢墟和荒涼將遍及歐洲，歷史真得驚人？

（7）歐洲五強誰最得益

　　大清和歐洲列強簽訂《北京條約》是在咸豐十年（1860），若論兵力，最大是俄國的 86 萬、法國 60 萬、普魯士 20 萬、奧地利 30 萬，而號稱霸主的英國只有 35 萬而已，所以事實上英國管不了太多的歐洲事務，一切都經"歐洲協調"而確定。英國其實亦不像 20 世紀的美國，並不願意承擔太多國際義務，是不想當世界警察的。英國的強大，不在陸軍實力，而在海軍，殖民地眾多，擁有倫敦這個國際金融中心而財政健全，和國際貿易鼎盛。對大清業務而言，除了得到香港作基地，其他權利，和列強是一概平等，沒有優勢，反而美國在這次不費一兵一卒就到得好處。

　　美國兵力在 1860 年只有二萬六千人，是俄國的 3% 而已。俄國自從 15 世紀末擺脫了蒙古而自立，又得到哈薩克依附，就向東發展，於是"西伯利亞土地，次第被佔"。還記得蘇武牧羊於貝加湖，那時是匈奴屬地，今日已是俄國西伯利亞的腹地，離邊境甚遠。到明末的 1644 年，勢力已達黑龍江，已是女真滿族的龍興之地了，但清初只為吞食中原，無時間顧及外擾，到 1688 年，康熙向北用兵，才簽了《尼布楚條約》，訂定西以額爾古訥河，東自格爾必齊河以東，以外興安嶺為界，歷史上説"此約大清得地極廣"，俄人不服。到外蒙古歸順，大清和俄國在 1727 年又訂《恰克圖條約》，但西部和西北部界線並未解決，到咸豐的 1858 年簽訂《璦琿條約》，1860 年簽定《北京條約》，黑龍江以北盡失了。

（8）黑手高懸霸主鞭

19 世紀最大變化是 1868—1870 這三年，日本推行明治維新，德國和意大利統一了，德國進入俾斯麥時代。歐洲列強瘋狂進行殖民地侵略，和英國爭奪全球霸主地位，德意志帝國的威廉二世更夢想複製英國海上霸權，奧匈帝國則和俄羅斯爭奪巴爾幹半島，各國採用徵兵制，青年人要服役一至三年，軍隊人數大增，海軍亦在擴軍中。

日本在明治維新後，憑着天皇崇拜、武士道精神、軍人光榮感和紀律兼強悍，加上裝備較佳，遂有甲午之勝；大清已到亡國之時，不得不敗。但戰爭結束之際，歐洲列強出手，"三國干涉"，俄國、法國、德國迫日本放棄對大連和遼東半島的要求，歷史家結論："這只不過增強了日本日後再幹的決心"。

1900 年大概是全球八大強國最後一次合作，揮兵進入北京，不過聯軍才 5 萬人，2 萬來自日本，但俄羅斯卻在中國東北駐軍 20 萬，誰野心最大，慈禧政權毫無概念。世界八強又取得大清的 4.5 億兩賠償，但比例上遠低於日本在甲午戰爭所獨取的 2.3 億兩，列強生意眼並不太好。

中國近代三次崛起，日本都成為干擾者的角色，19 世紀的洋務運動，以 1894 年的甲午戰爭而止，120 年了。第二次日本侵華，只是甲午 40 年後的事，隨後八年抗戰、日本失敗，但中國崛起之夢亦完結。到 21 世紀，中國提出中國夢，和平崛起，日本卻是右翼上台，軍國主義再抬頭，但天皇已不再發號司令，武士道精神不再在年輕人身上了，不知日本不宣而戰的文化還在嗎？

（9）反叛西方運動興起

一戰之後的 1919 年，全球發現歐洲大國間那種"不論有着怎樣的分歧仍能團結起來進行討伐的時代（如 1900 年八國聯軍入北京）"，已經一去不復返了。那種團結已經由於日本加入"大國俱樂部"而變得多餘。發達大國和不發達民族的鴻溝愈來愈大，除了中國的五四運動風起雲湧，埃及出現了"華夫脫黨"，印尼的伊斯蘭教聯盟成員已達 250 萬人，土耳其現代國家的創立者還在崛起，突尼斯的憲政黨在重新制訂策略，印度甘地亦在推動反英國統治的各種力量。這個"反叛西方"的運動，令到表面上仍在主導西方政局的英國和法國十分頭痛。

歐洲的"殖民秩序"，面對美國、蘇聯和日本所提供的"新秩序"，開始退卻。而 1919 年開始，日本思想家已推出他們的"東亞共榮圈"理論，西方帝國主義的殖民政策還未正式崩潰，這要等到二戰才發生，人類又要付出極大代價。

一戰後對英法兩大國而言，新威脅是德國、意大利和日本。美國採取孤立主義，英國的帝國防禦戰中，最擔心是巴勒斯坦、印度和新加坡，法國則是擔心德國力量的復活，最終英國和法國都失敗了。

1919 年後的德國，在潛力上仍是強國，人口比法國多得多，鋼鐵生產能力是法國的 3 倍左右，德國的化工廠和電氣工廠以及大學和技術學術安然無恙，交通網絡亦未受損害。在"暫安"幾年後，這是錢穆說的"暫安之難得"，德國的強大又上了枱面，法國只能堅持"全部償還賠款"和維持強大軍隊，然而卻是無用。

（10）西方觀念的巨變

1920 年至 1940 年間的歐洲是世界的中心，而這個世界卻是"強烈地帶有種族和文化偏見色彩"。即使日本曾在 1905 年打敗了俄國，但俄國只是"側翼國家"，在西方人眼中，日本人只是"小黃種人"而不予以重視，中國人還在睡夢中，當然更不在話下了。直到 1941 年日本偷襲珍珠港，以及毀滅性進攻馬來西亞和菲律賓，西方人才看清楚日本人。將日本人看成"缺乏

遠見，發音不全和不懂機械的觀念”。對中國人的觀念恐怕要再過六十年才
改變過來，至於新的觀念是否正確和無偏見，仍有待商榷。

東方文化要靠中日合作，共同向西方推廣，錢穆在六十年前就提出了。
西方人不是不想約制日本人，1921 年的《華盛頓條約》就限制日本帝國海軍
規模只能是英國或美國的一半稍多一點，但事實上，日本海軍要比英美兩國
的海軍要強大得多。早在 1930 年代，日本軍就“不聲不響地”遠遠突破了那
些限制，如巡洋艦排水量 1.4 萬噸，比條約的 0.8 萬噸多得多。日本可以輕
易將法國人趕出越南，將荷蘭人趕出印尼，英國失去印度也是必然的，但日
本居然鋌而走險，進攻新銳的美國，真是不可思議。

（11）普魯士的國民教育

普魯士能在 19 世紀崛起，俾斯麥當首相只是代表人才的興起，但普魯
士在 18 世紀末的國民教育和 19 世紀中的義務兵役，使其國家在文武雙方都
鼎盛。

“國民教育”四字就是西洋化，西洋頭腦（錢穆語），德文是
Volksschule，Volks 就是國民，Schule 是學校或教育。歐洲是由普魯士開始，
慢慢推行到歐洲各國，挪威、瑞典、芬蘭最先追隨，如今亦是教育制度堅實
的地方，其制度是 8 年義務教育，除了閱讀、寫作和數學外，還教道德、責
任、紀律和服從。由此可見德意志特性，做國民要奉公守法。錢穆說中國人
的教育，不是教做國民，而是教你做人，“修身、齊家、治國、平天下”。
最怕是中國的去了，西方的學不到，兩面不是人。

八年教育有期終考試 Abitur，1871 年在普魯士全國推行。這個國民教育
亦在明治維新傳入日本，甚至影響美國。到 1900 年，日本已是 90% 的少年
上學，文盲率降至 10%；這時的大清，文盲率仍在 80% 至 85%。甲午戰後，
日本天皇感謝教育令日本軍隊人員全部有小學教育程度，與沒有教育的大清

軍隊相比，不可同日而語。但傳承乃來自普魯士國民教育，中國由大清至民國，亦仿效國民教育這西洋玩意，但全然失敗，1900—1950 年間，文盲率仍在 80% 至 85% 之間。經過 60 年的努力，文盲降至 2013 年的 4.9%（香港居然是 6.5%）。日本雖然達到 1%，但相對之下，和 120 年前已不可比，優勢全失了。

（12）俾斯麥贈言李鴻章

李鴻章替慈禧打工，有多苦悶，《國史大綱》中錄了一段李鴻章和俾斯麥的對話，史上李鴻章訪德是《馬關條約》後的 1896 年，李鴻章替慈禧"食了死貓"，成為賣國賊，但仍被派出國。這時的俾斯麥已下台多年，去死不遠，八十一歲了，李鴻章亦七十多，垂垂老矣。兩位老人，交換心得，李鴻章說："為大臣者，欲為國家有所盡力，而廷臣群掣其肘，欲行其志，其道何由？"俾斯麥的經驗是，三朝老臣和威廉一世，言聽計從，第二位早死，而威廉三世則趕其下台，所以有感而發，說："首在得君，得君既專，何事不可為？"李鴻章說：如果"君惑於眾口"，近臣則"假威福而挾持大局"，最著名是李蓮英，則如何辦呢？俾斯麥則說了場面話："大臣以至誠憂國，度未有不能格君心者。"這點他自己也失敗了，"格君心"，難也，君心既莫測，亦不容人測到，自古如此，猜中了也不肯承認的，但最後一句是真心話："惟與婦人女子共事，則無如何矣。"可見不論古今中外，在 19 世紀，看法差不多，但和英國維多利亞女皇共事那班英國大臣，何以又無事，兼且是英國最鼎盛就是維多利亞女皇時期呢。

李鴻章聽到這句話，只能默然良久，回國不久，到南方當兩廣總督，算是遠離權力中心，但還是遇上 1900 年的"八國聯軍"入北京，又要再次出山去談"庚子和約"，再賠一次巨款，李鴻章翌年就死了，在北洋大臣的 25 年有再大貢獻，也抵不住兩個條約，不敢告老之錯也！

（13）俾斯麥時代 20 年

1860 年大清和列強簽訂《北京條約》，全面開放，1861 年大清設立“總理各國事務衙門”，由恭親王主持，大清進入“慈禧時代”，共 47 年，洋務運動亦開始，比 1868 年日本的“明治維新”，早了七年。

1861 年，美國的南北戰爭開始了，共歷四年，北方死了 36 萬人、南方死了 25.8 萬人，但同期來了 80 萬移民，人口“補充有餘”。美國已成工業大國，雖然和當年老大的英國相差仍遠，但已超過奧地利和普魯士，快要追上法國。南北戰爭，歐洲列強沒有干涉，而美國亦由只有 2.6 萬軍隊的國家，成為可以動員數十萬的軍事大國，影響力日增。

在歐洲，奧地利敗於普魯士，放棄在德意志一切權益，俾斯麥領導下，組成普魯士德意志。1870 年，法國亦敗於普魯士，拿破崙三世被俘，帝國政權在巴黎被推翻。此後 20 年進入“俾斯麥時代”，德意志 39 邦的人口集合已超過法國，從此成為一流大國，但亦為世仇。意大利亦統一了，但經濟落後驚人。

俄國和美國的競爭亦開始了。1860 年，俄國人口 7,600 萬，美國人口 3,100 萬，但人口質素相差很遠，俄國人口絕大部分是農奴，收入和生產力都低，美國人卻大部分住在都市，取得土地容易，來了大批歐洲移民，享受高標準生活。1890 年俄國人均 GDP 只有 182 美元，而美國已接近法國和德意志的 500 美元了，這時英國以 705 美元遙遙領先，但距離一戰只有 24 年了。

（14）德國興起靠教育

1890 年 75 歲的俾斯麥被德皇威廉二世逼退，結束了“俾斯麥時代”，但德國並未因此而經濟倒退，反而人口大增。1890 年人口 4,900 萬，1913 年 6,600 萬，在歐洲僅次於俄國的 1 億人，但德國教育水平高，人口質素佳，人均亦較高。以製造業佔世界百分比而言，德國在 1913 年，佔 14.8%，已是歐洲第一，高於英國的 13.6%，俄國只有 8.2%，這時美國已是世界第一的 32%。不幸的大清朝，1900 年已跌至 6.2%，比乾隆十五年的 32.8% 低，慈禧若懂得大數據，已無面目見祖先了。所以德國是強大的，若論軍隊的質素，意大利情報是意軍每千位新兵，有 330 位文盲，奧匈帝國的兵，每千位有 220 名文盲，法國兵每千位有 68 名文盲，而德國兵每千位只有 1 位。日本天皇在甲午戰後宣佈，日本兵無文盲。而滿清的文盲達 90%，大清兵可能是每千位有 950 位文盲，但最後亞洲敗的是大清，而一戰敗是德國，這也是歷史的大趨勢嗎？還是領導也有問題。

一戰後，俄國皇帝尼古拉二世被殺，帝國被推翻。德國皇帝威廉二世流亡荷蘭，但還好好的活了 23 年。法國的拿破崙和姪兒拿破崙三世，都戰敗被擒，拿破崙沒有當寓公的命，只好二困海島，老死於海外。而拿破崙三世臨老失手被擒，流亡英國，二年後就死了，得年 64 歲，這位 1860 年火燒圓明園的法方主人，也不得歸葬法國，咸豐也算出了一口氣，俾斯麥替咸豐復了仇。

（15）1890 年政治預言

1890 年，世界政治預言家看好的國家是正在崛起的德國、俄國和美國。24 年後一次大戰發生，德國遭遇到決定性的失敗，俄國在大革命聲中崩潰，接班的共產黨回到孤立狀態；而已經成為世界經濟第一強國的美國，卻寧願退出外交舞台的中心；奧匈帝國已經消亡，奧斯曼帝國變做小小的土耳其，往昔光輝不再；意大利由墨索里尼主導，正在鞏固國中統治地位，保持沉默。日本仍未被重視，但正在亞洲發展，霸佔德國在亞洲留下的地盤，雖然 1922 年將山東歸還給中國，卻接收了先前屬於德國，位於赤道以北的島嶼群。1921—1922 年的華盛頓會議，英國和美國制約了日本海軍的發展，日本雖然平靜地接受，但實際上仍在擴張，當年的 007 亦發現不了甚麼。

　　早在歐洲四大帝崩潰之前，東方的大清帝國在 1911 年倒閉了，但只變成軍閥橫行，袁世凱在西方看好下，並未能穩定下來，反因稱帝而倒下。1919 年因將山東判歸日本而引發五四運動，中國知識分子由“中體西用”一變而要全盤西化，打倒孔家店，放棄 5000 年來的傳統文化，當然只能以失敗而終，中國只能繼續衰弱。

　　一戰是世界大災難，死傷了 6,000 萬人，而戰爭的總消費是 2,600 億美元，相當於 18 世紀末至一戰前夕全球所有國債的總和的 6.5 倍，這場浩劫令世界製造業生產指數由 1913 年的 100 降至 1920 年的 94，美國卻升至 122，日本更升至 176，這是事後才知！

(16) 克里米亞後遺症

　　《讀史觀世》的結語指出“無足輕重的克里米亞正在發展成全球經濟動盪的誘因”，原因無他，克里米亞是歷史上俄國之痛。1854—1855 年的克里米亞戰爭，是俄國和法國、英國及奧斯曼帝國的一場爭奪戰，這場戰爭俄國戰敗，軍隊死亡 48 萬人，對俄國的實力和自尊心，打擊非常重大。

　　19 世紀前半段，是英國俄國共治；而下半段，英國不論在 GDP 和人均，都超越俄國。1890 年，英國 GDP294 億美元，俄國 211 億美元，人均英國 785 美元，俄國 182 美元，人均相差太遠了，但俄國人口已升至 1 億人。大清雖然人口已超過 4 億人，但人均更低，實力更弱；亦因為在克里米亞戰敗，俄國轉向東方找尋補償，而英國和法國亦空出手來，向亞洲進發。

　　不過，俄國由西伯利亞的陸路而來，英法則由海路而來。1857 年印度民族大起義被打敗，英國完全控制印度，跨過西藏而來，和俄國角逐新疆，喀什成為英俄角逐之地。今日喀什有“五個口岸通向八國”的獨特地區優勢，其實 150 年前，喀什已是絲綢之路的經濟核心區，世界兩大強國在此互不相讓，有志青年要多點了解喀什的重要性。

英法亦在印度支那半島爭奪，越南、緬甸、柬埔寨等大清的朝貢國相繼失守，西藏當然也是失控，大清如無左宗棠這位主戰派，新疆亦會失守，甚至永遠失去，還好李鴻章這位主和派並未得手，左宗棠評李鴻章"誤盡蒼生，落得個千古罵名"，那已是《馬關條約》之前的 10 年了，左宗棠看得真透。

（17）歷經劫難的俄羅斯

筆者在《讀史觀世》的結語中，寫了十大預見，其中第九條是："無足輕重的克里米亞正在發展成全球經濟動盪的誘因，亦事在'人為'。"時維 2014 年 3 月 17 日。8 個月後的 2014 年 12 月，在西方的"人為"制裁下，石油跌落每桶 60 美元，俄國貨幣貶值 60%，俄國利率加至 17%，外資照例外逃。1998 年如此，2008 年至 2009 年亦如此，總是"巨利之下，必有勇夫"，日後還會再來。

1997 年金融風暴，印尼匯率由 1 美元兌 2,500 印尼盾，下跌至 1 美元兌 15,000 印尼盾，外資死傷無數。但 21 世紀卻被視為最有前途的新星，薄荷四國（MINT）之一，外資又紛紛進入，但這次亦受池魚之災。石油跌價，俄國經濟在 2015 年不免會收縮，但俄國石油開發成本每桶在 25—30 美元之間，美國頁岩油的開發成本卻是每桶 45 美元，究竟誰最受害，莫衷一是！

俄國歷史上曾歷經劫難，克里米亞之役表面上是英法聯軍擊敗俄國，俄國軍隊死亡 48 萬人，債台高築，風雲一時的俄國皇帝尼古拉一世亦在戰爭中（1855 年）下台，由兒子亞歷山大二世接任。1856 年 1 月 15 日，國務會議警告：如果俄國堅持這場徒勞的鬥爭，國將破產。但法國亦死了 10 萬人，國內通貨膨脹，民怨四起，拿破崙三世在威信已提高下，急於結束戰爭；英國雖不滿足，但阿伯丁伯爵的內閣亦在 1855 年倒台，沒有法國的英國，是打不敗俄國的。

(18) 克里米亞戰爭的歷史教訓

對於亞洲人來説，俄羅斯是西方的，但在歐洲人眼中，俄羅斯和英國都是"側翼國家"，俄羅斯更是東方強人。以救世主自居的沙皇亞歷山大一世（1801—1825 年）揚威耀武的時代，大清已是走下坡的嘉慶五年至道光五年。俄國的 80 萬大軍，在歐洲陸地上是無敵的，當亞歷山大帶哥薩克旅入巴黎時，巴黎市民也只能高呼"亞歷山大皇帝萬歲"。這是俄國人崛起的時代，一直延續到專制的尼古拉一世（1825—1855 年）。而歐洲人這段時間認為，"反對歐洲進步的主要障礙，長期以來一直是俄國"。俄國人口由 1816 年的 5,000 萬，增至 1880 年的 1 億人，是人口大國，所以 GDP 一直領先歐洲。到 1880 年，才被英國以 235 億美元超越了俄國的 232 億美元，但英國人均 GDP 是 680 美元，是俄國 224 美元的三倍；而 1830 年，英國人均 GDP 只是俄國的兩倍，所以俄國是相對衰弱了。1854—1856 年的英法對俄國的克里米亞之戰，只是驚人地證實了俄國的落後，陸軍落後的老式步槍，只能射 200 碼，英法聯軍步槍則射至 1,000 碼，俄軍怎不能傷亡慘重？俄國海軍用的是木船，英法聯軍則是蒸汽機戰艦，用的是火箭，製造的工業能力充足，長於久戰。尼古拉一世已近晚年，政府無能，40 萬入伍的新兵無訓練，受過訓練和教育的中級軍官很少，軍備庫存枯竭，而由農奴市場抽出 40 萬人當兵，則損害了俄國的經濟，5 億盧布的軍費，只能向柏林和阿姆斯特丹借債，造成盧布貶值。

(19) 俄羅斯的興衰

俄羅斯一千二百年歷史中，也是多災多難的，其中由 1175 年至 1480 年的 305 年間，被日本史學家稱為"諸公抗領時代至蒙古支配時代"。元朝統治中國 97 年，俄國也被統治，但到蒙古人離開中土，還有 112 年，俄國人才從蒙古手中獨立，這段歷史，俄國人恐怕也不會忘記。

　　在 1700—1814 年間，俄國的人口和陸軍數字都追上法國，名列榜首，但這是路易十四和拿破崙一世的時代，主宰歐洲是法國兩位大帝，俄國只能是側翼。19 世紀初，俄國在亞歷山大一世時再次崛起，克里米亞戰爭後再次衰落，但到 19 世紀末，俄國畢竟是世界四大國（俄、英、美、德）之一。"遠東事務是在歐洲決定的"這句話，就是俄國將軍拉吉米羅夫説的。1885 年，世界仍是多極的，直到 1945 年，才被美國和蘇聯的兩極世界所取代。60 年間，歐洲變成廢墟，誰也始料不及。但兩極世界只維持了 45 年，蘇聯解體，世界變成美國獨大。俄羅斯連續 7 年衰退，到 1997 年 GDP 才第一次增長 0.4%，但財政困難，預算赤字劇增，債台高築；1998 年 5 月"黑色星期三"，股市暴跌，外資抽逃達 140 億美元，貼現利率達 150%，IMF 出資 226 億美元，無濟於事。8 月再出現"黑色星期四"，盧布由 1 美元兌 6.2 盧布，貶至 1 美元兌 9 盧布，再到 1 美元兌 20 盧布，只花了 23 日，俄國人損失慘重，存款少了一半，外資在俄國市場損失 1,170 億美元，慘過亞洲。

(20) 俄英在太平洋之爭

　　康熙 8 歲當皇帝，一生功業，始於 28 歲這一年（1681）打敗三藩，31 歲平定台灣（1684），36 歲（1689）將俄羅斯從黑龍江流域趕走，簽訂《尼布楚條約》，換來 170 年的北方安定，38 歲（1691）蒙古歸清，大清最強盛恐怕就是這十年。康、雍、乾祖孫三代，安享了平安的 18 世紀，俄國沙皇的注意力在聖彼得堡，在太平洋發展只在極北，這是白令船長發現阿拉斯加、阿留申群島。1819 年已建立了 19 塊北美洲殖民地，到 19 世紀，俄國人和英國、法國之爭，到了太平洋，英法自南而上，從海路而來，俄國人則從北方南下。

　　英國人發動鴉片戰爭，1842 年簽下《南京條約》，吞併戰略地位的香港（香港當然不是小漁村那麼簡單，葡國人最清楚），五口通商，英國壟斷長三角。俄國人自然心急，1847 年任命了一位 38 歲的西伯利亞總督，在堪察加半島建立據點 —— 今日的彼得羅巴甫洛夫斯克，趕走薩哈林島的日本移民，俄國人定居黑龍江流域，在阿穆爾河河口和朝鮮邊境建立貿易站，先斬後奏，1851 年通知大清，這是咸豐元年，這位才 20 歲予智自雄又無能的大清 CEO，只能吞下去，因為太平天國來了。1856 年，英法聯軍再來，由廣州打到北京。1860 年，火燒圓明園，俄國人則騙咸豐簽了《璦琿條約》，共同防守阿穆爾河，免得英國人來挖牆腳，海參崴從此改名符拉迪沃斯托克，1860 年再簽《北京條約》，從烏蘇里江到大海的兩岸，都歸了俄國人了。

（21）英俄在絲路之爭

19 世紀，俄國人和英國人之爭到了亞洲，英國人已控制印度，取得香港和新加坡，而俄國人則進軍中亞各國，這個業績是在尼古拉一世、亞歷山大二世（1855—1881 年）和亞歷山大三世（1881—1894 年）三位沙皇手上完成的，但誰又料到其後的尼古拉二世（1894—1917 年）就是末代沙皇呢！俄國入侵中亞自 1825 年開始，30 年間征服了哈薩克草原，從此中亞穆斯林文明傳說中的中心，逐個落入俄國人手中，1865 年取得塔什干，1868 年攻佔布哈拉，1873 年取得希瓦，1881 年格奧克傑彼，1884 年取得梅爾夫。

不過，中亞各國和俄國人的語言、宗教、風俗習慣並未配合，哈薩克人、吉爾吉斯人、土庫曼人、烏茲別克人、塔吉克人並未因為俄國人來了有甚麼改變，1917 年後成為蘇聯一部分，1990 年後又各自獨立。雖然哈薩克有 40% 是俄國人，其他各國的俄國人只有 8% 至 26%，留意 21 世紀絲綢之路的中亞各國者不可不知箇中奧妙。

英國和俄國在 19 世紀的絲綢之路之爭，圍繞着波斯（今日的伊朗）和阿富汗之間進行，中亞五國已成俄國囊中之物，英國無可奈何，俄國本土和在印度的英國，相隔太遠打不起來；但英俄之爭延伸到大清的國土，西藏和新疆都是相爭之地，新疆喀什葛爾成為雙方各派領事之處。大清甚至民國都有英俄之爭，互相監視，俄國由中國東北入手，要租借遼東半島和旅順港，英日又聯盟，結果 1904 年，日本偷襲旅順港的俄國艦隊，1905 年再偷襲俄國艦隊於對馬海峽，俄國戰敗。

（22）烏克蘭危機的遠因

克里米亞後遺症繼續在 2015 年發酵，石油價格重挫、歐羅匯價重挫（盧布重挫是 2014 年的事了）。烏克蘭前途未卜，俄、烏、法、德四國大頭會晤，重演二百年前的"五國協商"模式，但不明白俄羅斯的"帝國情結"，亦只是徒勞無功。

要了解俄羅斯，必先從蒙古人開始。蒙古人離開中國，被明朝取代是 1368 年，但蒙古人的金帳汗國仍然支配俄羅斯 112 年之久。14 世紀初的莫斯科公國，只有 500 平方公里，只是一個小小的公國，在脫離蒙古人（如今常稱韃靼人）後，俄羅斯出現了"令人恐懼的伊凡"時代（1533—1584 年）。

伊凡雷帝統治了所有俄羅斯境內公國，全國面積達 15,000 平方英里，增加了 30 倍。16 世紀，金帳汗國又分裂成西伯利亞韃靼汗國、喀山汗國、阿斯特拉罕汗國和克里米亞汗國，強大後的俄羅斯先後滅了四個汗國其中三個，只餘下克里米亞汗國，和俄羅斯鬥爭到 18 世紀，其幸存的原因是有奧斯曼帝國的強力支持，直至 1792 年，俄羅斯女皇葉卡捷琳娜二世打敗了奧斯曼帝國，簽訂了《雅西條約》，整個黑海北岸落入俄羅斯之手，整個烏克蘭包括克里米亞都處於俄羅斯統治之下。

到 19 世紀，中亞整個沙漠區的國家，亦落入俄羅斯之手。經歷五個世紀，俄羅斯由一個小小公國變成世界面積最大的國家。1917 年前是沙皇帝國，擁有原斯拉夫民族以外的幾十個少數民族；1917 年至 1990 年變成蘇聯，1990 年蘇聯解體，烏克蘭獨立才 25 年，形勢又變了。

(23) 烏克蘭的代價

2014 年 3 月 17 日，筆者在《讀史觀世》的結語中如此寫："無足輕重的克里米亞正在發展成全球經濟動盪的誘因，亦事在人為。"這一日之前，正是 97% 克里米亞居民投票重回俄國懷抱，烏克蘭則要投入西方懷抱，但烏克蘭和歐盟的自由貿易協議卻拖到 2016 年 1 月才生效，遠水救不了近火，歐洲人也真莫名其妙，做事沒有緊迫性。

老實說，烏克蘭和俄國是鄰居，還是最接近的一國，看東歐地圖，烏克蘭並未和西方接壤，北方是俄國、白俄，西方是波蘭、斯路維亞、匈牙利，南方是羅馬尼亞、摩爾多瓦，最南是黑海，亦只通到土耳其。2014 年出事後，烏克蘭 GDP 收縮 9.6%，2015 年再收縮 12%，通脹 2015 年是 46%，欠俄國的 30 億歐羅結果要賴債，IMF 的 175 億美元卻遲遲不到位，還不還俄國債務呢？標普已將其信用評分列至 SD 級，即選擇性賴債，已無法在市場上拿到任何資金。希臘雖危，仍有評級是 CCC+，那麼烏克蘭算不算是歐洲危機，還是東歐危機，法國朋友答不出來，只能悔恨當初。

烏克蘭果能因和歐盟的自由貿易而得到 1% 的增長，相信 IMF 的專家也只能自己騙自己，等半年再調低吧！烏克蘭的 4,200 萬人才真的是水深火熱，外債和 GDP 比率由 2015 年的 79% 上升至 2015 年的 153%。2015 年，烏克蘭 GDP 是 1,300 億美元，希臘是 2,400 億美元，誰的殺傷力更大？希臘還是烏克蘭呢？

3. 20 世紀

(1) 1900 年人均的感想

1900 年，世界人均的 GDP 最高是紐西蘭，4,320 美元就了不起了。一直以為是世界第一的澳洲，4,299 美元只輸了一點點，已經崛起，但仍被歐洲視為三流國家。美國 4,096 美元，是第三。瑞士這中立國 3,531 美元排第六。剛打敗了大清不久，收了兩億兩銀的日本，1,135 美元，只排在第 23。可憐的大清，人均只得 652 美元排在第 34 名，真的連菲律賓也不如。菲律賓這時是和日本並肩，排在第 23，1,033 美元。要留意是南美洲的潛力，阿根廷 2,756 美元第 12；委內瑞拉 821 美元第 27，委內瑞拉到 2016 年，面臨巨大危機，但 1950 年，它的人均升至 7,424 美元，是世界第四，這是二戰五年後，百廢待舉。這時候，一枝獨秀是霸主美國 9,573 美元，世界第一，志得意滿，多謝歐洲二次互相內鬥所賜。中立國瑞士第二，試想二戰中多少間諜和外交人士在瑞士活動，錢不是問題，人均 8,939 美元。紐西蘭經五十年，仍在世界第三，9,495 美元；澳洲則 7,214 美元，美國以下四名都免了戰火。日本戰敗，仍有 1,873 美元，排在第 29，麥帥之賜。中國剛成立，戰後有戰，能不低嗎？比大清時代還低，614 美元，第 45。戰後的菲律賓人均 1,233 美元第 34。排得最低是今日的金磚國，印度 597 美元，列在第 46，可是沒有要日本賠戰敗款，又是益了日本。為何八國聯軍之敗大清要賠 4.5 億兩銀，合 3.3 億美元，可見上世紀世事是多不公啊！

（2）四大帝國覆亡

在 1905 年前，日軍擊敗俄軍之前，西方人還是看不起東方的日本人的，俄國之敗亦敗在戰場在東方的中國。要在 1904—1905 年間，沿着 6,000 英里的鐵路運送軍隊極端不便，但俄國用海運兵卻給日本人伏擊了。當年英俄聯軍也打不敗的俄軍，卻在 1905 年敗了，還讓出遼東權益，和割了北方四島的一大半給日本，留下了 21 世紀的爭執。

20 世紀的頭 20 年，是古老帝國覆亡的年代。1912 年，大清帝國倒了。歐洲列強雖然誰也不想真的打仗，1899 年和 1907 年的兩次海牙會議談的都是裁軍，其中只有德國不肯隨便簽，因為德意志帝國已擁有世界上最出色的軍隊，在科學技術上領先，還有舉足輕重的盟友，如奧匈帝國和奧斯曼帝國。所以 1914 年 6 月 28 日的薩拉熱窩（Sarajevo）的刺殺奧匈帝國王儲，只是一個藉口，雙方各自歸位，協約國：英、法、俄加上日美等，共 26 國；同盟國：德、奧匈、奧斯曼等，只得 6 國。海軍實力，英國 220 萬噸，比較德奧聯合的 130 萬噸要多，俄羅斯陸軍一向以人多取勝，大家以為是一場速戰速決之戰，結果打了 51 個月，雙方死了 1,000 萬人。戰後，德意志帝國、奧匈帝國、奧斯曼帝國覆亡，而俄羅斯帝國更在大戰完畢的前一年（1917 年）因 "十月革命" 先亡了。中國參戰，派了 14 萬人當勞工，只能位列第三等戰勝國，在英法俄的大分贓中，連國土都不保，德國所佔的青島歸了日本，可憐的北洋軍閥，毫無遠景，1917 年還發生廢帝復辟的鬧劇，真悲哀。

（3）百年未解的歷史問題

1900 年世界上最強的八國（當年的 G8），就是聯軍入北京的八國，目的是瓜分大清的剩餘資產。此後，八國繼續追逐大國地位，其中最不智的是民族眾多、內部不穩的奧匈帝國（當時人口 5,200 萬），不惜與俄國對抗，打開了巴爾幹半島的潘多拉盒子，向塞爾維亞（今日的波黑）宣戰，從奧匈帝國和德意志帝國的行動基本上是 Double or nothing，而各方面的 "不負責任、野心和霸權" 行為，引致一發不可收拾。德意志失去了所有海外殖民地，被法國佔了一大部分領土和不斷付賠款，直至 2010 年 10 月（7,000 萬歐羅）。奧匈帝國只餘下了奧地利，變成只有 500 萬人口的國家，到 2013 年人口 850 萬，但人均 4.9 萬美元，是個富國，當了一百年的小國，也算不俗。奧斯曼帝國變成土耳其，阿拉伯帝國被英法瓜分了，但 1918 年也是英法衰敗的開始，再無法達到戰前那樣廣闊的統治範圍了。

1919 年，愛爾蘭就發動獨立戰爭，兩年後獨立了，奧斯曼的中東屬地，大馬士革、巴格達、巴勒斯坦、埃及都強烈反殖民，最後還是得到自治權。

但問題延續到 21 世紀，"阿拉伯之春"之患無窮，英法對阿拉伯由束手無策到失去興趣，但石油還是要的，給因一戰而一躍成一流強國的美國和日本所取代了，英國還遇上甘地的反英活動，雖然拖到二戰完結，印度才獨立。英國人只在亞洲餘下香港這顆東方明珠，一直延至 1997 年，歷史的後遺症真多！

（4）一戰的教訓

美國分析家論一戰的教訓，説："中國在一戰中安然無恙，卻在二戰中飽受創傷。"其實不然，一戰是 1914—1918 年，中國這段時間是袁世凱、黎元洪、馮國璋當總統，黎元洪之後執權是段祺瑞，其間袁世凱只望稱帝。

日本則趁歐洲第一次世界大戰，無暇東顧，又一次啟動征服中國的大計，1894—1914 年的二十年間，日本先勝大清，再勝俄國，心高氣傲，至尊情結至高。1915 年 1 月就提出"二十一條"，其中要承諾日本繼承德國在山東一切權利，和中央政府聘請日人充政治、財政和軍事顧問，還在 5 月 7 日給 48 小時期限。袁世凱還希望有列強干涉，但無人理會，乃在 1915 年的"五九國恥"日，喪權辱國，但袁世凱還有面去稱帝，真不知恥。最後段祺瑞向德宣戰，但去歐洲大陸卻是民間應聘去的 14 萬勞工，代價是五千人死亡，二萬五千人失聯，怎能説不大。

一戰教訓是：一、全球化和經濟融合不能阻止大戰的發生。二、各種聯盟只迫使大國替小附庸國出頭。三、戰後大國的地位改變，四大帝國覆滅，美日崛起，取代英國，美國更成為霸主，改變群龍無首。

一百年前，只因巴爾幹半島一宗刺殺案，而死亡了一千萬人，值得嗎？但當時的外交家、將軍和帝王們，陰差陽錯就發生了，德皇威廉二世、沙皇尼古拉二世、奧匈的約瑟夫一世、英皇佐治五世、法國總統龐加萊當時是如何決策的呢！誰也料不到有四大帝國的覆滅，要知道當然就不打了，這是血本無歸的教訓呢。

(5) 美國拒扮領袖的時代

在第一次世界大戰中得到好處的大國，首先是美國，然後就是日本。美國成為世界最大的製造業和糧食生產國，即是當年的世界工廠（今日的中國）和世界糧倉（今日的巴西）的總和，還是世界最大的金融中心（紐約取代倫敦）和債權國（今日的中國），同時擁有世界上最豐富的黃金儲備（今日仍是美國）。

美國雖是經濟強大，但軍事力量只處於中等水平，當時仍未有國家安全委員會（NSC）。1919—1930 年，美國人堅決拒絕戰爭，堅決在世界政治中扮演領袖角色。美國的出口在 1929 年只是製造業總量的 8%（1914 年是 10%），外部世界對美國繁榮並不重要。但 1929 年的美國大蕭條，美國受影響卻最大，GDP 由 1929 年的 984 億美元，降到 1933 年的僅餘 50%，1,500 萬工人失業；美國出口價值由 52.4 億美元，下降 69%，至 16.1 億美元。

1929 年，美國製造業在全球的份額是 43.3%，蘇聯 5%，德國 11.1%，英國 9.4%；到 1938 年（美國再遭受 1937 年的二次蕭條），製造業份額下降至 28.7%，蘇聯恢復得快，升至 17.6%，德國 13.2%，英國只維持在 9.2%。至於日本，亦悄悄地由 1929 年的 2.5%，上升至 1938 年的 3.8%，已超過意大利的 2.9%。這期間，真正的超級大國是美、蘇、德、英；而法、日、意大利已是中型大國。但 1931 年，英國發生英鎊危機，日本則發動"九·一八事變"，英國已不再是日不落的大英帝國，對日本侵略，只能"小心翼翼"。

(6) 20 年的休戰

如果從歐洲 500 年的戰爭史來看，一戰完結後的 1919 年，歐洲簽訂了《凡爾賽條約》，成立了"國際聯盟"來解決國際問題，但只有"20 年的休戰"，二戰又爆發了。首先這個"國際聯盟"先天不足，既沒有美國，也沒有蘇聯，一戰的戰敗國也不准參加，只是由老牌而又無力的英法兩國主持，所以"國際聯盟"的貢獻，"不是遏制侵略者，而是使民主國家陷入混亂狀態"。

1927年，簽訂了一大堆"公約"如《巴黎非戰公約》，到1929年陷入的"經濟大蕭條"，採取了一切的和諧環境。日本和德國的民族主義者，則致力盡一切可能及早改變國際秩序，不管是希特勒，還是日本天皇，"決意要建立一個新的領土秩序，小範圍的領土調整是永遠不能滿足他們的要求。"所以日本早在1931年就發動"九‧一八事變"，英國無可奈何，因為英國公眾"極其厭惡英國捲入遠東事務"，而美國國會則通過嚴格的中立法案，令羅斯福動彈不得，只能出口術，譴責了事。

1937年的美國第二次蕭條當然是主因，而1937年11月，德國和日本簽訂了《反共產國際協定》，亦令蘇聯史太林更加謹慎，"國際聯盟"當然根本不起作用。因為英法已不是一流強國了，但德國和日本都是看得自己太重的民族（錢穆語），德國進攻蘇聯和日本進攻中國，都只訂下了三個月的作戰計劃，德軍在四個月內打死和俘虜了300萬俄國人，卻滅不了蘇聯，日本亦如是；德日進行是一場"無限的戰爭"，打不贏是注定的。

（7）人事變幻的二戰

西方二戰三巨頭的第二次大會在蘇聯的克里米亞舉行，原因是史太林的醫生建議他不能遠行，羅斯福和丘吉爾只好移樽就教。因為羅斯福要史太林支持打日本，丘吉爾則希望中歐和東歐可以自由選舉，史太林則要保持中歐和東歐的控制。三巨頭都是難纏的對手，而史太林則在位已久，更是老奸巨滑，丘吉爾絕對不相信史太林，羅斯福怕是被身體所限，難有作為。會後，羅斯福還要去中東見埃及和沙特國王，到3月1日見國會議員已病體支離，

4 月 12 日就腦出血去世了，所以決定 8 月廣島原爆的是新手杜魯門。而德國戰敗後的 7—8 月在德國舉行的三巨頭會議，只有史太林還是原裝，美國已是杜魯門，英國丘吉爾在會議開了幾天就下台，由新首相取代，真是人事幾番新，世事沒有如果。

三巨頭換了二人，史太林和杜魯門是初會，亦是最後一會。英國外相參加此會，認為史太林是最難纏的對手，"不浪費一個字，亦不發火，甚至很難激動，又知道自己要甚麼"，加上當了蘇聯領導已 23 年，所以史太林取得東德，加上大部分東歐和中歐英美都無可奈何，但二戰的盟友很快就變成敵人。

即使羅斯福在世時，也將和蘇聯聯手比作和魔鬼握手，但歷史的進程是要美蘇對峙 45 年，成為西方兩大國對峙的形勢，所以英美兩巨頭一死一下台，在 1953 年史太林去世之前，美國計劃轟炸蘇俄各大城市，亦已見光，但一切因蘇聯得到核能力而告吹。史太林在位三十年，英美看來無可奈何！

（8）二戰四巨頭

2015 年是二戰四巨頭羅斯福去世 70 年，史太林去世 60 年，丘吉爾去世 50 年，蔣介石去世 40 年，居然四人是齊頭數。究竟當年四人如何合作和講數，對知人曉事論世大有助益，而後遺症有多少，至今尚未解決又多少，令人慨歎。

二戰六大會議，四大巨頭都未能全部參加，蔣介石只被邀請到開羅會議。此前羅斯福還表面上做到世上有四大，但 1943 年 11 月和蔣介石初晤，也是最後一面，從此四大巨頭變為三大巨頭。

史太林沒有參加開羅會議，因為蘇俄和日本在 1941 年簽了一紙五年的中立條約。此時中日已開戰多時，史太林不想見蔣介石，免生枝節，但開羅會議在 11 月 26 日完成，伊朗德黑蘭會議在 11 月 28 日就續開，蔣介石當然不能參加了。而《開羅宣言》，史太林是不管的，德黑蘭會議才是中心，所以亞洲事務在西方決定，原來如此，史太林同意向日本開戰，才是羅斯福所要。

開羅會議要日本無條件投降，歸還所有自一戰（1914 年）以來所佔島嶼，但琉球是大清時被日本吞併的，傳說羅斯福要蔣介石接管琉球，而蔣介石不敢接，才由美國戰後接管，但羅斯福 1945 年 4 月就腦出血而死，一切只能歸零。

杜魯門自有主張，羅斯福死前兩個月，三巨頭會議在克里米亞舉行，羅斯福已不行了，丘吉爾的醫生見到羅斯福已是垂死之人，史太林的醫生則不准他遠行，三巨頭健康都有問題。

（9）二戰的歐亞史觀不一樣

二戰至今 70 年，但歐洲人和亞洲人對這場戰爭的細節，看法卻迥然不同。對德國人而言，二戰的第一戰是 1939 年 9 月 1 日，德國轟炸機空襲波蘭小城維隆，75% 夷為平地，16,000 居民中有 1,200 人死亡；但在亞洲，日本人在 1937 年 7 月 7 日進軍盧溝橋，是第一戰，早了近兩年。

二戰最後一場歐洲戰爭，在 1945 年 4 月 6 日，800 名格魯吉亞士兵大戰 400 名德國士兵於荷蘭泰瑟島，一直打到 5 月 20 日才停止，其實德國在 5 月 8 日就投降了。在亞洲，日本天皇拖到 8 月 15 日才宣佈投降（如今又說不是無條件），但降書要到 9 月 2 日才簽。在歐洲，德國簽了兩次降書，一次在法國蘭斯（5 月 7 日），第二份降書在柏林（5 月 8 日），而莫斯科時間已是 5 月 9 日。

但在亞洲，日本關東軍拒絕相信天皇投降，寧願"玉碎"，最後一戰是蘇聯紅軍在 1945 年 8 月 9 日，出兵中國東北（歷史上 1905 年俄日已在東北打過仗，不過是俄國敗北；1939 年的諾門坎戰役，則是蘇聯獲勝），這次戰爭最激烈是在黑龍江虎林縣的虎頭要塞和東寧鎮，8 月 27 日之戰，日軍死

1,300 人，被俘 53 人，但蘇聯亦死近千人，這可是昭和宣佈投降後的 12 日，東寧之戰更要到 8 月 30 日才以日軍投降才結束。戰爭期間，日軍因對戰事絕望，軍隊大佐命令士兵以炸藥自爆而死，有 325 人參與，192 人完成這宗"玉碎"計劃，這距日本簽降書只有兩日了。二戰末期日本和蘇聯有"中立條約"，日本一直希望蘇聯出面調停而獲得有條件投降，但蘇聯百萬紅軍出戰，牙齒痕也夠深的。

(10) 5 月 9 日的意義

1945 年 5 月 9 日是二戰德國簽字投降的日子，"千年帝國"幻滅，"大東亞共榮圈"的幻滅要等到 9 月 2 日，日本簽降書才完成。中國人苦難比歐洲人長了四個月，俄羅斯人挑到這一日慶祝，因為這一降書是由俄國人安排的。

自 1941 年 6 月，希特勒決定揮軍入俄，直至 1944 年，蘇聯紅軍是打不過訓練有素的德軍的，只能靠人多，死亡率是五比一到六比一。在戰爭頭五個月，德國人就宣稱打死打傷和俘獲紅軍超過 300 萬人，是南京大屠殺的十倍，但那是戰爭，不是殺平民。

1941—1942 年號稱可怕的冬季，德軍本以為三個月可以決定的戰爭，結果拖到入冬季。同樣的是，日軍以為三個月就可打敗佔領中國，結果打了八年。到 1942 年夏季，希特勒再發動攻勢，攻打史太林格勒（今伏爾加格勒），但遭遇慘敗。1943 年的庫爾斯克坦克大會戰，紅軍 34 個裝甲師 4,000 部坦克大戰德軍 17 個裝甲師，2,700 部坦克，結果紅軍一週內損失過半，才殲滅了德軍的大部分，是慘勝。但在西邊的列寧格勒（聖彼得堡），卻被德軍圍城 900 日，城內彈盡糧絕。被圍期間，每人每日配給 150 克麵包，只靠婦女冰河打水，收集生火，但仍餓死 80 萬人，奇蹟是仍養活動物園內 150 隻大型動物。吃不飽的人可以省出一口糧來餵老虎，列寧格勒的人了不起！

七十年前的軍隊圍城無效，七十年後的經濟圍城也不會有太大效果，美國人既不讀歷史，也有健忘症，珍珠港遠在夏威夷，與本土人關係不大，也是另一種心態了。

（11）二戰後國際秩序

美國早期歷史是盡量避免捲入國際糾紛，所以參加二戰也是最後被迫的；但 1945 年後，就如英國在 1815 年後在世界各地建立基地，訂立條約。然而，英國時代畢竟是多元世界，而美國則進入二元世界，冷戰開始，不是在美國一邊，就是在蘇聯一邊，沒有中間路線，維持了 45 年。直至蘇聯瓦解，世界進入單極，也不過 25 年。

到 2015 年，世界又回到多元世界，一言堂現象消失了，但兩極世界的開始，是以確保德國和日本的軍國主義不會死灰復燃，成為國際秩序的威脅。德國二戰後分成四個佔領區，由美、蘇、英、法各自佔領，最後變成西德、東德，要到兩極世界完結又再統一。

1946 年德國的 GDP 不及 1938 年的三分之一，而日本 GDP，1946 年亦只是 1936 年的 57%；德國更慘，工資倒退 70%，對外貿易等於零，商船隊全被擊沉，煤產量減半。所以德國和日本作為強國的日子結束了，但恢復德國和日本是美國的政治任務。

當然，日本被剝奪了一切海外領地，但琉球卻未歸還，只因蔣介石不敢接收，羅斯福又在當年就死去，此事成為後遺症，否則哪有釣魚島問題。德國自然喪失了歐洲一切侵佔的領土，甚至東部古老領土如東普魯士亦不保。

戰勝的蘇聯和中國亦好不到哪裏，德國侵略對蘇聯造成的損失，比對其他任何國家都大；同樣，日本侵略對中國造成的損失，亦比其他任何國家都巨大，但蘇聯經濟不成，軍事仍是強國，獲得補償。中國在蔣介石治下，"以德報怨"，只能繼續落後。

（12）兩極世界的出現

第二次世界大戰只是歐洲 500 年戰爭史的延續，只是這次加入亞洲元素，但歷史再次證明：在一場曠日持久的大規模聯盟戰爭中，財力最雄厚者勝！德國雖然擁有高質素的軍隊和豐富的經驗、高明的戰術，但戰爭有如擊劍，再高明劍手沒有了劍，再高的經驗和技巧，也沒有用。

1944 年 6 月 6 日的 D 日（D—Day）諾曼底之役，說得多麼神勇，事實上德國只糾集了 319 架戰機，去對戰盟軍的 12,837 架，實力懸殊之極，何能不敗？沒有 B-29 和原子彈的日本也一樣。

美國的加入同盟軍，令同盟軍的生產基地遠離德軍和日軍，使軸心國軍隊鞭長莫及。美國擁有的資源和機會令同盟國迅速建立壓倒性的軍事力量，德日焉得不敗？而德日既敗，稱霸歐洲和太平洋企圖便煙消雲散。

法國雖然是戰勝國，但受創慘重，黯然失色；英國雖然有丘吉爾，但獨力難支，只能衰落；中國則早已是弱國，不用說，世界秩序因二戰而改變，成為兩極世界。只有美國和蘇聯能稱為第一軍事強國，原因有三：地理位置，遼闊的幅員，巨大的軍事生產潛力。而美國更得大利，美國工業在1940—1944 年間，每年增長率是 15%；中國在過去 30 年，只能達到 10% 而已，美國當年的增長是空前絕後，工廠規模擴大 50%，產品產量亦增長 50%以上。美國黃金儲備 200 億美元，是全球的三分之二，變成最大出口國；美國海軍 200 艘大軍艦，遠超英國，不論在經濟上或軍事上，美國從此可不受限制地在世界上為所欲為，乃有錢穆所謂的驕心了！

（13）兩極世界的形成

1945 年二戰之後，世界由傳統的多極世界，形成了美國和蘇聯的兩極世界，1900 年前後的達爾文主義和帝國主義思潮完蛋了。自由主義和共產主義登台，卻又互相排斥，水火不相容，是沒有中間路線的年代，傳統強國的法國和英國都不行了。1944—1945 年，法國進出口實際等於零，國民收入等於最灰暗的 1938 年的一半，外匯儲備乾塘，法郎不在外匯交易中使用。1944 年，1 美元兌 50 法郎；1945 年，1 美元兌 119 法郎；1949 年更是 1 美元兌 420 法郎。

法國經濟脆弱不堪，只靠美國援助過活，但法國仍想躋身一流大國之列，要保持世界第二大殖民國的地位，可說不切實際，但亦只有戴高樂再次任總統，才能對美國說不。英國也是希望表面上充當世界大國。1945 年 8 月，英國的全部殖民地，包括香港，都回歸到英國手中，丘吉爾是 "三巨頭" 之一，但不論戰艦空軍，只能當老二了。

德國雖被擊敗，英國亦耗盡全力，美元儲備和黃金儲蓄都耗盡了（大部分到了美國手中）。英國進口靠美國，需求日日升，但 1944 年，英國的出口量只有 1938 年的 31%，所以 "歐洲時代" 結束了，即使在 "馬歇爾計劃" 幫忙下，大部分製造業復蘇了，歐洲製造業佔全球比重，在 1953 年只有 26%，而美國是 45%，英國、法國、德國、意大利的 GDP 總和，亦只是美國的 52%。當年的 G7 就是美、蘇、日加上歐洲四強，而美國一枝獨秀，3,810 億美元，其他六國總和也只是 3,560 億美元而已，但蘇聯已穩居第二了。

（14）英國百年衰落過程

英國歷史學家說："研究 1870—1970 年的英國史，就是一部在經濟、軍事、政治上與其他國家相比，幾乎不斷衰退的歷史。"1872 年美國 GDP 就超過英國了，但英國還有大量殖民地的 GDP 未計算在內。1914 年一戰開始，美國 GDP370 億美元，英國才 110 億美元，美國人口 9,800 萬，也比英國的 4,500 萬為高，人均 GDP，美國 337 美元，英國 224 美元，也是美國為高；但在一戰的 1914 年至 1919 年間，英國戰爭開支 230 億美元，卻比美國的 171 億美元為多。而動員總兵力人口百分比，英國是 9.5%，美國是 3.8%。

　　1914 年英國的海陸軍人數是 53.2 萬，已比 1900 年的 62.4 萬為低，但戰爭一起，動員更多是免不了。二戰結束後的 1948 年，英國國防支出是 34 億美元，美國 109 億美元，美國已是英國的 3.2 倍。到 1970 年，英國國防開支升至 58 億美元，美國則是 778 億美元，是英國的 13.4 倍。到了 2013 年，英國增至 579 億美元，上升了 10 倍，美國則升至 6,400 億美元，上升 8.2 倍，美國國防開支是英國的 11 倍。

　　英國軍費開支在過去 5 年收縮了 25%。2015 年是 GDP 的 2.3%，比北約最低限度的 2% 去之不遠，英國陸軍已由 10.2 萬人降至 8.2 萬人，而在今後 4 年再裁至 5 萬人，不是不可能。美國二戰後的國務卿艾奇遜説過，"英國失去了帝國地位，卻還沒有找到自己的角色。"在小布殊時代，英國人還安於當美國盟友中的一員，但伊拉克一役後英國人已不願和美國合作，2016 年 6 月脱歐公投，英國此後如何變，誰也不知道！

（15）由鼎盛回歸正常的過程

　　英國歷史學家保羅・甘迺迪的《大國的興衰》成書於 1988 年，看不到蘇聯解體和日本"迷失二十年"，所以當時估計"五個力量中心"的經濟總量的變化，對日本是全錯了，但歐盟、美國和俄國的比重逐漸減少仍是對的。

　　在 1988 年，中國的生產力仍遠遠落後，但 27 年過去了，中國已成世界工廠，這是歷史學家也看不到的，但甘迺迪的分析可以參考的是，一個國家根據地理面積、人口和自然資源，在其他條件相同下，它應該擁有的世界財富和力量是可以計算出來的。但正由於條件不全相同，在特殊的歷史背景、技術環境下，一個國家在最鼎盛之際，可以拿到特別高的比重，但有利條件若一去不復返，就會打回原形。所以拿過去 300 年的歷史來看，英國在"正常"環境下該擁有 3% 至 4% 的世界財富和力量。以 GDP 來算，英國鼎盛在 1870 年，佔了 25%，2014 年 3.7%（PPP 算 2.3%）；美國正常是 16% 至 18%，鼎盛在 1945 年，是 45%，2014 年 23%（PPP 算 16.3%）。日本正常應和英國差不多的 3% 至 4%，但最鼎盛的 1988 年只到 9.7%，並未能超越美國，人口發揮了影響力。至於中國，在 1750—1830 年間最鼎盛，在 30% 至 33% 之間，但 1960 年下降至 3.1%，是極端不"正常"；改革開放暫安 30 年後，2014 年回到 12.6%（PPP 算則達 16.5%，已超越美國）。27 年後，不為人看好的印度亦復蘇了，PPP 算的 GDP 已佔 6.8% 的比重，世上已有六大中心。

（16）百年前英國 今日美國

《讀史觀世》中，有大量文章談到美國和日本與中國的關係，懸在中美之間，一是《美日安保條約》，二是《台灣關係法》，這兩條法的消長，直接影響到日台的將來。《美日條約》成於 1951 年，《台關法》則在 1978 年，這些歷史性的契約，一是雙方，一是單方，但權都在美國，所以是要經常再確認，日本人和台灣人都是不好過的。

有人説近兩年美國對日本的縱容令人奇怪，但讀到"中國通"Francses Wood 最近的一戰文章，卻令人覺得是歷史重演而已。早在 1902 年，英國和日本就簽了《英日同盟條約》，日本成為英國在東方的忠實盟友。1911 年清亡，1912 年中華民國成立，已是共和國政體，但歐洲沒人理會。

1914 年秋天，一戰開始，日本是協約國一員，立刻向德國和奧匈帝國宣戰，日本迫不及待向青島長驅直入，伺機奪取德國在華的"財產"，隨後東北的大部分土地都被置於日本有效"保護"之下。Wood 説當她在調查檔案資料，發現日本的"可惡勾當"和英國外交官的"消極懶散"，她是念念不平。中國三次申請入協約國（英、法、意、俄），第一次被英國駁回，第二次被日本駁回，到 1917 年 8 月才成功參戰。但結果是，早在 1917 年 2 月，英國首相 Lloyds George 已和日本簽了條約，"許諾日本可以繼續持有其全部在華佔領區"，隨後法國、意大利亦簽了密約，中國的領土完整和權利，就如此被這批密約出賣了。今日的釣魚島和當年的一片大地，怎比呢！

4. 21 世紀

（1）中歐合作啟示和前景

2014 年"習旋風"登陸歐洲，帶回兩個經濟消息，一是將 BIT 雙邊投資貿易協議，改為升級版的 FTA。中歐貿易在 2013 年是 5,591 億美元，2020 年達 1 萬億美元，這是繼和東盟貿易後的第二個 1 萬億美元計劃，這也是 2020 年中國奔向小康的一部分，以中國的速度和敢於讓利的戰略，中歐 FTA 的前景和達成時間表，比美國的 TTIP，要好得多。

正如在亞洲，美國人推行的 TPP 跨太平洋夥伴協議，也比東盟 10 加 6 的 RCEP 的前景要差不少，RCEP 談判已進行到第四場了。還未起步的台灣，既想入 RCEP，又想入 TPP，但魚與熊掌都不是，因為 TPP 要美國支持，RCEP 則要中國同意，以目前台灣的氣氛，恐怕魚與熊掌都兼失了，這個教授都未留意的問題，學生了解嗎？這是題外話，到 2020 年，中國貿易的首要夥伴，應是歐盟和東盟，美國和日本恐怕要靠邊站了。

2013 年，韓國出口中國 1,831 億美元，已超越了日本的 1,623 億美元，日本貨不敵韓國貨實現了，雖然日本仍在中國入口方面勝於韓國，但兩國關係不改善，在加稅後，危機在 2014 年。中國人明白歐洲是"多元一體"，歐洲人似乎聽進了中國的"和而不同"，歐洲一直以中國是神秘的，不肯從歷史、文化、精神境界和變化深度來了解中國，浪費了百年，這次"習旋風"的登陸演説非但令歐洲人要醒覺，重新了解中國，放棄了歷史文化多年的中華兒女也應醒來吧！

（2）跨文明的歐亞集團的明天

筆者在《讀史觀世》中，談到明日世界格局是"群龍無首"，美國文明衰退無可避免，經濟上亦無法有主導地位，所以美國在大西洋打出 TTIP（跨大西洋貿易與投資夥伴協定），在太平洋推出 TPP（跨太平洋夥伴協定），但最終主旨除了返回大西洋和太平洋之外，是 ABC（Anyone But China）。"中國除外"是明顯不過，口裏怎麼說都無意義。若從第三者的俄國專家角度來看，西方文明必然分成三大塊，英國脫離歐洲終不可免，只能投入美國懷抱，在美加墨的 NAFTA（北美自由貿易協議）上加盟；歐盟能保持 26 國就算不錯。俄羅斯在普京領導下，重建蘇聯式經濟同盟，烏克蘭只是前菜。

歐盟只有德、法最強，德國最終成盟主，因為法國太逸樂了。伊斯蘭文明在 2050 年前崛起，遜尼派由沙特阿拉伯主導，什葉派由伊朗主導；但沙特真能領導北非、中亞和波斯灣君主國，有點疑問，要看有哪位領導出現。

"絲路鐵路"隨時起航。拉美中秘魯和智利要當太平洋國家（參加 TPP）或是拉美國家，仍不清楚，但拉美由巴西主導是無疑的，看這次世界盃不能作準，看的是 20 年後。中國成為亞洲盟主，和東盟結盟，RECP（區域全面經濟夥伴協議）成形應在 TPP 前。日本 20 年後已不足道，台灣問題到 2050 年早已解決，只差印度文明是獨立，還是加入中盟大家庭，但中國有關的金磚五國、上海合作組織和 RECP 都是跨文明的集團，是日後最有為。而"絲路鐵路"已見端倪，北京經莫斯科到德國，已經起航，途經中亞各國，直通歐洲，這個歐亞集團和美國組合美洲，有得玩，日本要決定在何方呢！

(3) 世界秩序分水嶺

基辛格的"世界秩序"和福山的"政治秩序與政治腐敗"不約而同，要在 2014 年 9 月面世，談的都是秩序問題。

二戰後的七十年秩序，還是由西方世界決定，美國的理想主義："自由民主是萬靈丹論"，歐洲的"權力平衡，軟實力主義"，到了 2014 年由這兩位政論家出書來作個總結，也是時候了。其實這些問題，筆者在《讀史觀世》，也以談論風險的方式，討論了一遍，美國不能再"一言九鼎"，那是清楚不過。單是三角帆（JIB），三位盟友，再也管不住，中東失控，敗於進軍伊拉克和阿富汗，這只不過是重複英國在 20 世紀初的敗筆。歐洲每一代的霸王的衰敗，都是因為戰線太長，要管的事情太多，軍事費用過高，甚至國際金融中心也無法提供足夠的資金。當年的阿姆斯特丹、倫敦，今日的紐約，也是一樣，紐約在 1918 年取代了倫敦，但 21 世紀，兩大金融中心的地位只是相若，誰也勝不了誰，亞洲尚未能發圍，否則西方更驚。

1985 年，G7 可以令日圓升值"無限量"，但 21 世紀，人民幣不會重蹈覆轍，中國早已不是"吳下阿蒙"。世界這本書已讀了 100 年，百年前的"極端民族利己主義"，"新興強國挑戰原有世界格局"，"列強對殖民地的爭奪戰"，只是用"全球化"、"市場開放"和"利潤掛帥"的名義借屍還魂而已，今日 G7 和俄國的紛爭，和 19 世紀歐洲的"五強平衡"沒有大分別，要改變秩序，正如基辛格所言"非一蹴既至"。這兩本書應是秩序改變的分水嶺，不妨一看。

（4）無序的新世界

和 MBA 們談《讀史觀世》，主要當然是談"知人、曉事、論世"，再白一點是"知人之忠奸，曉事之成敗，論世之浮沉。"沒有歷史作借鑒，怎麼都說不明白，21 世紀從 2008 年至 2050 年間，都是過渡期，亦即"群龍無首期"。

西方軍事學家漢森用了西方的言語，The New World Disorder（無序的新世界）來形容今後的世界，美國這個舊世界警長，有心無力，全部牛仔們都持槍在手，看警長下一步要幹甚麼。漢森老兄認為，美國這位警長不是不能重振聲威，但需要下列各點：有一位有遠見的總統，有一位經驗老到的國家安全顧問，有一群充滿技巧的外交家，還要有一個有認知和在乎的公眾群體，加上金融充裕，國家預算有紀律，還要在往後兩年內達標，這不就是人口紅利的問題，加上資源紅利和改革紅利，才能無往而不利。（希拉莉和特朗普成嗎？）

錢穆大師的希望，只是世界上出現幾位有"大仁慈、大智慧、大勇敢"的領袖，在"群龍無首期"世界才不會擦槍走火。

目前基本狀態是：中國睡醒，美國消停，日本掙扎，歐洲安於逸樂，金磚成團，四小龍轉型，東盟後起，非洲造勢，中東戰火，各有隱憂。

歐洲 500 年歷史是戰火頻繁，任何大國都不能戰線太長，拿破崙的"以戰養戰"方法無法再實施，美國盡收世界儲蓄以補預算之不足，亦不是方法。人口、資源、改革三大紅利，誰使用得最好，誰上最高點，但高處不勝寒，美國人登上頂點在一戰末的 1918 年，至今不到百年呢！

（5）世界貿易全景

中國由世界工廠到 2012 年成為貿易首國，取代美國，也不過是 30 年間的事。2012 年，中國的第一商貿夥伴是歐盟 27 國，然後才是美國，東盟已追上來，排在第三位，2020 年的計劃是 1 萬億美元，會不會成為中國第一夥伴，也只是 6 年間的考驗，但美國人卻很樂觀，認為中美關係處於新婚階段，還待磨合，預測 2022 年的出口達 5,300 億美元，而入口則達 8,050 億美元，合共 13,350 億美元，穩居中國第一夥伴，若真是如此，遏制中國的政略只能讓路，政治讓路於農業、旅遊和科學、科技。中國企業到美國發展蓬勃，更多的阿里巴巴在美國上市，紐約更上一層樓，香港要追上來，又難了一步。

歐盟 27 國一盤散沙，各自為政，只有德國最進取，但獨力難支，若無遠見的領袖，被美國、東盟追上，也是幾年間的事。歐洲人太安逸，是筆者的結論。

2013 年是日本和韓國爭奪中國市場之分水嶺，在安倍戰略下，日本敗陣，韓國取得領先。安倍在打人兩巴掌之後，再說要當老友，中國人再大量，也只能慢慢來。日本福島核驚魂，對出口的打擊也不是一下子可以過去的。日本的"隱瞞文化"再強大，日本民眾也會發覺的，安倍在換內閣後，支持率仍跌到了 53%，可以說明。再下來就是台灣了，但已被韓國遠遠拋離，是三與二之比了，台灣只能在入口方面下功夫，才能增長貿易額，2014 的 400 億美元和韓國的 1,000 億美元入口，不能相比，但心態不變，努力亦徒勞。

(6) 世界和諧之道

1998 年的俄羅斯大崩潰，外資損失慘重，外資銀行的業務亦受損。筆者的老闆，國際部老總亦只能引咎辭職，負起責任，十多年後談起，亦只能歎息當年看得太好。

統計傷亡，匯率下跌 68%，進口產品上漲兩至三倍，本地產品上漲一倍，居民實際收入下降 13.8%，居民存款下降 50%，居民降在貧窮線下達三分之一，GDP 為 -5%，大批銀行面臨破產，外國投資者損失 1,170 億美元，所以 1998 年是肯定寫入俄羅斯史冊的。

2014 年也不會例外，但 1998 年，葉利欽 5 個月內兩換內閣，出事期間的內閣只有百天，新總理基里延科只有 35 歲，壓不住陣腳，但葉利欽最終辭職，亦是普京的契機。

2000 年 3 月，俄國進入普京時代，亦是石油價格走入上升期的時代。普京一代強人，進行改革，俄國經濟復蘇，但 2008 年華爾街金融危機後，俄國經濟亦受影響，單靠石油獨孤一味，無法增長。14 年後，美俄冷戰再起，俄國被踢出 G8，普京以一敵七，面無懼色。克里米亞是俄羅斯人心頭之痛，158 年後，烽煙再起，對俄羅斯人是收回故土，對歐洲人來說，是"入侵"、"公投無效"。

"歐洲時代"雖然結束了，但依附美國，仍可實施制裁，而油價下跌至每桶 50 美元以下，俄國不是唯一輸家，所有產油國都失利。1943 年美國《生活雜誌》曾寫過："蘇聯人長得像美國人，穿得像美國人，想法也像美國人。"如果是真的，世界就和平了。

（7）世界經濟長期趨勢

2015 年全球經濟增長被調低至 3%，比過去 50 年的平均數 3.6% 相差不遠。但悲觀人士研究結果是往後 50 年的 GDP 增長率只有 2%，理由是往後生產率不會增長，是不是杞人憂天呢？如今進入工業 4.0 時代，又是互聯網和物聯網時代，50 年間都沒有新創新，是沒有可能的，但世界為甚麼每年都要追求 GDP 的增長，不可以停下來嗎？理由是過去各國政府都借了大量國債，加上政客們推出大量福利制度來吸引選票，注定是由子孫們還的。過去 50 年，人類享受人口紅利，出生率較高和壽命延長，所以大量人口進入勞動市場，生產率提高，GDP 增長是正常的。

據研究，過去 50 年（1968—2013）間，全球 GDP 規模上升了六倍，但平均數不太看得明白，若細看世界三大經濟體，美國上升 27 倍，日本上升 22 倍，中國上升 462 倍，沒錯。中國上升 462 倍，因為當年基數太低，人口增加得更多，中國在上世紀 60 年代佔的全球 GDP 份額，只有 3% 而已。

當然，損失最大是歐洲諸國，勞動力增長是經濟的動力，過去 50 年平均增長是 1.7%。但到達頂峰最快似是日本，人口減少，無可避免，研究人員害怕未來 50 年勞動力增長只有 0.3%，日本怕在平均數之下，在欠缺長期規劃，國債不減，利率不能升，福利不能減，女性弱勢不能改，只知增加軍力，日本只怕陷入歷史上歐洲強國的末路，長期趨勢要逆轉不是射出三箭就可以改變，要全民改變心態才有希望，這是歷史教訓。

（8）全球軍費發展

　　美國的二戰戰爭開支才 171 億美元，1914—1949 年間，每年平均 34 億美元而已，只是英國的 74%，不算多。到 1948 年，軍費是 109 億美元，已是英國的 3.2 倍，從此扶搖直上，第一次劇增是朝鮮戰爭，1952 年 478 億美元，1953 年 496 億美元。

　　艾森豪威爾當總統從事制約 "軍費工業系統"，軍費略減，但 1961—1962 年，返回 523 億和 522 億美元，那是柏林圍牆危機和古巴導彈危機。1966 年後由於越戰，美國泥足深陷，軍費由 675 億美元升至 1968 年 807 億美元和 1969 年 814 億美元，到 1970 年仍是 778 億美元。1970 年初，一名軍事觀察家寫道："美國在 30 個國家駐軍 100 萬，是四個地區性防務聯盟的成員，還積極參與另一聯盟的活動，此外她與 42 個國家有雙邊防務條約，參加了 53 個國際組織，對全世界近 100 個國家提供軍事或經濟援助。"

　　1970—1990 年間，美國和蘇聯展開兩極競賽，1974 年蘇聯國防開支 1,090 億美元，甚至高於美國的 850 億美元，中國只有 260 億美元，而傳統的歐洲強國已衰微：英國 97 億美元，法國 99 億美元，德國 137 億美元。軍隊人數方面，蘇聯 300 萬，美國 200 萬，中國亦有 300 萬，歐洲已經式微；但隨着北約組織和華約組織的軍事競賽和第三世界軍事費用的膨脹，"軍事工業系統" 不受制約，1985 年世界軍費總額達 9,400 億美元，2013 年更達 17,500 億美元，而美國則居首位 6,400 億美元，是 1970 年的 8.2 倍，是全球軍費的 36.6%，中國佔 10.7%，英國只有 3.3%，沉重的軍費和巨大的借債是緊密相連的，這巨碑何時倒塌呢？

(9) 金磚和 G7 的逆轉年

　　2015 年 3 月 17 日，是 G7 中的英、德、法、意背叛盟主美國，加入亞投行的大日子，日本和加拿大是被壓住了。雖然加拿大有表達興趣，最終也沒有成事。同年 6 月，G7 在德國埃爾毛宮開 G7 大會，政治掩蓋了經濟問題，也是理所當然。再到 7 月 9 日，金磚五國和上海合作組織同時在俄國烏法市舉行雙峰會，提出"全球治理新架構"，簡直和奧巴馬在 5 月的"堅信美國的特殊地位"唱了對台戲。

不要忘記 6 月 29 日，亞投行的 57 創辦國之有 50 國簽名，英、德、法、意都在其內。所差 7 國只佔 5%，正是來與不來，都好閒。亞投行已成事，港台都會隨後加入。預計 2016 年底股東可達 100 個。至於美國和 G7 的地位有多特殊呢？首先看人口，G7 人口 7.6 億，佔世界人口 10.5%，美國只佔4.5%，日本、意大利人口都會減少，日後會在 10% 以下。金磚五國人口 30.6億，已佔世界人口 42.4%，當然要發聲。經濟上又如何，GDP 以購買力平價計（PPP），中國在 2014 年，以 17.6 萬億美元僅勝美國的 17.4 萬億美元。以G7 的慢速前進，2015 年和 2016 年能有 2% 已不俗。所以儘管中國 GDP 增長已回落到 7% 左右，金磚其他國家有其問題，特別是俄國和巴西，但中印乃主力，平均有 5% 不難。以此計算，G7 和金磚國的 GDP 應在 2016 年相等，說話要大家平等，70 年前亞洲事務在歐洲決定，從此逆轉，2015 年是決定性的。

（10）五年來的歐洲銀行界

2016 年歐洲金融界朋友，莫不牙痛咁聲，五年回顧，自家東主股價跑輸大市，但以德國最慘，英國次之，法國最佳，多少 CEO 換了人，看數字令人心驚。

德國股市 2011 年 2 月至 2016 年 2 月，由 7,426 點升至 8,752 點，上升18%，但德國商銀由 61.63 歐羅，瀉至 6.39 歐羅，下跌 90%；德國銀行則由47.93 歐羅下跌至 13.69 歐羅，下跌 71%。德國銀行界確夠慘烈，但問題似乎不在本國，是在歐洲，還是全球，是衍生工具，還是大宗商品和能源價格，是監管問題嗎？

　　法國奧朗德被國民罵翻天，巴黎股市五年來，只是由 4,000 點下跌至 3,900 點，跌幅不足 3%，微不足道，和德國的 18% 上升，當然相形見絀，法國大企業表現欠佳，但比 2008 年還是好得多，還有 1,000 點才算跌夠，但三大法國銀行跌得不算慘，農業下跌 4.5%，法巴下跌 4%，法興下跌 8%，算最慘，但遠勝德國同業。

　　至於英國，倫敦指數由 6,083 下跌至 5,537，跌幅 9%，但巴克萊股價下跌 52%，蘇皇下跌 52%，萊斯下跌 35%，滙豐下跌 46%，渣打下跌 78%。這五年發生了倫敦鯨（2012）、Libor 事件被罰款，但倫敦鯨是罰美國摩通，Libor 調查也是 2012 年的事了，但中招最深是瑞士的銀行，英國只有巴克萊被罰，7 名被告只有 1 人定罪，是銀行失控，還是監管失職，不知道。倫敦仍是世界第一大金融城，但英國本土銀行已今不如昔，排名遠落後於中美銀行界，市值亦不高，只靠大家齊齊玩而已！

（11）結語：全球負債之高驚人

　　21 世紀之初，大家只注意科技泡沫的破裂，TMT 變得快，怕追不上。事實上，世界的債務跑得比甚麼都快，2000 年的全球股市是 36 萬億美元，全球債務是 114 萬億美元，負債比率 3.2。2007 年股市到頂，市值 65 萬億美元，債務 202 萬億美元，負債比率 3.1。股漲債高，人們並未注意。直到 2008 年 9‧15，雷曼彈爆（其實在一念之間可生可死），股市縮水 46% 至 34 萬億美元，那是低於 2000 年的水平，8 年累積一朝散，留下來的債務是 175 萬億美元，比 2000 年增加了 75%。股可以散債不能消，是 2008 年教訓，債太多了，非但本還不了，利息也還不了，所以要改用零息政策，最後用負息政策。

　　2008 年美國國會最大救市力量，除了 QE 1、2、3 之外，還有向銀行付息，即是必須準備金付息，稱為 IORR（Interest on Required Reserve），連多餘的準備金也付息，IOER，ER 即 Excess Reserve，所以銀行收到 QE 的錢，不用借出去，只要回存到聯儲局，就大發財了，無風險收入過去 5 年是 300 億美元。2015 年底美國加息了，銀行大樂，又可進賬多 130 億美元，看美國銀行遊說團多厲害！人民當然無聲出。

日本銀行則用這筆錢去買國家債券 JGB，一樣發財；但日本如今加入負利率行列，-0.1% 還不算勁，瑞典是 -1% 呢！

2004 年股市市值升至 69 萬億美元，全球負債 230 萬億美元，但負債比率 3.33，是史上新高，國債額達 58 萬億美元，比 2007 年的 33 萬億美元，增加 75%。世上還有保守財政的國家麼？2016 年出事，理所當然，挨得太久了。

（12）G7 還可以多久

筆者在《讀史觀世》中提出舊七國（G7）和新七國（E7）的比較，並指出舊七國退出世界舞台是時間問題，G7 的領導們捨不得每年一次的 "拜拜" 的享受，在將 G8 變成 G7，推俄國出會後，G7 只是一個價值觀相近體，連共同體也不能算，如何負責 "全球增長"，令人疑問。

2015 年 PWC 做了個 2015—2050 年的 GDP 預測，結果令 G7 沮喪，這個研究，預測 35 年的平均增長是 3%，和 2016 年現狀差不多。世人也不必太奢望，以目前世界的領導能力，能達 3% 就歡天喜地了。

若比較 G7 和 E7，G7 只有七億五千萬人口，單是中國已是她兩倍。10% 的人口領導全球，一百年前可以，21 世紀就不應該了。以 GDP（PPP）算，E7 的 37.7 萬億美元，早就超過 G7 的 34.5 萬億美元了。到 2030 年，E7 的 GDP 升至 75.3 萬億美元，更是 G7 的 157%；到 2050 年，E7 的 GDP 達 144.6 萬億美元，G7 只得 80.2 萬億美元，只是 E7 的 55%。不論人口、佔地，GDP 的量都不能比。2050 年的 GDP 排名是中、印、美、印尼、巴西、墨西哥、日本、俄國、尼日利亞、德國。G7 只有美日德入圍十名內，土耳其只排 14 名，被尼日利亞取代。

　　35 年説長不長，但 G7 面對恐怖襲擊，工人罷工（法國開始）、匯率競爭、難民危機、結構性問題，都是懸而未決，這時候去對外部問題，指手畫腳，是浪費時間。G7 行為只是替世界運行趨勢加些絆腳石，令 E7 進展有所遏制，這亦是國之常也，不要説大話！

（13）經濟強國滑落的過程

　　1929 年至 1938 年間，世界七大強國分別是美國、蘇聯、德國、英國、法國、日本和意大利，七國合起來的製造業總產量佔全球的 80%。中國微不足道，人口雖多，但勞動力的能力和質素並未能發展起來，國運的扭轉，足足等了 50 年，而達到經濟強國，更要得到 70 年後。

　　上世紀的世界七強，在 21 世紀的頭 10 年，仍站穩世界十強之中，雖然隨着金磚國家的出現，相對排名有所下滑，中國是逐個爬頭，而巴西、俄國、印度亦不甘人後，而到 2010—2020 年之間，意大利十大不保。而到 2021—2030 之間，除了美國之外，其他上世紀的五強，將十大不保，2014 年底，中國 GDP 已是日本兩倍，比德國、法國和意大利的 GDP 總和還高，中國以 PPP 計算的 GDP 剛超過美。然而，勞動人口和能力質素決定了國家的強弱，所以歐洲強國的沒落過程可以達 80 年之久，而美國當時是新興強國，當然可以堅持得更久。

　　在 21 世紀追上來的，還是其他人口大國，金磚四國以外，還有"薄荷"四國 MINT，即：墨西哥、印尼、尼日利亞和土耳其。土耳其位於絲綢之路的中間位置，是東方和西方相遇的地方，追上意大利不是問題。意大利和日本，是人口老化最大問題的國家，而日本卻一度被預言為 21 世紀初的"頭號"經濟大國。事實證明，只有 3% 的世界人口和 0.3% 的可居住土地的國家，在人口和土地資源都加速使用完畢，甚麼"經濟學"都不管用了。

（14）歐洲草木皆兵有遠因

2015 年，二戰完結已經 70 年了，歐洲卻草木皆兵，當年殖民 200 年的後遺症出來了，中國古書所言，"其報在邶"，真的出現了。

上世紀一戰後，歐洲列強因為獲得托管阿拉伯地區，殖民範圍反而擴大了；到二戰之後，殖民統治才被消滅，在 1945—1985 年的 40 年間，90 個殖民地擺脫了前宗主獨立了，其中英國佔 54 個、法國 25 個、葡萄牙 4 個、意大利 2 個，其他就有限了，每個殖民地都有所謂"後殖民地現象"，沒有幾個是好過的。

殖民地宗主國的後遺症，要 70 年後才明顯，學者們又有新題目了。其中英國人最有經驗，免了大劫；但法國首當其衝，首先是二戰後的重建，法國要回到前殖民地的中東和北非，邀請懂法語的穆斯林人民來協助。1950—1960 年年間，首先是提供政治庇護，1970 年代則是引進廉價勞動力，1980 年後則是家庭團聚式的移民。在人道人權的旗號下，法國人不能說不，其他歐洲國家亦群起相仿，結果是，法國的穆斯林移民 600 萬，達人口 10%；德國 500 萬（土耳其最多），佔人口 6.3%；比利時 70 萬（摩洛哥、土耳其為主），約人口 6.4%；瑞典 30 萬（伊朗、伊拉克、土耳其），人口 3%；不殖民的美國也有 700 萬，佔人口 2.2%，自 9‧11 慘劇後已準備了 13 年，穆斯林雖視移居地為家鄉，但宗主國皆視為"本國的陌生人"。移民沒法從事在故鄉的行業，只能降格工作，是全球移民的悲哀，不獨穆斯林為然，亞洲人也好不到哪裏，只能修練"我心安處是吾家"吧！

（15）結語：歐洲新思潮的需要

油價下跌是全球性問題，歐洲人更頭痛的是難民問題、烏克蘭問題、敍利亞問題、與俄羅斯關係、恐怖襲擊的機會。去年的國債危機和今年英國脫歐，已無暇顧及了，至於盟主美國的話，也愛理不理了，反正歷史的洪流，正是陰陽互見，和平與戰爭，發展和對抗，合作與衝突，共贏和仇恨，誰也壓不住誰。

21 世紀，美國發動三場中東之戰，伊拉克、阿富汗和 ISIS，俄國亦策動了三場戰爭，格魯吉亞、烏克蘭和 ISIS，總算是有一場是目標一致的，但"華盛頓共識"早已變成"華盛頓僵局"。美國的棒球文化令到自己場場出招不一樣，令敵人捉摸不定，但亦令盟友無所適從。

美國培養日本當"千年老二"，使自己的老大地位沒有威脅，可惜日本不爭氣，中國崛起，當然要壓下去，但美國得意 70 年太久了，暮氣來了。"阿拉伯之春" 5 年了，本來的傑作，變成中東北非 MENA 大混亂。ISIS 崛起，中東四強，沙特、伊朗、埃及、以色列，表面上有三個是盟友，要打擊的是伊朗，但伊朗撐過制裁了，又可以輸出石油了，制裁伊朗無用，制裁俄國會成功嗎？

從民族性來看，俄羅斯人是敗而不倒的，歐洲人在 500 年間，貢獻了文藝復興之夢、啟蒙運動、工業革命、資本主義、馬克思主義，當然也有殖民主義，還有歐洲結盟、歐羅面世，文化底子深厚，理應想出新的辦法，而不是追隨美國，取消制裁俄國是第一步，解決"阿拉伯之春"是第二步，新思潮是第三步。

第二章

中美新型大國關係

一、中美"新型大國關係"和美國窘境

　　中國向美國拋出"新型大國關係"已有數年了，美國精英們遲遲不接招（美國普通人是不會注意到的），以不符合美國"戰略利益"為由，拖得就拖，符合美國再稱霸 100 年的夢想。這期間，中國到澳洲租用達爾文港 99 年，花了 3.7 億美元；到非洲吉布提建立補給港；再到希臘收購比雷埃夫斯港（亦花了 4.2 億美元）這個歐洲最大客運港的股權。美國精英更疑神疑鬼，認為這是威脅美國戰略利益，但卻不想想這些盟國何以不和自己商量就貿然行動，因為這是符合他們本國利益，而置美國利益於不顧。這不是表達美國影響力已不是無遠弗屆是甚麼！

　　美國精英最喜歡用數據分析，但中國數據並不代表一切，很多事要實地考察，和當地人接觸，才"接地氣"，知道事實真相。美國現實是美國精英們，尤其是傳媒精英們，都是出自好家世，入名校，意識形態相近，變成外不知世界大勢，內不知國情，對新興國家和美國中產階級的苦況，一無所知，到了 2016 年，出現"特朗普現象（Trump effect）"。這和"中國崛起"一樣，是不能接受，但亦無對策，只能抱住"特朗普必敗"和"中國崩潰論"兩者共存亡，但美國中產階級人心的改變，到 2016 年 10 月大選必分曉，而中國轉型是否成功，亦到 2016 年年底見端倪。美國精英的醒悟，才有"新型大國關係"的完成！

　　其實不論任何意識形態的國家，首要任務是一樣的，由主權、維穩、致富到影響力。每個國家都要爭取，有些國家與世無爭，有些國家要爭取霸權，但口中不言，若從這四點分析中美關係，有如下看法：

主權：中美分隔在太平洋兩岸，北京和華盛頓相隔萬里，本無主權之爭，但美國雖自稱非霸權，但駐軍全近百個據點，雖非殖民，但利益遍天下，所謂盟國亦遍天下，單是美日聯盟，為了釣魚島之爭，美國偏袒日本是很明顯，和羅斯福當年考慮將琉球歸還蔣介石政權，不可同日而語，當年琉球若不歸還日本，今日亦無主權之爭，中國為了商貿，嵐橋入澳洲，中遠到希臘只是第一步，美國精英要好好思考，如何應對，這是一盤圍棋佈局，而不是一場棒球對壘，一子錯，全盤皆落索，中國文化"以和為貴"，圍棋有"互活"，美國精英不要只着眼"全壘打"和"偷壘"方是正道。

維穩：美國自"9•11"後，成立國家安全局，以維穩為名，實則打探全球政要私隱，連德國總理亦不可免，巴拿馬檔案的前因後果，亦不為人知。美國警察之悍為世人所知，但亦止不了校園槍擊，美國槍支太多了。美國維穩，中國管不了，但中國有各種"獨"的問題，由"藏獨"、"疆獨"、"台獨"、"港獨"，無處不見美國的影子。"顏色革命"在中東完全失敗，但美國樂此不疲，為意識形態左右。事實上，美國本土意識形態亦在大變，美國精英是"懵然不知"，還是"置之不理"都不是好現象，美國中產要精英們理"家事"，不理"外事"，聲音還不夠大，還看總統選舉的結果！

致富："超英趕美"是毛澤東在 1958 年提出的目標，但並未成功，白花了 30 年。要鄧小平在 1978 年重新努力，改革開放，中國帶來高速增長的 30 年。讓一小部分人先富起來的政策，激進了大部分人的鬥志。野蠻生長，前 30 年 GDP 平均增長率在雙位數，到 2000 年，人均 GDP 十年翻兩翻的目標早已達到。目前要致富亦只是小康境界，但目標由人均 GDP3,000 美元改為人均 GDP15,000 美元已非難事。樂觀估計，中國的中產階級可達 50%，其購買力之強勁令人矚目，而滅貧人口 9 千萬亦非奢望，相對日本在 1970 年代的 90% 中產階級或一億中流，仍有未及，但日本中產已減至 40%，消費力不前，在迷失 20 年間盡覆。而美國中產亦 30 年未加薪，口號是 "Lost jobs！Lost wages！Lost dream！" 成為 2016 年總統大選的強大武器。美國的 1% 致富力量日強，而 99% 相形失色，資本主義和社會主義，誰是誰非，已變模糊，美國當然不願意見中國追上來，更不願意中國來 Buy America，中國和美國的富足程度仍有距離，但已不是遙不可及。中國中產活得有滋有味，比美國中產的焦慮和憤怒，不可同日而語，中國遊客的 "暴買" 行為，可見一斑！

　　影響力：中國股市、匯市一動而天下驚，是 2015 年底的結論。中國推出 "一帶一路" 和亞投行，美國的歐洲盟友紛紛加入，如今美、日仍拒絕加入，沒法成為始創國，已成事實。人民幣國際化上了日程表，跨境支付系統 CIPS 亦推出了，再加上亞洲金融合作協會的建議，萬事俱備，只欠時機了。中國對外投資亦日增，推出面之廣，遍及東南亞、非洲、歐洲，只有在美國受到阻攔，但問題不大，已不是必須條件。反觀美國在美元強勁一段時間後，美國跨國企業的海外業績，已受影響，對中國投資，更有水土不服之象，商學院訓練中國人才，並未見功夫，只訓練了一大批中國海歸，只有小部分為美資所用。美國影響力，一向是軟硬實力都是一流，二戰後俱是如此，但中國追上來亦是不爭之實！美國精英亦無可奈何！

　　美國在 21 世紀的困境是甚麼？美國精英一向認為美國是多元國家，是世界秩序和穩定的保證人；在二戰後的 20 世紀確是如此，但 21 世紀，全球化的後遺症來了。美國面對是 "移民全球化"、"經濟全球化"、"互聯網全球化" 及 "自我主義全球化"，美國的紐帶和柱石鬆動了，但不接地氣的精英們忽略了，到 2016 年選舉期才整個問題浮現了！

　　移民全球化：美國自詡無種族歧視，實際非常嚴重。奧巴馬這位黑人總統上台，並未使問題和解，而多元化使美國更增加了拉丁裔、亞裔和伊斯蘭族群的問題。美國白人將在不久後少於 50%，白人的焦慮亦可以想像，但黑人想移民加拿大者亦大增。不少中國移民要發美國夢，却不知多元化不是一個易於處理的問題，未到年紀老大，不知落葉歸根，世事往往如此。

經濟全球化：全球化令產業外移，是不爭之實；美國製造業工人大減，被服務行業工人取代，是必然的結果，所以美國投資全球，部分去了中國，無可厚非。連日本、台灣、香港的製造業，多年來亦去了中國大陸。全球化帶來機遇，亦帶來貧富懸殊，製造了 1% 和 99% 的對立。

互聯網全球化：21 世紀互聯網大行其道，資訊全球化，全人類都得到更多選擇，甚麼都可以知道，甚麼都可以買到。網購、海購、代購，是美國的發明，中國青出於藍。中國有七億網民，遠超美國的二億五，但問題亦發生了。

自我主義全球化：一切以個人選擇和自我決定為主，人人為我，我不為人人。美國社區凝聚力鬆散，社會責任式微，人人欠歸屬感，不知"我是誰"，中國尚幸五千年傳統文化仍在民間。

正是在四大全球化力量的影響下，美國陷入窘境。可以見到的現象是，青年人生長於不良社會，生活沒有希望。失學青年的校園槍擊事件，層出不窮。青年人為了追尋歸屬感進而加入伊斯蘭國（歐美俱如此）。政治兩極化，兩黨互鬥，改革停頓。種族衝突，人人心慌，胡鬧宣洩。大眾無力感，外不知世界發生何事，內不知國內發生何事，欠缺同情心的傳媒，加火添油，對那些經濟被壓的人們既不了解，亦不注重（乃有特朗普現象出現）。身份認同失效，"我是誰"問題重現。敦親睦鄰成為遙不可及。

美國文化 200 年太短了，只能招魂林肯，重塑愛國主義，美國人有多少愛國成疑！中產階級成為特朗普的支持者，初選節節領先，美國精英束手無

策。中產階級要維權，對政府失望，選位新的可能更差，但好過沒有改變，
"我失望"成為潮流。美國人要重視社會基石，要建立國民間的盟約，彼此
要互相貢獻，這是 200 多年來最大的危機。

　　中國要有前車之鑒，發達經濟體可以如此演變，發展中國家要提供何種
建議，才能將"新型大國關係"發展得好呢？

二、從《望廈條約》到新型國關係剖析

　　研究中美關係，大概比美國開國 200 多年還長。乾隆年間，西班牙人開闢了廣州、澳門、馬尼拉、墨西哥航線，廣東商人就紛紛到太平洋彼岸做生意去也。當然是無領使保護的，哪有如今日那麼安全。據美國人自己記錄，1784 年（華盛頓開國的前 5 年，大清乾隆四十九年），美國的 "中國皇后" 號船首航到廣州貿易，船上的一位前陸軍少校 Samuel Shaw 就以 "無薪" 領事身份，入駐當年的廣州十三行所在地進行貿易，廣東人從此到美國經商，相安無事 60 年，大清政府只准外國人和廣州市舶司往來，如何申報美國關係到北京，無從得知，美國華盛頓建國，也不見得乾隆有派人去觀禮。這時是和珅用事，吏治大壞，誰是兩廣總督，無關痛癢！

　　華盛頓開國，美國人口才 400 萬，乾隆末年，大清人口 2.7 億，若以世界經濟比例，大清是 32%，美國不足 1%。當時霸主是英國，連英國大使也只在乾隆晚年才入京，美國當然無份，美國和大清打交道，要在英國發動的鴉片戰爭之後，英人得了香港，還可五口通商，美國人要分一杯羹，派了 Caleb Cushing 來到澳門，和兩廣總督耆英在望廈村簽了《望廈條約》，開放五口通商，時維道光二十四年（1844 年），上海、廣州、廈門、福州、寧波，都有治外法權。波士頓商人 Wolcott 當了美國駐上海領事，1854 年美國正式派了 Robert Murphy，1861—1876 年間，林肯更派了 George Seward 到上海當領事，美國人開始在上海活躍。

　　如此又過了 40 年，1900 年八國聯軍入北京，美國亦派了兵，當然也簽了《辛丑條約》，得了庚子賠款 3,200 萬兩。這時美國的經濟規模已超過英國，是世界的 16%，大清已由 32% 降至 12%，但美國軟實力不足，還被歐洲視為二流國家，所以當時國務卿 John Hay 力言："全世界的暴風雨中心地點，目前已轉移到中國去了。"只要了解中國，便可預識今後 500 年世界政局的變化。如今 100 多年過去了，John Hay 確有前見之明，但連美國人也不太理會他，何況歐洲！在 1900—1920 年間，美國人已富有，實在不需要那筆庚子賠款，乃有退款之舉，用來培養中國到美留學的學生和建立清華大學，培養了一代"留美親美"的人士，和同期留學日本的"留日反日"的人士相映成趣。不過那是知識分子，大清和民國的勞工是不受歡迎的。

　　美國在 1882 年就有 CHINESE EXCLUSION ACT，反對華工移民。大清在同治七年（1868 年），出了怪招，聘用美國卸任駐清代表蒲安臣，帶團訪美，代表大清政府簽了"蒲安臣條約"，但並未阻得了 1882 年的"中國除外法案"，華工被阻數十年，於 20 世紀才被廢止。

　　辛亥革命，大清倒斃，這時中國衰敗到經濟規模只有全球的 8%，美國已是 20%，中國人口 4.4 億，美國 9,200 萬。一戰二戰，美國升到世界第一，中國經軍閥統治，日軍侵華，在 1940 年，中國經濟只達世界 6%，美國已是世界第一的 22%。隨着 1941 年，日本偷襲珍珠港，美國志願軍，美名飛虎隊，助中抗日，打落日本軍機 2,600 架，日戰艦 44 艘，殲日軍 66,700 人，美國志願軍亦死了 58,159 人，今日昆明南京都有紀念館，這時敵愾同仇，中美民間友誼是最好的，人們都淡忘了！正如林語堂在 1940 年代説："任何國家之間對於所謂'國際友誼'的談論都是外交辭令，沒有甚麼外交中的友誼是基於感情，而都是出於各種利益的爭奪或聯合。"

　　在日本偷襲珍珠港之前，美國對"太平洋力量"的看法是："首重門戶開放政策和《華盛頓公約》各項原則的持續性，所以美國對太平洋狀態是冷漠的和不會輕易使用武力，這和 21 世紀的 "重返亞太" 策略，亦大異其趣。至於在二戰末期，羅斯福團隊對蔣介石政權的看法，亦是變化多端，令人費解，時至 21 世紀，仍未解密。羅斯福死於二戰期內，沒有時間留下回憶錄，蔣介石日記亦未全部面世，美國在取捨蔣介石之間的一盤博弈，令人眼花繚亂，看不到真相。

上世紀前半段，日本是美國的強大對手，美國還未是世界老大，只能 "小心翼翼地和 '太平洋勢力' 保持同樣的步伐，不偏不倚地來仲裁東方的和平"，這段話是林語堂在那時代的觀察。世人似乎忘記了 "馬歇爾和談" 這回事，只記得二戰之後，馬歇爾當美國國務卿主持的 "馬歇爾計劃" 拯救歐洲經濟，但 1945 年 12 月 20 日，馬歇爾作為杜魯門總統特使，抵達上海，下榻太原路 160 號太原別墅，住了一年多，所以後人亦稱之為 Marshall's Mansion。這年馬歇爾已經 67 歲，精力真的那麼好嗎？他的主力當然是維護美國在華的利益，其次才是祖護蔣介石政權，總而言之，和談條件缺乏 "可行性和操作性"，國共雙方都不能接受。談判進行一年，最終破裂，這位五星上將，黯然離開上海，但這位老人家回美國後，先當國務卿，因病下台，但在韓戰時再出山任國防部長。馬歇爾和麥克阿瑟這兩名所謂 "知華派"，大幹了一場，麥克阿瑟下台，美國敗了，他的替手艾森豪威爾却當了兩任總統（1953—1961）。馬歇爾在 1959 年 10 月病死於華盛頓，得年 78 歲，他的在華一年，不知留下甚麼回憶錄，人生總不完美，1953 年，拿了諾貝爾獎，但却未止住國共內戰。

1952—1972 的二十年間，中美進入不共戴天的年代，美國投入越戰，大概無暇去理會中國；而美蘇冷戰，亦令美國自顧不暇，能保住台灣，管住蔣介石，也就夠了，中國大陸亦混亂中。1970 年，中國 GDP 只是世界 4%，美國 24%，尼克遜和基辛格及時出現在歷史舞台上，在戴高樂的影響下，尼克遜知道，"不必等人家強大了才去交友"之道，派基辛格訪問北京，乃有 1972 年的"融冰之旅"。1979 年，卡特主持中美建交，台灣斷交，進入"台海關係法"年代。

在巨龍醒過來之前，亞洲出現了"四小龍"，日本亦騰飛，成為世界第二經濟體，中國亦於 1978 年進入"改革開放"年代，美國國務卿 John Hay 的預言開始實現了。但美國人，正如錢穆所言：開始"得意"了，亦"為所欲為"了，又怎料到中國的動力如此強勁，美國人的"中國崩潰論"及日本人的中國分裂成"七國論"都變成是空言。

1979—2015 中美建交 36 年，當然不是風和日麗，美國人也不得不由俯視中國到平視中國，畢竟經濟規模到了 2014 年是大家平等了，以 PPP 計算，中國 18%，美國 18%，中國經濟增長將會進入新常態的 7%，美國只能保住 2—3%，中國的超越是在所難免了，畢竟中國人口 13.7 億，美國只是 3.17 億，人口紅利是最後決定因素。中美交往 36 年間，最驚險一幕應是 1996 年李登輝提出"一中一台"的國與國特殊關係（靈感來自日本外交官）。美國派出第七艦隊向台灣進發，大家心照不宣，但中國需要的是時間，當然不會大打出手。2001 年布殊上任之初，遏制中國心態很明顯，但誰又料到 9•11 慘劇，美國注意力不得不轉往中東，還花了大量軍費，債台高築。中國則得到 10 年安穩期，成為世界工廠，雖然貨幣之戰中，中國不得不升值 25%，但美國自己又走上升值之途。2014—2015 年間，兌人民幣外貨幣上升了 14%，到八月才走上浮動之路，美國的跨國企業無不受影響。

此前，美國提出"重返亞太"，然後是"亞太再平衡"，為了要日本分擔軍費，鼓勵日本修改安保條約，日後會不會惹火自焚，只有歷史才知道。中國相應之道，是提出"新型大國關係"，中美"互相尊重，互利共贏"，美國精英們能否接受呢！畢竟中美合併，經濟亦只佔全球 36%，還有 64% 在外面，中國的"一帶一路"正好包涵了太平洋彼岸外的大部分世界。中國再不是《望廈條約》的時代了，中國已放眼世界 36 年，中國文化以"誠信"為本，正是彌補西方文化大毛病的"衷心無誠，全出於偽"的良方。雖說一切都是"利益"，但"合則和，不合則散"，追來共贏之道是往後 36 年所應做的事，所有"利益相關者"都要從這角度來運作！

三、新型大國關係下權力的分享

　　1492 年至 1914 年的 422 年間，歐洲人征服了全世界的 84%，建立殖民地，成為世界上最有影響力的地區。然而二次世界大戰改變了一切，美國崛起而成大國，1945 年成為世界霸主，主導歐洲復興，但蘇聯也崛起了，美蘇對峙，冷戰 45 年。1990 年蘇聯崩潰，美國獨霸，歐洲列強放棄強權政治，採取和平聯盟的方法，成立歐盟和歐元區，維持了影響力。

　　美國雖然獨霸了 25 年，但卻未能好好運用國家實力，2008 年卒之發生了 9 月 15 日金融風暴，只能靠 QE 維持生計；中國自 1978 年改革開放，只得 30 年的暫安，成為崛起的發展中大國。

1. "新型大國關係" 回敬 "亞太再平衡"

　　2014 年，中國成為世界第二大經濟體，開始建立與經濟規模相等的國際影響力，美國亦察覺這個變化，於是拋出 "亞太再平衡"，宣稱要將 60% 軍力部署於太平洋，項莊舞劍，意在中國，明顯不過。不過本着西方的毛病："衷心無誠，盡出於偽"，當然否認。中國回敬一把 "新型大國關係"，有異於 G2，強調 "互相尊重，互利共贏"，彼此平等，但美國總是不肯接招，因為不符合美國利益。

　　按西方標準，中國還差得遠，若從 2001 年成立的西班牙 Elcano 皇家學院（Real Instituto Elcano）所編製的 "全球存在指數" Global Presense Index 來看，美國遙遙領先，中國非但不是老二，而是老四，只能慢慢來。

2. 綜觀全球各國實力的排名

　　Elcano 的全球存在指數，由經濟實力、軍事實力、軟實力三個部分組成。
2010 年美國以 1,000 分排第一，德國 387 分排第二，法國 334 分第三，英國
309 分第四，中國 291 第五，日本 273 分第六，俄國 256 分第七。到 2014 年，
美國 1,094 分仍是第一，英國以 404 分升至第二，因為對歐盟以外的影響力
增加了，德國 400 分退居第三，中國以 363 分升至第四，超越了 321 分的法
國，俄國近年在非西方的會議，無所不參與，以 295 分到第六，日本得分退
步至 257 分，只排第七。所以不論安倍如何鼓吹"安倍經濟學"和"地球儀
外交"，世界自有公論，Elcano 就不給面子。

　　若以歐盟是一個實體，得分 1,214，比美國的 1,099 還高，才是真的第
一。美國對歐盟諸國的影響力當然不比歐盟強，若以此排名，實際上是歐盟
第一，美國第二，中國第三，美國說不與中國談，也是說不過去的。

　　美國經濟以目前匯率算，固然第一，但若以購買力平價 (PPP) 說，中
國在 2014 年的 18.4 萬億美元，超越了美國的 17.47 萬億美元；以世界銀行推
算，2050 年中國的 GDP 將是 59.5 萬億美元，印度 43.2 萬億美元，美國只是
37.9 萬億美元，排第三而已。

3. 中美角力的六大權

　　中國即使往後增長率只有 6%，美國亦只能達到 2.3% 而已，大趨勢改
不了，與樂觀不樂觀無關。

　　中美兩國的"新型大國關係"牽涉六大權力，內容是經濟話語權、資產
分配權、區域管轄權、網絡保障權、貨幣主導權、文化滲透權。關乎經濟

實力、軍力和軟實力，美國"得意"了 70 年，臥榻之旁，豈容他人鼾睡，當
然容不得中國分一杯羹，但事實經過 30 年"暫安"的中國，已累積了不少實
力，只是一向只求"獨立領導"的美國，知得太遲。

(1) 經濟話語權

美國過去 70 年，由世銀、IMF、WTO、ADB 定了一切經濟活動的規則
(Rule of game)，實質莫不是美國策劃。在 WTO 看似失效，由法國人和巴西
人主導多年後，美國推出 TPP 和 TTIP 取代之，但談判多年，還要各國國會
批准，又不讓中國參加，一切 ABC (Anyone but China)。中國對策是推出區域
全面經濟合作夥伴關係 (RECP) 來應對，一於東盟加六，更亞洲化，而不是
太平洋兩岸。另一方，中、日、韓三國展開自由貿易區談判，金磚五國亦有
組織，外加成立多時的上海合作組織，全面佈局，在歐洲則和英國達成"全
球全面戰略夥伴關係"一於得道者多夥伴。

(2) 資產分配權

中國推出絲路經濟，一帶一路串通 60 餘個國家，50 億人口 (70% 世界
人口)。GDP 達 39 萬億美元 (52% 世界總量)。麥肯錫顧問公司估計 2050 年
一帶一路的 GDP 達全球 80%，一帶一路上中產階級達 30 億人，何等大的消
費市場。世界中心東移和南移，由一帶一路看得最清楚，而沿線上的基礎建
設何等巨大，誰掌握了一帶一路，誰就有資產分配權，單是 2016—2020 年間
的基礎設施約定 4 萬億美元，加上到 2015 年的 1,300 項目，又 4 萬億美元，
合共 8 萬億美元，誰來融資呢？這些鐵路、公路、機場、港口、電力計劃，
需要多少專業人才來支援呢？所以遠在歐洲的英、法、德、意都要參與，美
日又如何遏制呢？

(3) 區域管轄權

美國要重返亞洲，真的離開過嗎？美軍多年來在日本、韓國、新加坡駐

軍，並控制馬六甲海峽，只是離開了菲律賓蘇碧灣和越戰後離開了越南，恰好這是南海水域。即使"太平洋有足夠的空間"，美國仍不滿足，中國要在南海建島，美國就戰艇巡行，如此就管控得了嗎？南海是中美的死結，正是"互活"的地區，亦是美國一念之間。菲律賓 2016 選總統，越南亦要換領導層，劇情繼續變化下去，應該打不起來！

（4）網絡保障權

中美都是黑客受害者，誰才是黑客的真老闆，有理說不清，能同意"共同維護網絡安全"已是最佳結局。大家都只能"聽其言，觀其行"維持表面合作，網絡是個最虛擬又最現實的世界，誰管得了呢？

（5）貨幣主導權

美元獨霸了 54 年後，歐洲在 1999 年推行歐元（EURO），從此歐盟各國支付都用歐元，所以美元再不是一支獨秀的支付貨幣。歐洲經濟興旺時，歐元更曾是世界第一支付貨幣，據 SWIFT 數字，2013 年 3 月，歐元是第一支付貨幣 36.9%，美元第二 35.8%，人民幣排第 13，只有 0.74%，連港幣 1.02% 也不如。2015 年 8 月，美元回歸第一 44.8%，歐元大跌至 27.2% 但仍居第二，比英鎊 8.5% 多太多，人民幣以 2.8% 位居第四，要追上英鎊，仍待時日。但在信用狀貨幣 2015 年 2 月，人民幣以 9.5% 穩居第二，因為老大的美元，獨佔 80%，世界輪流轉，人民幣要加入 SDR 作為 IMF 貨幣的一員，也為期不遠（註：2016 年 10 月 1 日加入 SDR），美元取代英鎊，可等了幾十年呢？人民幣只待開放資本賬戶，也不必太早，一切未穩也！

（6）文化滲透權

文化是軟實力，Elcano 的軟實力包括對移民的吸引力、旅客的吸引力、留學生的吸引力、體育項目電影電視出口、商標登記、學術刊物、互聯網宣傳、發展合作等各項。目前中國只是守勢，孔子學校遍天下，但學中文的美國人只有 20 萬，學習英語的中國人有 3—4 億，中美合作亦只望增加學習中文的美國人到 100 萬，要西人了解中國歷史和文化，增進軟實力，是大功夫啊！中國留學生到美國一年 27 萬 5,000 人，美國在 2010—2014 年間到華留學不足 10 萬人，中國歷史 5,000 年，美國歷史 220 年，那樣容易消化？荷里活電影進入中國，更是趨於守勢，2015 年荷里活電影只佔全市場 35%，是中國電影有進步和各種設限，才保住這 50 億元市場，至於中國電影電視出口，不是沒有，何時才進入西方人視野，誰也不曉得。

上面談到的六種權力，中國從 "韜光養晦" 到 "有所作為"，已有一定成果，十月習近平訪美後，已達成多項共識，而與荷蘭、英國、德國、法國高層相繼互訪，亦顯示出經濟影響力，其他方面如 G20，APEC 會議，還待發力。

四、美國人不想見的中國式崛起

　　美國在二戰後習慣於一個千依百順的老二日本，發號施令多年，突然有個半敵半友的中國追上來，無辦法適應。中國崛起可自 1990 年說起，美國人自大慣了，也不會作反省，傳媒在沒有讀者下，也不會去做工作，反而英國人 Martin Jacques 說了幾句公道話，引起筆者寫這篇崛起的十大現象如下：

　　全球存在感：由西班牙 Elcano 機構所研究的 Global Presence Index，1990 年中國排第十三，美國人當然看不在眼裏，這一年，中國只得 31 分，美國是 529 分，怎能比。2016 年，中國超越歐洲各國，得到世界第二，分數 414 分，仍只是美國 1,098 的 38%，但最少值得重視吧，何況在經濟實力，以 PPP 計算，已超越美國，軍事實力差距已縮少，只是軟實力，和對中東北非區的影響力，仍只位列第五，但中國崛起，已無疑義，這是歐洲的報告。

　　貿易：2006 年美國仍是世界貿易第一大國，是全球 127 個國家的最大貿易夥伴；2011 年，中美換位，中國由 2006 年的 70 個國家最大貿易夥伴，到 2016 年上升至 128 個，而美國則降至 76 個。2002 年中國貿易對各國 GDP 平均為 3%，2012 年上升至 12.4%。這個數字超過美國過去 30 年所達到的，美國在高價產品仍佔優勢，但不太感覺得到。非洲肯雅人說得好："美國人來說要幫你，但甚麼都見不到，中國人來了，不必說甚麼，一條條公路建起來了，到處都是建築。"這就是中國式崛起。

　　FDI：中國過去是全球吸金的磁石，2015 年仍有 1,262 億美元的國外直接投資投入中國，孰不知，中國資金亦一直在國外尋求機會。2013 年，中國對外投資額已累積 5,000 億美元，在吸納能源、食品不遺餘力，當然也有民眾購買房地產，但戰略投資仍為主流，並未如 80 年代日本式投資，買的是高爾夫球場和著名大廈，後悔莫及。到 2015 年，國外直接投資額達 1,180 億美元，估計到 2020 年，中國 FDI 對外投資金額達一萬億美元，能無影響力嗎？唯一憂心，是中國企業界貸款過多，2015 年已達 GDP130%，有朝一日利率回頭跑，免不了頭痛。選擇何種貨幣，影響極大，有參與銀團貸款的香港銀行家們在為客戶未雨綢繆，才有貢獻啊！

RMB：人民幣將會成為世界上最重要貨幣之一，其將來的穩定性會強於歐元。歐元自 1999 年面世以來，面對各種打擊和風言風語，兌美元的匯率，面世時確定着 1 歐元兌 1.18 美元，但 16 年來兌美元匯率由 1 歐元兌 0.83 美元至 1 歐元兌 1.6 美元，上下相差是跌 30% 和升 35%，不可謂不驚人，如今和面世時其實相差不遠，歐洲人並未恐慌，所以中國人也不必沒有信心，歐盟是 28 個政府不齊心，中國只有一個央行。日後中東的油元是否用 RMB，相信總有一日，這是《易經》的天道，自強不息就好。中國 RMB 資金池 150 萬億人民幣，香港只有 1 萬億，太小了，日後靠的是全球投資人，而不只是港人，這是和倫敦歐洲美元同一道理。中國已和 30 多個國家簽了貨幣互換協議，全球交易亦日增，香港除了資金池，貨幣交易量和資金管理外，最要下功夫是長期債券的發行，如何找到中國大企業來港發行長年期債券（10 年或以上）才令香港更有價值，這是香港多年來改的"過客心態"。九七年已非過客，何以不能改！

一帶一路："一帶一路"大戰略是中國歷史上第五次崛起的百年大計，是連絡太平洋、印度洋直至地中海和大西洋的最重要通道。沿途 66 個國家，其中 57 個是伊斯蘭教主導，是文化和宗教的大結合。其所需基礎設施之大，發達國家無法比，亦無力無意願支持，美日為甚。歐洲畢竟是受惠國，中歐貿易由此加固，沿途各國亦必受惠，但財務缺口亦大，每年 7 千億美元的貸款何處來，所以中國設立亞投行 AIIB，美日雖不參加，仍有 57 個成員國和 ADB 的 66 個相比，少不了多少。AIIB 的第一二宗貸款已完成，第一宗甚至是和 ADB 合作，是好事，這條 64 公里的巴基斯坦高速公路，是"中巴經濟走廊"的一條支路，而這些走廊是中國日後由新疆進入印度洋的安全路徑，中國投入巴基斯坦 450 億美元，這個數字甚至超越美國對全球各國的援助金額。美國國力衰退由 Foreign AID 亦可以看出，2015 年 465 億美元，2016 年 380 億美元，2017 年 340 億美元，還是分攤到 100 個國家，除了以色列、埃及、墨西哥三大以來，誰也分不到多少，巴基斯坦分得 7.34 億美元，不到中國 2%！一帶一路當然是崛起的代表作。

　　教育："填鴨式教育"和"寬鬆教育"各有其支持者，各有好壞，中國歷史上的大師們，沒有一個不是通過不斷背誦而來的，少壯不背誦知識，此後人生將缺乏判斷材料，也難以有豐富的想像力和創造力。當然背誦的"博學"是不足的，必配以"審問、慎思、明辨、篤行"，古有明訓，但只知"填鴨"，後果是無自由時間，社會性不足，倫理觀欠缺，自立本領滯後，甚至運動不足，健康和體力也成問題。日本在 2002 年開始由"填鴨"到"寬鬆"，後果是日本在國際學生評估項目 PISA 全面滯後，到 2009 年要脫"寬鬆"，PISA 滯後才得到遏制，但亦落後亞洲各地。中國則在現行教育下，上海學子連續 5 年在 PISA 得第 1 名，直至今日，全球教育界，亦紛紛研究上海成功的因素，至於有家長認為外國月亮更圓，30 萬學子赴美，既有資源，分散教育也好，各自修行，將來當海歸，亦無不可！

　　漢語：漢語在周邊國家如朝鮮、越南、日本、緬甸、泰國已衰退了一百多年了，雖然日本、朝鮮的博物館和廟宇，仍是漢語的天下，那是歷史了。

漢語隨着"一帶一路"有了新市場，連中亞國家也開始學漢語了，漢文化再度復興不只是"孔子學院"滿天下，要在港、台、新、澳、加這些多華人的地方家長們重視漢文化和歷史才成。根據錢穆大師的看法，日本學者的漢文化研究亦是極深的，可以和中國合作，將漢文化和西方文化結合，融會貫通才是全球人類之福。無論如何，漢語已經崛起，亦是不爭之實，但亦不必和英語爭鋒，西方人只要認定漢語最少是"商業語言"，不通漢語，做不好中國生意，漢文化推廣，那是更長遠的事！

互聯網：互聯網是美國人發明的，但如今擁有最多網民（6.5 億）是中國。阿里巴巴在美國上市前，美國人大都未聽過這公司，怎知道此外還有百度、騰訊、小米、京東，這一大批後起之秀呢！誰能最明白這批網民的消費嗜好，他們的思想如何，全是跨國企業嗎？2010 年《阿凡達》在中國創下電影紀錄 13.4 億元，2016 年中國電影《美人魚》創下 32 億元的新紀錄，説明了一切。誰應來定網上規則，亞洲 10 億北美 3 億，所以網絡大會在烏鎮已開了兩屆，參會者越來越多。中國網絡工程師的薪金是美國的五分之一，只要用人海戰術就有機會戰勝外國對手，又創造就業，互聯網經濟是今後大勢所趨，服務價格和優良品質是兩大崛起武器！

旅遊：中國人好旅行，中產人口將會是全球最多。2015 年，出國人口達 1.2 億人，2020 年估計為 2 億人。購買力之強冠全球，日本人將之為"爆買"，不過消費者行為是無情的，愛去哪處，愛置何物，説變就變。當然旅客水平參差不齊，但每一個國家都經歷過這個改變過程，10 年後就改觀了。

治理模式：中國式改革開放快 40 年了，"中國模式"已成為世界新興市場所研究的對象，中國的執行力，任命幹部的方式，中國的高鐵，中國吸收 FDI 的原因，都是發展中國家想學的。西方商學院也開始研究"中國模式"，純西方的數據分析法，不再是唯一管理的途徑，"西方遇到東方"是最新命題，海歸們畢業回國，也要重新融合，西方一套，不再是一成不變，這也是中國崛起另一個方向。Martin Jacques 2009 年就看到這一切，還成了書，確也厲害！

五、中美新型大國關係的展望（2013—2016）

　　總結過去 3 年，中國由習近平對中美新型大國關係已發出 15 招，逐步提出各種建議，其中以"互利共贏，相互尊重，不對抗，不衝突"為主。美國則仍以政治保守派佔上風，"重返亞太"為重要手段，南海問題有點急不可待。但隨着菲律賓和越南更換最高領導層，前景應該有所改善。至於菲律賓提出的國際仲裁，亦只是一個小插曲，最後以個別國家達成協議為結局。

　　1、習近平在 2013—2016 年間發出 15 招可以撮要如下：

2013 年 4 月 13 日 —— 太平洋有足夠的空間

2013 年 4 月 24 日 —— 新型大國關係點滴實踐和累積

2013 年 6 月 7 日 —— 穩定壓艙石和平助推機

2013 年 6 月 7 日 —— 中國夢與美國夢相通

2013 年 12 月 4 日 —— 加強對話與合作是唯一

2014 年 7 月 9 日 —— 不能被問題牽着鼻子走

2014 年 7 月 9 日 —— 合則兩利，鬥則俱傷

2014 年 7 月 9 日 —— 不能在根本問題上犯錯（彼此戰略意圖的對策）

2014 年 11 月 11 日 —— 存在分歧但非主流

2014 年 11 月 11 日 —— 新型大國關係不能停在概念上

2015 年 9 月 22 日 —— 有效管理分歧，推動亞太經濟一體化進程

2016 年 1 月 1 日 —— 变對抗為合作，化干戈為玉帛

2016 年 1 月 27 日 —— 構建不衝突，不對抗，相互尊重，合作共贏的中美關係的努力和誠意。

2016 年 3 月 31 日 —— 為中美關係保持健康穩定發展打下良好基礎。

2016 年 5 月 5 日 —— 中美兩國利益深度融合。從大處着眼，維護和拓展共同利益。

2、習近平在 2013—2016 年間發出 15 招的各個場合：

2013 年 4 月 13 日 —— 習近平與 Kerry 對話

2013 年 4 月 24 日 —— 習近平與 Kissinger 對話

2013 年 6 月 7 日 —— 習近平奧安柏格莊園會

2013 年 12 月 4 日 —— 第六輪中美戰略對話

2014 年 7 月 9 日 —— 習近平與 Biden 對話

2014 年 11 月 11 日 —— 習近平奧巴馬瀛台會（APEC）

2015 年 9 月 25 日 —— 習近平奧巴馬白宮會

2016 年 1 月 1 日 —— 習近平 2016 新年

2016 年 1 月 7 日 —— 習近平會見 Kerry

2016 年 3 月 31 日 —— 習近平奧巴馬會

2016 年 5 月 5 日 —— 習近平會見迪士尼 CEO 艾格 Iger

3、2016 年 9 月 25 日，習奧會主要成果 49 項，其中最主要是下列 11 項：

美國停止杯葛 AIIB

中國增資世銀及 ADB 等

美國支持人民幣加入 SDR

美國支持中國當 G20 的 2016 主席（聽言觀行）

美國同意 IMF 的中國份額增加

中美共同維護網絡安全（聽言觀行）

中美氣候變化合作

中美反恐合作

中美經貿增加（300 架波音 20 年內 6,000 架波音）

中國支助留學生各 5 萬

美國不支持任何損害中國統一和穩定的行動（聽言觀行）

4、習奧會未達成協議及未討論部分如下：

人權

南海衝突

中美相互投資協定（BIT）

台灣及西藏

人口販賣

國際衛生

結論：美國政治保守派仍以和中國對抗及遏制中國為樂，所以中美新型大國關係大概在奧巴馬下台前不會有太大進展。目前最正面回應仍是非官方。2016 年 5 月 6 日，美國前副國務卿伯恩斯指出以中國為敵是嚴重錯誤，平衡與中國的夥伴和競爭關係才是正道。中美之間在經濟、政治、外交和跨國問題領域有極大合作空間。氣候變化、國際衛生、反恐、人口販賣等必須合作，其他地方競爭不可免。平衡，平衡，再平衡是未來主題。下屆美國誰上台也一樣！

六、美国近代史回顧

1. 美國真正的聲音

聽美國聲音，有來自白宮、國務院、五角大樓、參眾兩院的個別議員、海軍司令官、荷里活電影，若論軟實力，可能荷里活電影界軟實力更有感染力。

最近荷里活導演史提芬史匹堡說了幾句還可以聽得入耳的話。一、"如果你不知道歷史，你甚麼都不知道。"二、"英雄和惡棍都不是文學的構想，而是所有歷史的核心。"三、"講歷史不是為了說教，只因歷史充斥最偉大的故事。"這幾句話應該是放諸世界都可以準確。

據中國歷史學家呂思勉的說法，注重軍事未免就注重英雄，而忘了事實的真相，中國歷史上，"一將功成萬骨枯"，英雄是屍骨堆砌起來的。讀歐洲 1500—2000 年的歷史，是一場戰爭史，幾乎沒有和平的年份，法國人喜歡失敗英雄，所以拿破崙至今仍被傳誦。中國的關公、岳飛甚至成為武聖，美國喜歡英雄亦如是。2016 年是美國立國 240 年。據網上所載，91% 的時間在戰爭中，共 223 年，奧巴馬得諾貝爾和平獎，在位 8 年，沒有一個和平的年份。21 世紀年年在打，20 世紀只有 1935—1940 年，日本偷襲珍珠港之前幾年沒有打仗，但仍在備戰，武裝德國，挑戰日本，這是大蕭條後的孤立主義，此外就是 1976—1978 這 3 年而已。

上世紀美國英雄大概是尼克遜大讚的麥克阿瑟，但在書中看，也不外是

一個 "驕傲" 的人物而已。戰後當了日本太上皇，"將在外白宮有所不受"，保留日本天皇制，令到 70 年後德國和日本的行為大有分別，歷史應評其為 "英雄" 還是 "惡棍" 呢？恐怕還要再等 20 年吧！

2. 美國往日六大特徵

　　據稱美式教育已由培育情商 EQ 改為建立剛毅 GRIT，久已未見這個美式俗字，俗語：Americans of The True GRIT 被譯為 "真正的美國人"。這個回歸本源是否成功，決定美國的將來。筆者上世紀六七十年代認識的美國人，確也如此，筆者在《張總銀行風雲 40 年》中曾記述筆者在當年認識的美國人是充滿清教徒情懷的，特徵是 "艱苦奮鬥，勤儉自律，自立自強，堅忍不拔，量入為出，誠實守法"，是學習的對象，但 40 年後，恍如隔世，這批人已從世上消失。這六大特徵中，"堅忍不拔" 就是剛毅吧，"剛毅木訥近仁" 是孔子說的，所以也是東方文化追求的，東西有共通處，但木訥卻是美國文化中遠遠不同處，木者簡潔，訥者少言，但不是不言。孔子也說，答問如撞鐘，敲之以大，則大鳴，敲之以小，則小鳴，不敲則不鳴。但美國人卻是 I am on fire，要盡情表演，Presentation 做到天花龍鳳，經常是 Promise High Deliver Low，此處不可學。

　　剛毅也要有一個度，凡事不可過，東方文化講究 "過剛易折，過慧易夭"。表演到 120 分，就令人憂慮了。美國人就是在上世紀八十年代後 "太得意" 了，一切來得太易，從金融業就可獲暴利，不用投入資本，CEO 收入就由年薪 100 萬美元，到垃圾債券大王年收入 5 億美元，米爾根下獄並未停止此風，人人從華爾街望世界，六大特徵無存起於當時，今日只回復剛毅，恐怕也是不足，學美式也要學全套！

3. 仰視、平視、俯視的變化

甲午之戰 120 年，《參考消息》刊登了"甲午殤思"系列，各名家熱烈揭開中日之戰的歷史因由、勝敗關鍵，令人上了一課精彩的歷史課。中日關係 2,000 年，日本對中國的看法，漢唐宋時代是"仰視"，漢光武帝封日本某諸侯為"漢倭奴國王"，如今金印還在博物館。"倭奴"是不是如日本人稱中國人為"支那"一般的輕視，各有千秋，即使李鴻章在甲午戰敗，亦稱"以北洋一隅之力，搏倭人全國之師"。千多年來，中國高層全稱日人為倭人，明朝則稱之為倭寇，所以"倭寇"、"支那"，是彼此彼此。

到元明時代，日本人對中國是平視，日本"神風"打敗過蒙古大軍，日本人是自豪的。但明朝到了萬曆二十年，最腐敗的時代，仍可派 10 萬大軍，渡過鴨綠江，打敗了豐臣秀吉，平了"倭亂十年"。從此，德川家康鎖國，而滿洲人居然滅了大明，德川幕府始料不及，但對來自東北的滿清是看不起的。

甲午一役後，對大清國自然是"俯視"的，而對清亡後的各軍閥如袁世凱，更看不起，乃有"二十一條"。大和民族不可一世，輕視中國人。中華民國自 1912 年成立後的十八年間，日本對北京政府和南京政府的外交盟會，居然只稱"支那共和國"，北洋軍閥和南京政府竟然可以忍受，弱國無外交。

日本人在甲午一役，居然未滅大清國，當然不死心，1937 年再度侵華，亡我之心不死。1887 年小川又次提出"清國征討策案"，本來就要攻陷北京，擒拿清帝。

4. 美國的政治範例

福山最新的文章談美國制度，有問題但難以改革，其實世界上沒有一個制度是可以永葆青春，總有衰敗之日。中國歷史上早有例證，單是科舉 1300

年，百病叢生，最後到清朝崩潰才廢掉。福山提醒了世人，"美國是世上最早建立的，也是最發達的自由民主國家"，乾隆五十二年寫成的美國憲法，才 200 年多些，亦百病叢生了；但 21 世紀，英國、荷蘭、比利時仍有皇帝呢！不是習近平訪歐，幾乎都忘記了這回事呢，如果大清早早真誠地"君主立憲"，我們是不是還有"豬尾巴"呢！

其一，美國問題其實亦是全部民主國家共有的，三權分立是表面的，美國人傳統不相信政府，法院和立法機構不斷篡改行政部門的正常職能，少數人（如茶黨）的立場可危及政府的整體運作能力。美國未能解決預算持續膨脹，其因在此。台灣則無法通過服貿法案，行政部門被視為無能，奧巴馬和小馬哥，都同受此苦。

其二，利益集團和遊說集團，影響力無遠弗屆。美國的問題是兩大政黨誰也捨不得共享利益集團的資金；同時，利益集團亦怕出現一種"錢也買不到影響力"的制度。

其三，美國制度的設計者為防止強人出現而創下的制衡制度，反而變成否決制，凡事過於民主，決策機制有太多方面可以阻止政府去調整公共政策，美國如此，台灣更是。福山認為除非發生系統性危機，很難改善，政治制度在嚴重兩極化之下，民主制度已不能代表大多數人利益，反而給利益集團有機可乘。哀哉！

5. 美國人口大轉變

2050 年，世界最大轉變是貧富差距會極大地縮小，而決定貧富不在乎生活的地點，而是受教育的程度，"出生地的悲哀"會相對消失。人口的變化和人均 GDP 的變化，在美國和日本這兩夥伴身上，變化尤大。以 PPP 人均 GDP 而言，2010 年，全球只是美國的 22.7%，到 2050 年，變成 42.3%，上升幾乎一倍，除了日本、英國、意大利，處處上升，日本人口大縮水，人均仍縮水。

英國經濟學家看得真淡，美國人亦變老了，85 歲以上人口相等於 5 歲以下人口，日本 65 歲以上人口則幾乎是全人口的 38% 了。美國的人口結構變化更大，1960 年，美國白人佔人口的 85%，2010 年 63.7%，2060 年只餘 42.6%，本來以為非洲黑人會膨脹，但估計是 1960 年 9%，2010 年 12.6%，2060 年 15%。異軍突起是拉美裔，1960 年只是 4%，2010 年 16.4%，2060 年 30.6%，奧巴馬 2010 年輕鬆取勝，只因拉美裔票達 71%，非洲裔更達 93%，希拉莉無此福氣，美國日後出現拉美裔總統，亦是順其自然了。

美國是給其他國家追上來了，但那只是平均數，在國內，收入流向最富裕的 1% 的形態並不會改變。1960 年美國頂層 1% 佔收入比例只有 8%，2010 年已是 18%，這個勢五十年不變，後五十年會不會改變，要看政策的推行。美國 1% 的金權是不會放手的，美國白人成為少數民族（42.6%），將會是事實，這 50 年的掙扎又會有何好戲呢？

6. 讀史料觀美國

《讀史觀世》中，談了大量美國經濟和文化，美國夢尤其是 20 世紀的全球移民的夢，但百年來的移民卻未必知道美國的貧富懸殊有多大。從歷史記錄來看，美國開國時，大家都是一窮二白，但立國百年後的 1890 年，最上層 1% 佔有財富是全國的 50.8%，下一個 11% 佔 35.4%，再下一層 44% 佔 12.6%，最底層的 44% 只佔 1.2%，所以當時賣"豬仔"去美國只能當那底層 44%。一旦回國，居然就是"金山阿伯"了。當時這些資料，一般人也沒有注意，這些資料來自一名為 Charles Spahr 的人，時間是 1896 年，再過一百年又如何？只見到《信報》一位作者提出，1984 年，0.1% 佔 9.6%，但 2013 年這 0.1% 已佔了 21.6%，那麼 1% 佔了 50%，也不出奇了。

美國人最喜歡說，最高層 10% 的工作，就是為那 1% 服務，自己才有收穫。2014 年 5 月又有一個新報告，1993 年至 2013 年的 20 年間，美國人全體收入增加了 17.8%，平均每年不足 1%，但通脹肯定不止，但頂層 1%，上升了 86.1%，而下面 99%，只上升了 6.6%，詳情未見，若再剔除上層 11%，假定是 40% 吧，那麼餘下的 88%，只增了 1.9%，這就是美國夢的實情，1890 年至 2014 年間的 124 年，不言之秘是要當那 1%。所有制度和主義都是為此而服務，而美國式的補償就是當慈善家，法制明白在，但所有大事都可以用 Settlement 來解決，免得費時失時，拖到死也解決不了，明白嗎？

7. 美國世紀和貧富懸殊

1998 年一位美國移民寫了一本《美國世紀》的圖冊，書中收集了 1889 年至 1989 年這 100 年的美國大事。作者伊雲士以 1889 年為開始，因為這是美國自開國以來的第二個 100 年開始，美國開始冒升，但巧得很，1989 年是美國到頂了，1990 年冷戰敵人的蘇聯解體了。筆者 1987 年至 1990 年恰巧在美國工作，見證了這個最好的日子，但也不是無隱患，拉美裔大量移民，正式和非法都是大量，和以前的歐洲美國和俄國的精英移民，大有分別。

1889 年美國是不是一流國家呢？在歐洲和英國人眼中仍不是。美國土著印第安人的酋長，在美國仍有小小地位，書中的數十位酋長穿上西服合照，還是有點威風，如今安在哉。據 1890 年的資料記錄，美國當時的人口只有 1,250 萬戶，人口不算多，分成四等，1% 是富人，家產 330 億美元；第二級 Well To Do，11%，身家 230 億美元；第三級 44% 的中產階級，家產 82 億美元；第四級窮人亦是 44%，家產只有 8 億美元。總計 650 億美元，亦即是說 1% 擁有 50.8%，11% 擁有 35.4%，44% 擁有 12.6%，最低 44% 只擁有

1.2%，最富有的 12% 擁有 86.2% 的美國財產。最高 1% 是最低 44% 的 41.25
倍，貧富在美國立國後 100 年已是極為懸殊，所以再過一百多年後，回顧美
國的 1%，仍是富可敵國，但人口已不知增加多少倍，但金權卻在華爾街的
猶太人手上，和以前是工業立國，大有不同了。

8. 美、日、菲的百年關係

　　"美國世紀"（1889 年至 1989 年）是給善忘歷史的美國人一個記錄，1862
年美國黑船炮轟日本下田的時候，美國人當然不知道日後有日本開國 50 年
之盛，更不知道會有 1941 年 12 月 7 日的偷襲珍珠港，日本船隊亦偷襲阿拉
斯加，那是太遙遠了。另一個小兄弟菲律賓，在美國西班牙大戰後，成為燙
手山芋，當時麥堅時總統乃發明了上帝的四個主意：一、菲律賓不可歸還給
西班牙；二、不可讓給商業對手的德國和法國；三、不可讓菲律賓人自己管，
只會更差；四、只有將菲律賓放入美國版圖。

　　在二戰後，美國控管了日本 5 年，修訂日本憲法，以和平為重，對菲律
賓反而放手，而菲律賓政客名言："我們學了美國最壞的東西，更將它發揚
光大。"二戰後初期，菲律賓是亞洲最發達的地方，遠勝香港、新加坡和日
本，其他不用説，但上帝主宰的第 3 條發揮作用，菲律賓人只能派 1,000 萬
人出外當外勞，美國離開蘇比灣，然後又回來了。在 1909 年至 1913 年，後
來當上總統的塔夫脱（TAFT），當上了菲律賓總督，他善用懷柔術，稱菲律
賓人為 "Little Brown Brothers"，但當地美國士兵卻説："他們也許是總督的兄
弟，但不是我們的。"何等諷刺，二戰後美日關係可由一張天皇和麥帥合照
全部顯出來。兩人並立，一個垂手，一個叉腰，神情就如國情，誰會料到
60 多年後，美國總統見天皇只能算是國賓，和當年一個將軍遠不能比呢？

9. 美國會回歸進步時代嗎？

美國歷史不長，但 100 年前的事，亦被遺忘了。對 Top1% 的人來說，如何保住財富是第一大事，當慈善家是安穩後的事，1910 年至 2010 年之間，美國 Top1% 從經濟大餅所取得的比例都是 18%，但 1960 年至 1980 年間，曾跌至 8%，何以至此。

美國在 1877 年到 1893 年間，財富突飛猛進的時期，稱為 "鍍金時代"，有能者大富，所以 Top1% 佔財富 50%，之下的 Top11% 佔了 35%，12% 已佔了 85%，其他都是貧窮階級。但美國人奮起，在 1890 年至 1920 年進入了 "進步時代"，是社會活動和改革繁榮的時期，其中一項重要指標是對政府淨化，消除腐敗和打擊政治寡頭。1920 年美國女性才得到投票權，可以左右政局。

美國社會長久以來 "尊重富人"，美國夢就是 "成為富人中的一員"。但 1980 年後，情勢大變，"Winner Takes All"，"贏家拿走一切" 成為氣候。金融市場成為致富捷徑，金融業不成比例的影響力，改變了一切。Top1% 收入比例由歷史最低的 8%，回到 2010 年的 18%（2007 年 24%），2014 年只會更高，美國堅尼係數由 1970 年的 0.31，升至 2000 年的 0.38，肯定不能顯示真實情況。很明顯科技和技術差異使美國工人失去競爭力，無法議價，而工會衰落，只 6.9% 工人有工會保護。而美國最佳的頭腦，過去 25 年人人爭讀 MBA，進入金融界，教育水平決定將來，但 MBA 教育只培育 Top1% 至 10%，未來 40 年有進步嗎？

10. 美國議題和股市

美國一天到晚推廣一人一票遊戲，但人民有多無奈呢！Gallup 做國會議員及格率 Approval Rating 的調查是由 1974 年開始了，也有 40 年歷史，資料也有些味道吧。

1974 年，議員及格率是 33% 而已，2001 年 "9•11" 後，及格率升至 56%，從此江河日下，2012 年最低 10%，2013 年 11 月跌至 9%，達歷史新低，全年平均 14%。2014 年開年 13%，9 月 14%，不及格率全年都在 80% 以上。問題是每次選舉，在位者再次得勝率達 90%，那個知情和在乎（well informed care）的公眾在哪裏呢？這還是美國啊！

2014 年奧巴馬的及格率已跌至 40% 以下，不算慘，小馬哥只得 9%，還對香港指點江山呢！奧巴馬至少通過了醫保，全民都要買，違者罰款，但不高興的人也很多，所以及格率下降。至於失業率表面上下降了，由金融風暴後的 10%，已降至 5%，但量是降了，參與率改善了嗎？新創的 1,000 萬工作大都是 "低薪而無前途的崗位"，所以 "一片大好" 也是虛的，這 8 年來 QE 支撐一切，股市亦是 "一片大好"，但 P/E 由長期平均的 16.5 一路飆升，到了 26 才暫停。2008 年 9 月 15 日，雷曼忽然玩完，2014 年 9 月 18 日的標普 500 指數到了歷史新高的 2,011，是否亦到頂下降呢？若看 2012 年 1 月的指數才是 1,250 點，上升了 60%，美國跨國企業的賺錢能力能無休止嗎？美國人對議題和股市的了解度，怕也是差不多的。2016 年 6 月，標普 500 仍是 2,096 點，未降溫！

11. 美國進入新常態

2014 年的美國神話是：一、美國生產成本下降，企業回歸開廠；二、美國頁岩氣大旺，能源自給，還可以出口；三、QE 無負效果，可以加息了；四、美國經濟復蘇強勁，成為世界的引擎。2015 年經濟增長 3.6%，高於世界的 3.3%，中國下行至 6.8%，印度成為唯一亮點，增長 7.2%，這都是 IMF 的預測，有多準呢？（2015 年，美國 2%，世界 2.9%）

　　但美國亦進入新常態，每年第一季，東海岸暴雪，西海岸罷工，第一季經濟數字，例必不理想，美元強了，石油價跌了，但汽車產量反而下跌了3%。頁岩氣生產成本高於售價，不得不大幅減產，所以第一季的 GDP 增長預測降至 1.2%，只是 IMF 預測的三分之一。經濟學家又要忙了，無疑，失業率下降至 5.5%，但參與率由 66% 降至 63%，那 3% 的人一直沒有回到就業市場，去幹甚麼呢？新崗位只有 310 萬，但消失的崗位不知多少，報喜不報憂，也是美國新常態了。新工作的收入和前途和災前是否一樣呢？美國中下階層也只能有苦自己知吧！美國製造業只是 GDP 的一小部分，19% 罷了，但 2015 年製造業產出，1 月下跌 0.3%、二月 0.2%，都怨天氣好了。在美元高企下，新增訂單下跌，未完成訂單取消，製造業出貨下降，都是訊號，全球大部分國家的匯率都疲弱，誰買美國貨呢？只有軍火吧！但日本人也要進入軍火市場，美國亦管不了，今年只能靠零售業、建築業和新房開工了，這方面靠得住嗎？不肯靠中國，靠印度嗎？

12. 美國人口老化趨勢

　　美國教授談全球人口收縮的危機，那美國本土又如何呢？最明顯的問題是甚麼，1980 年的美國和 2060 年的美國，會不會“八十年不變”呢？當然會變，變化才是永恆。美國即使對移民的吸引力不衰退，人口老化也不可避免。

　　1980 年，50 歲以上的美國人是 25%，還年輕；2014 年，33%；2060 年，40%，年輕人（18—39 歲）只有 25%，年輕人養老人是免不了的。哪一個世代的投票權最大，誰的福利最多，世代戰爭現在就開始了。以前是老人教年輕人，科技時代是年輕人教老人，敬老尊賢在美國必然不存在。目前世代實力分配是，戰後嬰兒 24%，X 世代（1965—1980 年間）21%，千禧世代（1980 年—2000 年）27%，誰也不佔優勢。但老人投票率較高，戰後嬰兒要力保社保福利和醫療福利是無疑的，但這批人已開始退出職場，付出代價的是 X 世代和千禧世代。到了 2060 年，戰後嬰兒大都離世了，X 世代要繼續享受時，美國的透支已付不起了，又要全球埋單。中國到時還有支持力，還是靠印度和非洲呢？

1980 年代，美國白人和非白人的比率是 80 比 20，2014 年是 63 比 37，2060 年 44 比 56，唯一可以中和是互相通婚，再無界限，可能嗎？等 45 年便知。1980 年美國人已婚和未婚比例是 70 比 30，2014 年是 52 比 48，遠離婚姻是否大趨勢，尚未能定。移民美國除了要全球交稅以外，下一代要面臨一個甚麼社會也是要考慮的。45 年太久，只爭朝夕！

13. 美匯指數的玄虛

2014 年美國 GDP 上升 2.4%，所以經濟學家就預測 2015 年上升 3.6%，這是直線思維，結果 2015 年第一季只有 0.2%，修正後可能是 -0.5%，全年預測自然泡湯了。美匯指數自 2014 年 7 月初的 80，一直猛升至 2015 年 3 月中達到 100 的高潮才回落，但全球股市到 2015 年 4 月底創下市道 75 萬億美元的新高潮，金融危機爆發前的 2007 年 10 月，全球股市市值只是 64 萬億美元而已。

QE 的威力如此，殺傷力有多大，歷史會告訴我們。此次美元升值，日本也是得益人之一，2014 年第二季，日本 GDP 是 -1.9%，而由 7 月開始，美元兌日圓由 103，一直升至 2015 年的 120。（2016 年 6 月又回到 1,043）日本的 GDP 第三四季才回升至 -1.6% 和 +0.4%，全年平均才倖免了負數，只得 0.2%，2015 年第一季有回升，則多謝中國遊客肯大破慳囊。

美國匯率狂升下，居然在 2015 年第一季仍有 1% 上升的出口額！但日本汽車源源輸入，進口上升 7.7%，也是可以預見的。美日一家親，當然無所謂，但美國人在大好形勢下，消費只上升 1.9%，儲蓄率上升至 5.5%，比一年前增加 10%。

美國人真的想法是甚麼？拿食物券的人仍有 4,600 萬（人口的 14%），拿政府福利的人更是 1.59 億（人口的 50%），美國夢是如何發的呢？美國要靠服務業反彈才有希望，但國債已到 18.3 萬億美元，GDP 的 103% 了，貿赤仍是 7,200 億美元，一半是中國貢獻的，選舉將至，能不成為指摘的藉口嗎？看着辦吧。

14. 美國和前敵對國比較

美國和 1961 年以來的死敵古巴經過 54 年的糾纏，也要講和了；相對亞洲死敵越南，1975 年敗退到 1995 年講和，時間要長得多了。究竟數十年來，這三個敵對地方的人民，誰比較幸福些呢？是強大的美國嗎？若去查一下星球快樂指數 HPI，結果和西方人想像的，大異其趣。

古巴人排全球第十名，得分 56.9；越南更排第二，得 60.4 分；而美國排第 105 名，得 37.3 分（香港好不到哪裏，第 102 名，得 37.5 分，這是題外話）。HPI 指數有三個因素：幸福經歷、壽算和環境足跡。Environmental Footprint，這是個比較抽象的概念，是當地人使用資源的程度和其可持續性，誰用得最多，誰就最失分，美國人最浪費資源，當然就得分低，其他發展國家亦差不遠。這項指數用全球公頃 Global Hectares（GH）來比較，全球平均是 1.8GH，古巴是 1.8GH，越南是 1.4GH，而美國是 7.2GH，所以大大失分（香港是 5.8GH，中國是 2.1GH），所幸在壽算相差不遠，美國 78.5 歲，越南 75.2 歲，古巴 71.2 歲。而在幸福經歷方面，美國 7.2 分，古巴 6.3 分，越南 5.8 分，仍未能在總分上追回多少。從此看，美國古巴敵對 54 年，美國事事抵制古巴，但古巴人的幸福感和經歷，和美國相差甚微，而美國的環境可持續性

（注意人均生物生產面積這個觀念）都有問題，所以西方調查，一旦不用人均 GDP，西方富國排名就立刻下降。

古巴、越南等新興國家，只追求足夠的錢滿足自己需求，就可以快樂，應該仿效呢！

15. 美國新常態

美國經濟自 2009 年金融大災難後就進入新常態了，第一季經濟例必因天寒地凍而增長緩慢，然後在第二三季加速。2015 年亦不例外，第一季 GDP 增長只有 0.2%，到 7 月又修正為 0.6%，沒有解釋原因；第二季 GDP 增長 2.3%，但要達到全年平均 3%，有點難度（結果 2%）。

在美元堅挺下，跨國大企業的海外收益只能因匯率而收縮，標準普爾 500 大公司的營收下降 3.9%，利潤下跌 0.3%，是樂觀了點，歐洲業務影響最大。聯儲局基準利率在 0.25% 低位已多年，加一次就是 0.25%，亦即一倍；但若從倫敦美元利率來看，2014 年 8 月，6 個月的 Libor 拆息利率是 0.32%，到今年 8 月已是 0.5%，不知不覺已加了 0.18%，所以不管美國加不加息，在海外借款的利率已加了 0.18%，和 0.25% 之間的差距不大。

美國本土新常態之一是 "加職不加薪"，美國的普通工人無議價能力，CEO 要控制薪水支出，所以儘管失業率降至 5.3%，美國 7 月份的消費者信心指數卻由 6 月份的 99.8 降至 90.9，降了 9%，是 2011 年 8 月以來的最大跌幅。再看美國房產擁有率，第一季是 64.5%，第二季降至 63.5%，是 1980 年有數據以來最低。不講不知，中國房屋擁有率是 90%，香港是 51%，哪裏的人最能安居呢？

如今信息全球化，希臘危機和中國股市動盪，已能影響美國消費信心，真是信不信由你。美國樓價是升了，但一般人卻未加薪，新入職的人也是低薪，如何談買樓呢，還要加息呢！

16. 美國股史五十年

筆者寫了〈股史四十二章〉一文後，老兄云：何不寫一書以供後人憑弔。老實說全球數十個股市，寫之不盡，但調查太費工夫，偶爾寫一下本身經驗。

近日有人寫了美國股市〈七年一疼〉，從筆者 1966 年入大學修工商管理，到 2015 年，恰是"七七四十九"之數，亦可遊戲一番。1966 年上經濟課，學的"叉燒飯"和"切雞飯"的供需定律，也是"手空空，無一物"之時，如何管得上當年標普 500 指數暴跌 20%。當年指數不足 100 點，跌 20 點不是世界末日，香港小民是波瀾不驚，教授們有沒有入市，誰也不知道。七年後的 1973 年，筆者 MBA 畢業，當年論文是"股票分拆的效應"，自以為投資有心得，但月薪只有 2,000 元，英雄無用武之地。返港工作之時香港股市已由 1,700 點高峰，降到堅守 777 點之際，這才是真正危機的開始，因為以為已跌定，誰知年底跌到 150，還延續很久，好處是專心做好本份，日後對"孖展交易"的貸款，充滿戒心，躲了很多次禍害。1973 年的美股又如何呢？原來標普 500 由當年 1 月的 120 點，到低點的 62 點，延續了 21 個月，下降了 48%，到 1974 年 10 月，才止跌回升，這時段的貸款利息，6 個月 LIBOR，倫敦拆息大概 12%，大有去到 15% 的恣態，但油輪貸款，方興未艾。大型油輪 VLCC、ULCC 是新事物，企業 CEO 人人為利率而頭痛，哪有今日的"零息世界"，年輕當然一無所知，誰又會想到標普 500 到 2015 年升破 2,000 點，才 42 年而已！

17. 美日何時準備好

美國前財長說：世界尚未為中國崛起做好準備，但英國不是已準備好和中國的"黃金十年"嗎？歐洲列強不也接踵而來嗎？所以尚未準備好的應是美日聯盟。至於美日的"制衡戰略"，做所有事都"刻意將中國排除在外"，Anyone But China 簡稱 ABC。

　　為何美日如此不適應，回看一下過去 45 年世界五強的變化便可明白。以名義上的 GDP 而論，1970 年美國如日中天，佔全球 31.2%，當然還有蘇聯佔 13.2%。日本正在崛起佔 6.4% 而已，德國是 6.36%，而中國只佔 2.76%。所以 1970 年的大學畢業生，無不望入美國企業工作，十大美國的銀行都是 AAA 級，不會如今日那麼低。經過美國扶植，1978 年，日本正式超過蘇聯，10.48% 比 9.96%。但美國自己經過石油危機，份量亦降至 24.4%。

　　1991 年，蘇聯解體失去東歐各國，俄羅斯只餘 2.4%，經濟上已無實力可言。美日之間差距亦縮小，是 25.5% 比 15%，"日本可以說不"出現了，《日本第一》一書亦到處可見，但日本進入第一個"迷失十年"而不自知。1995 年，日本 GDP 更佔全球 17.7%，是最高峰，此時美國 24.5%，中國還只得 2.5%，日本怎不傲視全球。但只是 20 年間，中國由 2.5% 升到 2015 年 14.2%，美國 22.4%，日本 5.1%，德國 4.2%，俄國只飽受遏制之苦，只得 1.5%，美日當然主觀希望中國步俄國的後塵，不願意做好準備，不願意中國開亞投行，不同意中國在 IMF 的投票權提高，但他們能撐多久呢？

18. 美國的可憐中產

　　1970 年，筆者開始放眼看世界，其實看到的都是強大的美國，當時想能在美國當一個中產，一份大學畢業生的工作，30 年房貸，一部汽車代步，就是美好的一生了。1971 年，美國中產佔成年人口的 61%，有壓倒性的投資權，一切福利向中產傾斜，那是美國中產夢。當時不知道，終身僱用制只在日本和法國流行，美國僱主是"贏者全取"、"敗者炒魷"。80 年代末真的到了美國工作，只覺得洛杉磯雖然不錯，但拉美移民和非法移民都嚴重地多，終有一日洛城市長是拉美人。拉美移民打的是黑工，極之低薪，在第三世界才有的事，美國也發生了。1991 年美國中產已降至成年人的 56%，還是多數，但美國對筆者已失去吸引力，真是不住過不知真情！

　　2015 年最新情況，美中產只是成年人口的 49.9%，這個趨勢已經 45 年，無法逆轉，拉美移民只會愈來愈多，連美國黑人也想北上移民加拿大了，雖然也有墨西哥人回潮，但窮人來得更多，美國不再是 "中產國度" 是確定了。美國連白人也會變成 "少數民族" 也是無可避免的，美國窮人由 1970 年的 16%，變成 2015 年的 20%，中產一不勤力就變窮了。當然也有頂層階級由 4% 變成 9%，拜投資銀行和各種影子銀行所賜，矽谷新貴和各類 CEO 暴增，就是美國過去 45 年的現象，藍領失業，大學生大貶值，學生貸款產生不出良才，變成銀行壞賬，美國雖發達，健保天天在喊，但比法國人短三年命，還去住嗎？

19. 美國債務大檢討

　　用 2016 年 2 月 22 日的美國債鐘數字來計算美國的負債情況：國債 19.0 萬億美元，家庭債 17.4 萬億美元，企業債 33.3 萬億美元。美國 GDP18.2 萬億美元，將各項債務和 GDP 相比，得出國債 GDP 比率為 104.3%，家庭債比率 95.8%，企業債比率 183%，合共 383%，這和國債比率還是 50% 的時候相比，總債務由 289% 上升至 383%，共升 94%，難道美國負債不值得好好看一看。

　　2008 年時，家庭債比率是 120%，如今家庭學乖了，看家庭債細項，抵押樓宇貸款 13.9 萬億美元，學生貸款 1.33 萬億美元，信用卡貸款 0.944 萬億美元。2008 年時代學生貸款不足 1 萬億美元，增加了 33%。美國人讀書沒有家長支持，要自行貸款，學位愈高，畢業時欠債愈多，由學士、碩士、博士累積巨債，唸完醫學院，欠債 20 萬美元。同時學生貸款不能用破產解決，永遠的債務，這項貸款的利率最高不超過 2.5%，好過借信用卡貸款多多。

　　美國人經過 2008 年的教訓，居然有一部分人戒了信用卡貸款，所以金額由 1 萬億美元降至 0.94 萬億美元，借款人減少了，但平均金額升了 52%，風險是不是更大了。有錢人不借了，無錢人借更多了，這是不是危機呢。2008 年最大問題是次按 Subprime Credit，銀行苦不堪言，這次好了嗎？看樓價，至於企業貸款，出現了 5,600 億的石油貸款，其中 2,500 億美元是垃圾債券，這次有沒有如上次好彩，不出事，要看油價如何算，是高潮，每桶 147 美元，還是 30 美元，利率一加，例必出事！

20. 美國的福利夢

　　美國大選來了，"我是誰？"這個命題又熱起來，發"美國夢"的小朋友們不妨一知！除了要全球收入交稅外，要當一個全職工作者，那你是 1.23 億中一位，如果你只有半職，那你是 2 千 8 百萬中一位；另一方面，也可以做領取福利的一員，那要看你是哪一類人。

　　據官方網站數字，目前拿福利達 1 億 1 千萬人，是總人口的 35%，其中白人 38.8%，黑人 39.8%，拉美人 15.7%，亞洲人 2.4%，難得的比率不高。福利是甚麼，你要是 65 歲以上的老年人，還要低收入，低資產，或者是殘障人士，一人得福利（SS），配偶和子女都可以領取。這個數字 2016 年 1 月是剛超過 6 千萬人，平均每月領取 1,230 美元，另外還可領取補助救濟金（SSI）的有 830 萬，每月平均 541 美元。當然，閣下若是華爾街金融界人士，這些錢是不需要的。

　　另一大類就是拿食物券（Food Stamps），這類人最高時有 4 千 8 百萬，近日好景，仍有 4 千 1 百萬。2000 年小布殊上台時才 1 千 7 百萬，這 16 年美國發生了甚麼事？美國夢就是如此醒了嗎？相對而言，5% 失業人士的 750 萬就不足道，10% 時也是 1,500 萬呢！失業救濟金有限期，不能長拿，但福利金是人死了，傳到配偶和未成年子女，這數字 2016 年是 9,915 億美元，差不多 1 萬億美元了。

另一項福利是學生貸款，目前已達 1.3 萬億美元。長命債長命還，數字是每年增加，可見還款的學生極少，所以若在美國當一名正常上班族，就負責 0.9 個福利人，責任大啊！

21. 美國英隆式倒閉又一家

筆者在《日本經濟四大教訓》中，記載了日本企業到加拿大投資煤礦的悲劇，此礦空有 150 年的煤炭存量，日本企業一樣鎩羽而歸，因為煤炭價格波動極大，一旦跌價，無路可逃。

30 年後，風水輪流轉，這次到了美國，133 年歷史的 Peabody 能源公司，號稱全球最大，已無法還款付息，申請《破產法》"第十一章"，已是避無可避。煤炭價在 2011 年中，還是每噸 330 美元，如日中天，到 2014 年已跌破 100 美元，從此在低價掙扎，前景就要等中國再次購買，令煤價上升，當然政客們又有話説。

不過，單是去年已有位列前茅的大煤礦公司倒閉，Alpha、Arch、Patriot 已成第十一章的客戶。本來以為只有 Enron 這家在 2001 年演出由 90 美元跌至零的悲劇，是空前絕後，但 Peabody 這家百年老店，在 2008 年 6 月 30 日股市正旺之際，價格是 1,320 美元，9 月 15 雷曼兄弟破產，股價仍有 722 美元，到 2008 年 12 月才跌至 341 美元低潮，但 2011 年又回到 1,020 美元的千元大關，而 2015 年 1 月已跌至 100 美元的關口。評分公司在 2015 年 1 月就將之列入垃圾債券級的 BB-，但一年沒有動作，這次有 16 億美元的利息到期，7,000 萬美元付不出，立刻被列入 D 級，股價跌至 2.5 美元。當然，這不是常人能玩的股份，股東到 2015 年只有 253 名，都是對沖基金在玩高危遊戲，又買 DCDS 做保險，倒閉了還有得賠，如今股東價值化零，債務還有16 億美元，小意思！

22. 美國資源縮水觀察

既然美國人對自己的傳媒和國會的信任度只有 6%，那麼報上所載的國會議員的叫罵聲和保證，我們異鄉人又何必在意，看標題就可以省了，那些美國鷹派的再獨霸百年的言論，也是經不起考驗的，當然 "信者自信，不信者自不信"。

最近一篇談及 "聯合國報告"，既無日期亦無標題，只説美國財富是中國的 4.5 倍，不管 "路樓設備、人才技術、自然資源" 都是遠遠優勝，但是多少年前呢？曾幾何時，美國 GDP 是中國 10 倍呢？一進一退，世事難料。最近一直追蹤美國能源行業，不管是煤炭還是頁岩氣，都是一團糟，這些天然資源還值多少錢，煤炭業那 50 萬工人的技巧，還值多少錢。

號稱美國最大（自然也是世界最大）的 Peabody 能源，終於在 2016 年 4月申請破產法第十一章。2015 年，總債務 110 億美元，包括長期債務 63 億美元，要重組，資本金由 2012 年的 49 億美元，到 2015 年已降至 9 億美元，負債比率 12.6，比業界標準的 2.5 高了 5 倍，如何管理呢？不是有最佳的MBA 商學院和人才嗎？原因是煤價由每噸 140 美元（2012 年）下降至 52 美元，預期到 2022 年會降至 42 美元一噸，這些煤能源已無營利能力，只能埋在地下等價格有日回升。

美國的生產力往往被生產成本所控制，不到水平就不能生產，這已是30 年來如此，但一直未有改善，這是美國管理之道，總之 4 年賠了 40 億美

元，繼續生產只會賠更多，申請破產後，資本等於零，但 4 年前賬上是 150
億美元資產，這是縮水之道！

23. 可控和可信之間

在美國人眼中，東北亞四強，中國是"可信不可控"，日本是"可控不
可信"，韓國是"既可信又可控"，俄國則是"既不可信又不可控"，應乎四
強，只能是"恐怖的平衡"。

2014 年，中俄熱情起來，中韓則是眉來眼去，中日是政冷經熱，日韓
卻是互相放炮。當中各有民意支持，韓國朴槿惠支持率 56%，日本安倍亦
有 53.9%。要拖下安倍也要等支持率下降，但日本的可控度亦有危機，美國
發功是不是如當年日拉下鳩山一般得心應手呢？這實在有點懷疑，但美國人
一向自大，不信自己搞晤掂，風險亦於此。

日本年輕人認為不要急於和中韓和解，在日本的 100 萬韓國人和 70 萬
中國人，要活得小心翼翼，而那 15 萬在中國長居的日本人，亦是心中有一
個結。日本政客是要聽那些無正確歷史感的年輕人，還是要在華工作的中年
人的說話呢？不是常理可以推測的。很明顯，日本投票一族和民調一族，不
是同一個樣本，民調 66.8% 反對取消"武器出口三原則"，但安倍一樣可以
強行通過，日本投票亦是無可奈何的。

日本前途在經濟，第一季只是 1% 的增長是可預期的，第二季是加稅
季，增長應更差。安倍經濟學能引發股市在 2013 年大漲，但 2014 年已失去
魅力，加薪 2%—4% 給正規員工，亦無助於經濟增長。而"女性經濟學"，
亦是一場空，日本女性參與達 60%，比 OECD 的平均數 58% 還高，日本女性
在 25—29 歲間的參與率更只是 77%，加無可加，過了 30 歲就當歸家娘，因
為晉升無望，是日本的男尊女卑的文化也。

24. 美俄間誤區重重

1990 年蘇聯解體，美國老教授無用武之地，索性移民加拿大，改行當"中國通"，真是看盡美國的作風，高層不重視，不再投入資金研究，民間則無知。

蘇聯解體 24 年，美國人仍有四大認知誤區：一是俄國佬是酒鬼，實則俄國人不飲酒者 40%，美國人 37%，差不多；俄國人每年飲 13.5 公升，在下降中，美國人亦飲 10 公升，五十步和百步。二是俄國仍是共產主義，實則俄國 1.44 億人，登記共產黨員不足 16 萬人，只是人口 0.1%。普京的黨佔俄羅斯議會下院（杜馬）450 席中的 235 席，共產黨只得 92 席。三是俄國人都憎美國人，實則 1991 年，俄國人對美國有好感者達 80%，而近年仍有 51%；而美國人跟俄國人為夥伴者，2001 年 52%，2013 年 44%，2014 年克里米亞事件後只餘 19%，誰憎誰呢？四是俄國都是俄羅斯人，實則俄國 185 個民族，俄羅斯人只得 80%。若論最高層關係，尼克遜認為在羅斯福和史太林後，只有他和勃列日涅夫最好，但羅斯福任內死了，尼克遜因水門下台，關係並未延續。其後要等老布殊和戈爾巴喬夫較有交接，冷戰結束本是對雙方有利的談判的實現，戈爾巴喬夫認為是"雙贏"，但老布殊仍說是"美國打贏冷戰"，戈爾巴喬夫虧吃得大了。其後克林頓和葉利欽，小布殊和普京，奧巴馬和普京，都是有疾而終。

老友說這是一貫美國人的盛氣凌人，太驕了，無視俄國的核心利益，所以 24 年來美俄關係不斷惡化，一方是傲氣，一方是反應激烈，世界"群龍無首"，這又是個例證。

25. 2015 中美共治開始

諾貝爾經濟學得主施蒂格利茨為文說 2015 年是中國世紀的開始，且莫誤解，看看上兩世紀的霸主，恰巧是兩個 100 年。

1814 年，由英國領導的七國反法聯軍攻入巴黎，捉了拿破崙，英國的霸主地位建立了。1815 年的滑鐵盧一役，只是拿破崙垂死掙扎，亦是威靈頓的造神運動，法國是打不過那 100 萬聯軍的；到 1900 年的八國聯軍入北京，只是歐洲聯盟的最後活動。

美國在 19 世紀興起，GDP 超過英國發生在 1892 年（一說是 1872 年），但綜合實力仍被歐洲視為二流國家。1900 年八國聯軍時仍是如此，領軍是德國人，此時美國 GDP 已是全世界的 23.6%，英國已降為 18.5%，但工業化水平，英國是 100 的話，美國只是 69 而已。英國退出霸主地位在第一次世界大戰開始，即是 1914 年，共 100 年，沒有美國幫忙，英國是打不過德國的，那亡的恐怕不是俄、德、奧匈帝國，反而是英法了。當然歷史沒有"假如"。

美國維持 GDP 第一，共 100 年，直至 2014 年，巧嗎？但美國成為世界第一經濟體 22 年（或 42 年）後，才超過英國，美元取代英鎊亦等了許多年，施蒂格利茨的理論是，美國軍力雖強，但不擅用，靠的是軟實力，跨國企業的影響力。

英國統治的能力在歐洲是話不了事，只能協商的 100 年；而美國百年，也有 45 年是和俄國共治，今後百年也只能是中美共治！

26. 中美長成率的比較

中國進入新常態，GDP 在反腐和排污兩大改革下，仍能維持 7%，是難能可貴，其實有實質增長。要知道中國 GDP 在 2015 年已進入 10 萬億美元俱樂部，這亦只有美國能達到，美國是 17 萬億美元，而日本在匯率一貶再貶下，只有 5 萬億美元，只是中國的 50%，亦反映了領導層總體素質的分別。

　　若論對世界增長的貢獻，2015 年估計世界總增長是 3.3%，中國佔世界 12.6%，增長 7%，貢獻了 8.8%；美國增長 3.6%，比重是 23%，所以貢獻是 8.3%，中國稍勝，那還是假定美國真能達到 3.6%（結果是 2%）。

　　美國看似欣欣向榮，但上世紀九十年代，平均增長只是 3%，21 世紀頭 10 年增長只是 1.7%（那是一個房地產暴漲的年代，衍生工具橫行，也只能臻此），到第二個 10 年的一半，平均亦只有 2.3%，長期趨勢如此容易改變嗎？美國這五年的增長，是在貨幣寬鬆 QE1、2、3 的助長下完成的，常規能源包括頁岩氣居功不少，但石油下跌，代表甚麼？

　　在美元強勁下，美國跨國公司的海外收入暴降，衍生工具救不了這麼多，一定有人出事。勞工參與率由上世紀 66%，下降至 63%，失業率改善之餘，參與率並未改善，新工作都是低薪和無前途的工作，這在競爭性和利潤至上的方針下，勞工好處是不多的。

　　中國大陸的 GDP 雖然只有 7%，在 10 萬億美元基礎上，就是 7 千億美元的增長，香港和台灣的總體經濟加起來也就不到 8 千億美元，中國遊客雖去到外國消費，到發現自己經常中計時，就會改為在國內消費了。

27. 中美企業十年幾番

　　老友謂有海外來客，不知中國變化，其實十年人事幾番新，上網知天下。

　　《福布斯》雜誌在 2004 年發佈 "世界 2,000 強" 排名，當年美國上榜 751 家，中國是美國 10% 也不到。2009 年美國只有 551 家上榜，原因是 2008 年的金融大災難，中國上升至 91 家，仍只是美國的 17%。但 2015 年中美同榜，都是 232 家，眼看明年中國還有 500 家新公司上市，誰知沒有新的騰訊、阿里巴巴和百度呢？

　　日本當然被超過，看看亞洲版排名便很清楚。2004 年 "世界 2,000 強"

首 10 家是 8 家美國，1 家英國，1 家日本，美國和她的盟國 JIB，還是很強的。這年最大是花旗銀行，2008 年是 "大到不能倒" 的一家，被拯救了，2015 年排第 19。GE 失去了 AAA 評級，由第 2 變第 9，第 3 的 AIG 倒了，活過來但縮水了，沒上榜，第 4 的 Exxon 排到第 7，已算有交待。10 年人事變化大，2014 年 10 大的頭四大是中國的四大銀行：工行、建行、農行、中行。工行已連續 3 年世界第一，國際化速度已不慢，但海外資產仍佔少數。隨着中國的企業的海外腳步（中國的 FDI，進入和投出已差不多，2014 年分別是進入 1,290 億美元，投出 1,160 億美元），多少項目貸款可以做，美國銀行只能分一杯羹，已無從牽頭了，國力不是減弱嗎？和 10 年前怎麼比。美國第一是畢非德的集團，排在第 5，中國石油排在第 8，頭 10 名中已無日本的存在，豐田排在第 11，沒有了中國市場又會排第幾呢！

28. 中美 CEO 和員工收入比

　　美國企業常說中國員工薪水猛升，已可以回歸本土，FDI 可以回家了，真的嗎？比較一下紐約州和中國的北、上、廣、天、深等大都市吧。2014 年，5 大城市的最低時薪是 17 元人民幣，約為 2.7 美元。紐約州呢？剛在 2015 年通過的速食業員工最低工資是 15 美元，相差近 6 倍！上海的速食業時薪大概也是最低了，多一點也不過是 3 美元，也是 5 倍之差。但 CEO 和員工的比例又多少呢，據資料顯示，標普 500 中有 11 家公司的 CEO 在紐約州，平均時薪為 15,432 美元，紐約州最賺錢的 56 位 CEO，時薪亦達 7,684 美元，最高收入是 CBS 廣播公司的 CEO，時薪高達 27,488 美元，若和速食業員工最低時薪相比，分別是 1,028 倍和 512 倍，而 CBS 的 CEO 更是 1,832 倍。

　　2008 年金融海嘯，當時金融業 CEO 的時薪是一般員工的 500 倍，令人吃驚，但 7 年後，單是紐約州已遠遠超過 2008 年現象，那麼在紐約市華爾街的金融大班們的時薪，又是最低時薪的多少倍呢？美國的貧富指數何以仍是 41 那麼低呢（這是 2010 年的世界銀行統計）？根據世銀數字，中國在 2010 年貧富指數是 42.1，而 2011 已降至 37，如何計算就要問世銀專家了，世銀沒有算香港數字，奇怪？日本也沒有？中國的 CEO 收入可以想像比美國低，國營企業 CEO 更在減薪中，和最低工資比較，肯定不會有 500 倍之高。中國企業國際化在 FDI 日增之下，當然是需要大量人才出口，單是亞投行支援海上絲路的需求已無限大了！

29. 結語：歷史的力量夠大

看 49 年的歷史，美國股市的下跌期，最長 30 個月，最短 3 個月，下次要多少，看人們的信心。

股市再不是 6 個月後世界經濟的指標，無論 IMF 如何每半年調整數字，總是追不上形勢變化。2008 年到 2015 年剛巧又 7 年，7 月標普 500 指數的 2,134 點，是不是這次的高點了，5 月前的 2,121 點，已令人驚叫了，但這次上升潮還是美國帶起，日本歐洲追隨，才到中國 A 股狂潮，但 A 股上次在 2007 年創下的 6,134 點並未升破，到 5,300 點就被戳破了，否則更慘。

中國股民還有點理性，在 2013 年 6 月 17 日就停了，中國只是進了一程，始作俑者還是美國。2013 年 6 月 30 日埋單，美國市值 19.2 萬億美元，中國三大股市，上海 5.7 萬億美元，深圳 3.9 萬億美元，香港 3.75 萬億美元，合計 13.35 萬億美元，已是美國 70%，算是一個紀錄。

日本股市已是東京和大坂合計，亦只有 4.9 萬億美元，只是中國區合計的 37%，日本能服氣嗎？只是又一項紀錄的糾結而已！但美國股市到了 2015 年第三季，也有了單月最大跌幅的第八位和第十位的紀錄了：第四季能回頭嗎？

七年之癢的魔咒，在第三季已創下 10% 的跌幅，2,134 點和 1,923 點的差距，但和過往的 20%─56%，還有一大段距離。2016 年是奧巴馬的最後一年，一是要創下一些佳績才能下台，是經濟大復蘇，還是外交大和解，中美能達成 "新型大國關係" 嗎？亦是一念之差，中國遊客雖已過億，但幫不了全球經濟歷史力量的忙呢！

第三章

中國夢和歷史教訓

一、中國夢應以史為鑒
——以錢穆《國史大綱》的觀點分析（上）

　　歷史學是對歷史資料搜集、整理、分析、解讀，最後還原歷史。但史料即使一樣，解讀亦完全不同，能夠把故事講得清楚就算一流了。21 世紀的企業管理人就要練習說故事的能力，但沒有研究過歷史學，能力就遜一籌，錢穆的《國史大綱》就是憑 900 頁的書將中國故事說得很清楚，可惜只講到民初中國人學習民主和孫中山推出三民主義而止。

1. 由貴族統治到平民統一

　　21 世紀中國人追求中國夢，求的是民族復興，從《國史大綱》的故事，當然是回到秦漢隋唐，而不是宋元明清。"秦漢隋唐統一相隨並來的，是中國之富強"（錢穆語），但宋朝的統一慾始終擺脫不掉貧窮的命運。元朝和清朝是狹義的部族政治，沒有秦漢隋唐的高遠理想。源由戰國時代的學術，向中國由貴族封建轉移到平民統一，所以平民的劉邦成功了，項羽、田橫這些貴族皆不能成事，錢穆稱這是"觀世變"。

　　漢朝成事因為前三代的劉邦、呂后、惠帝、文帝，都是來自民間，累積到漢武帝，中國變得富強。漢武帝以雄才大略獨攬事權，雖然外有匈奴，但"中國以優勢的人力和財力，對付文化較低、政治組織較鬆的民族，採用主力擊破的攻勢，自比畏葸自守為勝。"

2. 窮兵黷武　或有後患

　　21 世紀，中國面對日本，當以漢武帝為鑒，漢武帝撻伐匈奴並不誤，但內政有種種浪費，如封禪巡狩等，最後匈奴雖敗，而中國亦疲。漢武志不在"決心討伐"，而在好大喜功，窮兵黷武以及從此引起之種種浪費。東漢之外患和西羌侵擾，三次變亂，漢廷單是軍費就花了 64 億錢，現代因軍費而有赤字的大國就有美國和日本，窮兵黷武必有報應，國債臨門不出事，只因時辰未到。

　　秦漢之全盛是因為黃河西部以武力與東部的經濟、文化相結合，所謂"關東出相，關西出將"，關東指洛陽，東漢首都，關西指長安，西漢首都。到了東漢，東方人漸漸忘記了西方，西方得不到東方經濟文化的潤澤而衰落，而東方文化、經濟，亦為西方武力所破，這就是東漢末年的現象。漢末由董卓到曹操、劉備代表了兵力，而開始最強是來自涼州的董卓，董卓領涼州兵入洛陽，中國從此中衰。

　　錢穆指出，"一個國家，內部自身存在兩種相違異的社會情態，無有不致大亂。"漢末是山東承平日久，民不習戰，但關西有羌人之禍，連婦女能挾弓而鬥，天下人最怕是并州和涼州的人，注意社會現象，是歷史最大教訓。

3. 高遠理想能團結民心

　　從此中國進入魏晉南北朝，曹操雖是智者，但欠了秦漢的高遠理想，只能循名責實，唯才是舉。歷史的演變，並非一定必然的邏輯，若有較高理想，是可以將離心力重新團結起來，這是 21 世紀不能忘記的一回事。離心力依然發展，天下只能瓦解，曹魏如此，晉朝司馬家更弱，既無光明理想，又加上貴族家庭腐化，司馬家到晉武帝已經是第四代，貴族家庭，若無良好教育，最多三四傳，子孫就趨於愚昧庸弱。晉武帝本身就是個荒怠之人，兒子惠帝更是個白痴，西晉只有 52 年。晉室南遷，五胡亂華，故家大族，紛紛南渡，這些門第中人，只為保全家門而擁戴中央政府，但卻不能為服從中央而犧牲自己。所以錢穆說當時："大抵豪族清流，非主苟安，即謀抗命。"這豈非古今一樣。

4."新精神"有莫大用處

東晉時候的北方是五胡十六國，先後凡 136 年，這些胡人淫酗殘忍，政治不上軌道，只是反覆殺戮，迄於滅盡，殺人每以萬計，子孫全死。

中國進入南北朝，南朝諸帝，崛起寒微，要想推翻門第世族的舊局面，卻拿不出一個"新精神"，錢穆評曰："先要懂得帝王在國家、在政府裏的真地位和真責任，彼輩自所不能，而卻把貴族門第的家庭教育亦蔑棄了。"到最後一個陳朝，陳霸先出身寒微，"一時從龍之士，皆出南土"。自北方來的貴族門第地位下降，最後全部被殺，"南渡衣冠全滅，江東氣運亦絕"，北方來的名族，雖飽嘗中原流離之苦，而不知反悔覺悟，乃至於此，而寒族當帝王，亦非好事，是古之明訓。

北朝單是北魏就有 149 年，漢化是鮮卑族的一等大事。魏孝文帝遷都洛陽時，已開國 109 年了，開國百年，亦必暮氣漸重，遷都可以給鮮卑人一種新刺激。而定都洛陽，亦便於南征，此時禁胡服、廢北話、禁歸葬、變姓氏、獎通婚，一時經術大盛。可惜孝文南遷五年即死，鮮卑人追不上他的理想，變亂是必然的，遺留在北方的鮮卑酋長爾朱榮領兵入洛陽，沉王公以下二千餘人於河，鮮卑命運，就此告終。

5."改進中能善處反動方妙"

錢穆說：這又一次證明，"一個國家同時擺着兩個不同的社會，勢必釀亂。"孝文帝未見及此，"一番改進，必有一度反動"，"改進中能善處反動方妙。"這是中國任何改革的人都要注意，到宋朝的范仲淹、王安石未能參考這個例子，太可惜了。

北魏雖亡，繼以西魏，大臣宇文泰雖係鮮卑，卻能用漢人蘇綽、盧辯。卒之建立北周，創建了一個新的政治規模，成為隋唐的範本，中國全盛之再臨，奠基於此。讀歷史人人讚唐太宗、魏徵，但忽略了最重要的蘇綽和盧辯，甚至文中子王通，何故呢？

北朝儒學逐步轉變，最後形成唐代政府的規模，這是中國歷史"在和平中進展的顯例"，所以中國夢，亦是基於"和平中進展"，西方人士不知中國歷史的進程，總不相信"和平進展"是中國模式的範例，我們是要多加說明的。

二、中華民族復興首要的是人才
——以錢穆《國史大綱》的觀點分析（下）

　　唐朝貞觀之後，高宗懈弛，武后放肆，中宗韋后亂政，玄宗不能革新，在"盛大光昌的氣運"之下，"始則肆意開邊，繼溺游於晏安"，令官僚膨脹，吏治腐敗，王室奢靡，全都加劇，終於引起安史之亂。又是一個窮兵黷武，王室窮奢之禍，任何一個朝代，經一段時間，大有為政府必定要革新，這是無可非議的。

1. 五代十國亂華史

　　唐代經黃巢、秦宗權等流寇大騷動十幾年後，終於傾覆，變成五代十國，是中國史上最不堪的時代，錢穆結論，"民生其間，直是中國有史以來未有之慘境。"當時武人和胡人，不斷爭奪，橫徵暴斂，水深火熱，幾乎難於想像，難於形容。五代名義上是"上承唐、下啟宋"，但前後只 54 年，有八姓，十三君，而開國之君，三名是胡人，一位是流寇，一位是募兵，這時北方中國，已到了最不像樣的時代。由後晉石敬塘（胡人），稱臣更北的契丹（即後來的遼國），事之以父，胡人認胡人作父，亦安祿山的行為而已，割燕雲十六州（或幽薊十六州），直至元朝末代的順帝退出中國，凡 424 年，那一帶土地的人民，可以說是長期受異族的統治，所以自清朝以來，日本人一直要當中國土地的異族，因為有成功的前例，若由安史之亂算起，稱臣於異族的時間，燕雲十六州由異族統治達 600 年！

　　五代在黃河流域，十國在長江以南（北漢除外），更北的契丹立國變成遼國，反而是政治最清明。遼國的漢族百年後已忘了南方的祖國，宋太祖成立了一個"像樣的"（錢穆好用之語）上軌道的中央政治機構，只能平復南方，而無力打敗遼國，甚至燕雲十六州亦拿不回。之後的澶淵之盟，宋遼結為兄弟之國，宋兄遼弟，但遼蕭太后為叔母，還要送銀十萬兩，絹二十萬匹，這不是新招，石敬塘時早已如此，此是慣例而已，不得不接受，自此宋遼不交兵 120 年，最後雙雙亡於金。

2. "先天下之憂而憂" 的范仲淹

　　錢穆最欣賞的是宋代由范仲淹創立的秀才教，教旨是"先天下之憂而憂，後天下之樂而樂"。范仲淹是北宋政治上的"模範宰相"，胡瑗是北宋公私學校裏的"模範教師"。反對范仲淹慶曆改革的是"所謂小人"，而反對王安石熙寧新法，則是當時"所謂君子"，但二者都失敗了，"不以成敗論英雄，不以榮辱定得失"，乃歷史名訓，因為有外來因素，是甚麼之前無人知。北宋改革不成，在黨爭中亡國，是為靖康之難。但亡國前，北宋尊金為伯父，送"金五百萬兩、銀五千萬兩、絹緞百萬匹、牛馬萬頭"。日本甲午之戰後，《馬關條約》要二億兩白銀，亦取經於此；所以到南宋，索性稱臣了，這還是有岳飛這名大將，"文官不愛錢，武官不怕死"，此十字岳飛足不朽。

　　宋朝最"不像樣"的人物自然是秦檜，用事易執政 28 人，皆世無一譽。秦檜主和，但無政績，錢穆認為"夫對外和戰，本可擇利為之，而自檜以後，遂令人竟認為主和為正義公論所不容。"明懷宗以不敢與滿洲言和誤國，則"檜不僅為南宋之罪人矣"，亦為後世的罪人，且罰跪於杭州岳廟。南宋自秦檜以下，相臣皆非，焉得不亡。南宋和大金關係，一直是金叔宋姪和金伯宋姪，宋人亦"不像樣"極了。但女真亦轉弱，所以吞金滅宋是蒙古大軍。

在元朝，中國人只當三等漢人和四等南人百年，元朝諸帝不習漢文，所用官吏，一個省亦無人通文墨，蒙古只奴視其部下，"郡邑長吏，皆其僮僕，此前古所無。"慘！元代僧侶為貴族社會，而元順帝父子竟以信西天僧演揲兒法，醜聲穢行，竟以亡國。"不像樣"也。

明太祖朱元璋是劉邦後唯一由平民直起為天子，只因能起用劉基、宋濂等像樣的人物，而建立一個中國傳統政治。明代特色是嚴刑酷罰來對待士大夫，京官每人上朝必與妻子訣別，真是誰要當官呢？但明朝尊重學校和設立翰林苑制度，培養政府領袖人才，所以明初以來，"吏治澄清百餘年，在南宋之上，幾有兩漢之風"。當然明代創立八股文，廢宰相，獨攬大權，遇上懶惰的皇帝，不堪一擊。

3. 開發民智　人才第一

中國國力南移，西南諸省開發，南海殖民，起於明代，為近世中國"開新基運"，鄭和七下南洋，200 多條艦，27,000 將士，橫繞印度洋而至非洲東岸。中國與非洲關係已有 600 年，日本人要 21 世紀才挾財急起直進，為時已晚，況且日本已非"財大"之國了，國債盈門，亦危也。明朝末尚有鄭經、鄭成功父子，經營東盟亦 500 年了。中國國力南移，北方受外禍益烈，優秀分子不斷南遷，留下來的散漫而無組織，對惡政、兵禍、天災無力抵抗，這 500 年來由滿族興起到日本侵華，都是由北方開始，"漢唐黃金時代，不復在他們的心神活躍。"錢穆理論："一民族與國家的復興，一面因常有賴新分子之參加，而同時必需有舊分子之回饋與復旺。將來中國新的隆盛時期之來臨，北方復興，必為其重要一幕。"

民族復興在教育，"開發民智，陶育人才為第一步；改進政治為第二步；創造理想為第三步。"錢穆提出"新儒教"："即先秦儒家思想的復活與翻新。"滿清入關，錢穆着墨不多，只是漢奸降附者日多，無漢奸清朝無以得佔全中國，但明代遺民亦以堅貞光節和篤實學風，留下推翻滿清的種子。洪秀全起義，但因"其領袖人物不夠標格不能成功"，曾、李、胡、左等中興大臣，"僅能平亂，不能致治"，滿清亦無救，但未為列強分為幾個獨立國家，亦算國運未盡。

中日甲午之戰，不覺已 120 年，中國人口由清末 5 億至今日 13 億多，每年大學畢業生 780 萬人，已是一個香港的人口。期間日本獨力侵華，無功而退，各國列強自己亦受戰禍，無暇東侵，亦是世運使然。自此中國歷史已與世界歷史接軌，這是世界大勢所趨，日本居然淡忘歷史，以美化為尚，"只能欺妄深山愚民"，"欺盡天下"則不能也。

錢穆在《國史大綱》的結語："政治不安定，則社會一切無出路；社會一切無出路，則過激思想愈易傳播流行，愈易趨向極端。"要對此加以糾正與遏止，又不知費國家民族多少元氣與精力。中國人對此都應三思。

三、東西方經濟此消彼長的歷史關鍵

　　以史為鑒，可以清楚見到中國文化和西方文化的截然不同。古代東西方相隔太遠，河水不犯井水，但兩百年來，東西方不得不相遇，在歷史的長河中，兩百年只是短短的時間，所造成的災難卻不少。東西雙方互不了解對方的歷史，中國人以西方為師了百年，忘了老祖宗文化傳統的偉大；而西方人則疏於了解歷史的真相，只以自己為正確，無法調整，令人扼腕。兩者分別在何，不妨用錢穆在 60 年前所分析來說明："中國的傳統思想，自古希望以學術來領導政治，再由政治來支配經濟，從而創造一個合理的，以達到完美的人生為目的之社會。"

1. 治亂興衰大循環

　　中國社會以漢唐最強，是以"士"為中心的傳統社會。唐代社會工商資本雖然活躍，當時商人卻仍和政治絕緣，只能在城市中佔有重要社會地位。到了清代，由於滿族政權之鎮壓，"士"的氣節喪盡，只能埋首於考證，學術領導政治的傳統精神已失，相反政治卻達到支配學術的境界。商人資本之限制，發展到民族經濟基礎薄弱，商人則因外國資本入侵淪為買辦，農村經濟亦枯竭，所以中國的 GDP 由佔世界之冠，變成微不足道。這情況一直到中國 1978 年改革開放，暫安了 30 年，才成為世界第二，但以 13 億人口，亦只能到 2020 年才能達到小康，足以證明"暫安之難得"。

2. 近代中國的迷失

千古不移，5000 年的中國歷史，永遠遵循一個治亂的旋律。每逢一個大動亂，意味着人才的普遍不足，若非人才破產，政治極端腐敗、極其黑暗，以中國這個廣大的農村社會散漫安靜，非得全國人才枯竭，才能有廣泛的大動亂。而大動亂後，人才更枯竭，未必能急速培養出大批新人才，所以中國“難驟亂，亦難驟治，難驟動，亦難驟定”，這豈是西方的小國寡民所能理解？中國在大動亂後，必得與民休息，清靜無為，所以才有漢初的“黃老之治”，才有隋初的與民休息，繼而培養出盛唐的治世，其中轉折是歷史的小插曲，不足為怪，亦改不了大循環的力量。

中國總是在社會漸漸安寧，元氣慢慢恢復，新的人才興起，才是“文物世昌，從頭整頓的時代”。辛亥革命後中國蹉跎了近百年，因為從一開始，中國知識分子（古代的“士”）的新思想，專一注重去國外留學，去日德、去英美、去蘇俄，一意在吸收西方科學，但卻欠了汲取科學知識的經濟後盾，形成知識分子自信心日失，成為中國近代的悲劇。

3. 資本主義敗象紛呈

以錢穆的意見，中國教育自清末廢除科舉至 1950 年，足足走了 60 年的歪路；如今只過了 60 年，亦應有史學家，再次將教育問題重新檢討。當然，若以英美標準，世界最佳學府仍在英美，中國大陸不出北大、清華，香港則只有港大和科大入百大，中大和城大只列在 200 名內，台灣亦只有台大在 200 名內。若事實真的如此，中國近年的人才是怎樣出來的呢，全部靠海歸嗎？不可能，這亦是西方和中國標準不一樣的地方。

到中國文化成為舉世重視的科目，中國有發言權之日，形勢改觀。君不見中國已有世界主權評分機構，開始時西方亦是不屑一顧，到如今已不能忽視了。西方又如何？西方歷史不得不上推至希臘，希臘衰而有羅馬，羅馬亡而有現代國家的興起，500 年來，由葡萄牙、西班牙、荷蘭，而至英國、法國。英法共霸了 200 年，亦衰落了，乃有二戰後的美蘇兩個超級大國，美蘇當然亦循歷史的進程，蘇聯先亡，而美國亦已過了其高峰期。

中國歷史有"自古無不亡之國"的名言，西方歷史亦是一樣。近代西方文化，亦即在二戰之後，已走上由經濟來壓迫政治，再由政治來壓迫學術文化的途徑，這恰恰是和中國傳統文化相反的途徑，資本主義發揮到極致，早已脫離"中庸之道"。

4. 民主變質埋禍根

遠在上世紀七十年代，南懷瑾在《老子他說》的結尾，說了一段話："自法國路易十四以來，君主固然不好，民主法治也未見得是完美的政體"；"將來的天下，正因為人類社會高估民主的可貴，而終於毀滅在民主的變相。"而英美的禍根，早已埋伏在現在所謂"假象幸福"的"社會福利"和重量不重質，嘩眾取寵的民主自由制度之中了。

1975 年，美國的國債只是 4,750 億美元，2013 年，此數字已接近 17 萬億美元，38 年間上升了 36 倍，這就是民主制度的隱憂，而代表社會福利和醫療費用，尚未有着落的共 125 萬億美元，比國債還大 7 倍。美國納稅人每人所欠的負債，平均 110 萬美元，民主制度的負債亦十分難揸，發美國夢而想去美國當納稅人的話，可要小心了，百年來中國知識分子所嚮往的對象，早已百病叢生了。

美國霸權何時開始呢？以《易經》的理論，每件事情在最成功之際就播下失敗的種子，錢穆在 1980 年就指出在美國的猶太人已取得全權。華爾街日日壯大，而最成功是在 1999 年，由克林頓政府簽了新的銀行法例（《商品期貨交易現代化法》），從此銀行又可以混業經營，不必受《1933 年銀行法》禁止混業經營的管束，才不過 9 年，就發生了 2008 年的雷曼兄弟倒閉事件。美國十大銀行都變成 "大得不能倒" 的機構，由美國納稅人買單。2013 年銀行只變得更大，但利潤卻無法回復舊觀，15% 的股東回報率（ROE）再也無法實現，君臨天下再不可能，銀行只能為增資而頭痛。美國第二個轉振點是 2001 年的 "911 事件"，之後的 "反恐戰爭" 令小布殊由認受性不足，而一變成為 "戰時總統"，2002 年出征伊拉克，花了 3 萬億美元，美國國債亦由此倍增到 2013 年的 17 萬億美元。而未料到的後果是 "遏制中國" 的戰略轉移到中東，給中國多了 10 年安穩的空間，中國經濟是難得暫安，這 10 年真要多得小布殊！

5. 華夏中興憑智慧

中國的轉振點又在哪裏？南懷瑾在他的書中說在 1987 年。這一年，台灣解嚴，台灣人才和資金源源不斷注入大陸市場，兩岸的經濟合圍，加上港澳資金人才，以及 1977 年、1978 年大陸知青重新進入大學教育，十年有成，大匯合點在 1987 年，也可以說得過去。從此中國歷史由 "老人政治" 的摸着石頭過河，慢慢轉向 "中年智慧"，新的人才輩出。中國歷史的智慧取之不盡，中國的崛起亦在此。

四、中國崛起和發展

1. 全球存在指數最新報告

　　《讀史觀世》介紹了 "全球存在指數" 的概念，這是由西班牙 Elcano 這個相對中立的研究機構，在 2011 年開始提供的數字，以 1990 年為基礎，這一年剛好是蘇聯解體前的數字，所以美國居一，蘇聯居二，美國的指數是蘇聯的 2 倍，而中國還未崛起，排在第 13，指數只是美國的十七分之一，不能相比。四分之一世紀過得也真快，中國居然在 2015 年追到第 2 了。1990 年，美國得 529 分，2015 年得 1,098 分，上升了 2 倍，而中國在同期由 31 分升至 414 分，上升了 13.4 倍。

　　這個全球存在指數，由經濟實力、軍事實力和軟實力三部分組成。1990 年，中國的經濟實力只排在第 17 名，2015 年底是第 2 名，所以中國即使在 2016 年放慢了，長期而言，仍是存在指數大大提升。值得留意的是，全球存在指數在 1990 年總分是 2,204，而 2015 年則是 7,658，上升了 3.5 倍，但在三個細項而言，經濟實力上升了 6.5 倍，軍事實力下降了 0.5 倍，軟實力則上升了 3 倍，可見軍事實力，不再是存在感最重要因素。

　　事實上，在加權方法上，經濟實力佔 41.5%，軍事實力佔 19.7%，軟實力佔 38.9%，美國毫無疑問，在三項細項全居第 1，但中國在 25 年間已追至經濟實力第 2，軍事實力第 3（第 2 是俄國），軟實力第 5（第 2 是英國，第

3 是德國，第 4 是法國），日本已不太存在，經濟實力第 11，軍事實力第 6，軟實力第 6，總體第 7，中國軟實力是漢文化，還在進步中，給 25 年再説！

2. 中國的全球存在感

西班牙 Elcano 全球存在指數在 2011 年只包含 54 個國家，2015 年已增加至 90 個國家，金磚五國都包含在內。若單看經濟實力，1990 年，金磚國是俄羅斯第 12 名、中國 17 名、巴西 23 名、南非 29 名、印度 39 名。到 2015 年的大變化，是中國佔至第 2、俄國第 5、印度第 13、巴西第 20、南非第 42。中國、印度是大進步，俄羅斯雖受油價影響，仍站穩全球第 4，實力仍是增強的。

俄羅斯衰退論，在四分之一世紀的期間內不成立，巴西亦然，在大衰退中仍有實力，反而是南非下降了。金磚五國在下一個四分之一世紀將仍是進步的國度。四小龍中，香港和台灣並未入選，理由很明顯。而其他二龍，韓國排 18、新加坡第 15，這是經濟實力而言。在總得分上，韓國第 15、新加坡第 19，因為韓國的軍事力量和軟實力都比新加坡強。

有趣的是對地區的存在感，Elcano 報告分成 6 個地區，在北美、歐洲、亞洲、拉美加勒比海、撒哈拉非洲，這五個地區，都是美國第一，中國第二。日本只排名在第 7 至第 10 之間，要增加存在感，怕不是安倍多出幾次差就能達到。

最值得留意是中東北非區（MENA），這個日後 "一帶一路" 要發展的地區，目前存在感第一仍是美國，第二是俄羅斯，第三是英國，第四才是中國，日本則不在十名內。中國要在 MENA 發力，大概也不能超越俄羅斯，英國和俄羅斯在這區域鬥爭了 150 年，俄羅斯竟然超越了。

3. 軟實力在變化中

從"全球存在指數"角度來看，美國無所不在，樣樣第一，是毫無疑問的，和老二的中國仍有大距離，但 25 年間，美國得分只增了一倍，由 1990 年佔存在指數總分的 24% 到 2015 年佔總指數的 14%，已下降了 10 個百分點，不能不說是在減退中。一國獨大的局面由美國而起，亦由美國而止，是天道。中國則由 1990 年微不足道的 1.4%，上升至 2015 年的 5.4%，不足以威脅美國，但總算是在上升軌道中，再過 25 年，差距應該會再縮小，但美國不會承認，正如英國在 19 世紀獨霸，亦要經過 100 年，才能心平氣和，參加亞投行 AIIB 的投資，世事本就如此。

中國在未來 25 年內，經濟實力全加強，軍事實力也會增加少許，但在軟實力，應會有長足的進步。

Elcano 將軟實力分成 8 項，移民、旅遊、運動、文化、資訊、技術、科學—教育、合作發展等。25 年內，隨着"一帶一路"發展，中國和絲路上 66 國的合作發展大有可為，漢文化經過 150 年的衰落是再次在周邊各國和一帶一路上傳播，當然不必冀望在英語世界發生太大改變，但成為英語以外的商業語言，看來是無障礙的。中國已是旅遊大國，每年外出 2 億人，只要素質改變點，影響力無限大。運動方面，奧運獎牌只要保持水準就好，最大變化是中國足球怎麼樣！中國出外留學生日多，但在國內產生的更多，是 800 萬和 30 萬的比例，只要海歸多，人才質素自有改善，所以軟實力改善是必然的，25 年變化，等着看！

4. 由西方歷史看中國

中國拼音之父周有光，今年 110 歲了，最近接受訪問，腦筋還是清楚得很，看來人類可以活到 130 歲，也不是不可能的。周先生在訪問中，勸青年人要讀中國歷史。其實何止是年輕人，中年人也是一樣。創意是要從世界角度來看中國歷史，在不同時段，中國的位置在哪裏，才會知道中國今後的位置在哪裏。

錢穆勸年輕人要看懂 100 年前的英文（現在已是 150 年了）和古文，才能作學術的研究。西方的資料不可能去得太遠，500 年吧！歐洲氣運就是從 500 年前開始。800 年前，世界氣運還在太平洋，且看蒙古人打到歐洲，佔領俄羅斯，氣運何其強，但只支持不到 200 年。

歐洲氣運到了地中海後，亦向大西洋移轉，才有英法荷西葡等強權出現，但 500 年不到，氣運轉移到大西洋彼岸，乃有美國出現，現在氣運正由美洲大陸的太平洋岸向東進發，遲早回到亞洲，氣運移轉不因人或國家的意志移轉。

按得住中國崛起，但亞洲還有印度、印尼等人口眾多的地方。今日西方人如何看亞洲，既有報章、網文、書籍，取得不難，但 200 年前，英國法國如何看中國，要看雨果如何罵英法是兩個強盜，大清亡國之際，西方如何看好袁世凱，而不看好孫中山，八國聯軍入北京，要如何分贓的文獻。

二戰中，中國對世界的貢獻，人們都是一知半解，西方如何由冷戰心態，改為熱烈參與亞投行，是如何變化的，周有光沒有詳細談到如何讀西洋史中的中國部分，歷史學者應有貢獻。

5. 誰最不適應中國崛起

有問對中國崛起，美國和日本誰最不適應呢？當然是日本，美國不適應的是二戰以後。日本這千年老二是最順從，匯率要升就升，要降就降，從無異議。在全盛時代的 1988 年，美國和日本的 GDP 加起來就是全球的 35%，在世界各大組織的投票權一般都是美國 22%，日本 11% 亦佔了大份，一齊發聲也無人異議，忽然這老二變了老三，日後更可能變老四老五，不適應也要適應。

中國雖然發了"新型大國關係"代替 G2，但美國仍是愛理不理，一定要到中國這老二完全取代日本再算，也是拖延戰術吧，但歐洲各國已等不及了，英國在 3 月 17 日加入亞投行，首先叛變，9 月 20 日更盛大歡迎習大大，美國也是要適應。日本則是節節落後，隨便一翻，2015 年 GDP，中國已是日本 2.2 倍，若用 PPP 算更是 3.7 倍；雙向貿易中國是世界第一，日本第五，金額是 2.8 倍；海外直接投資 FDI，金額是 1.44 萬億美元，是日本的 8.4 倍，日本只在外出金額 1.19 萬億美元，勝於中國的 7,560 億美元，追上只消幾年；外匯存底，中國 3.6 萬億美元，雖然已經縮水，仍是日本的 3 倍；日本國債是 GDP 的 234%，中國只是 55%，私人債務日本亦是 GDP 的 188%，中國只是 142%。家庭財富，中國 22.8 萬億美元，剛超過日本的 19.8 萬億美元；自殺率，日本每 10 萬人有 18.5 人，中國只是 7.8 人；福布斯 2,000 大企業數目，中國剛以 232 家勝於日本的的 218 家；股市市值，中國亦以 5.7 萬億美元勝於日本，能不"深表遺憾"！

6. 世局與中國文化變遷

《讀史論世》中，還討論了錢穆的《世界局勢與中國文化》（1975 年初版），這年筆者剛到台灣工作，老院長的文章當然是必看的。文章開頭就說："復興中國文化是我們當前的責任，而世界局勢則又是我們今天大家擔心的一件事。"40 年過去了，這句話沒有改變，第一次世界大戰過去 100 年了，大清帝國沒有了，奧匈帝國沒有了，土耳其帝國也沒有了；大英帝國沒落了，蘇聯也解體了，日本帝國變成"非普通國家"了，大美帝國的霸權陷入危機了。40 年前，聯合國無法解決問題；40 年後，聯合國會員增加至 193

個，但只能通過問題；世界面對 CIA（克里米亞、伊拉克、阿富汗），達不到共識，"譴責克里米亞公投"投了棄權或反對票者達 69 個，近乎四成。

G7 影響力就是如此，中國歷史上的春秋時代，周室將傾，群雄並起。G20 世界還是 G7 世界，還無定論，錢穆在書中一再指出，西方人"過分看重物質人生，而看輕了心靈人生"，養成民族自傲心理。人生正道的"心靈人生為主，物質人生為副"，21 世紀發展至今，到達了物質最好的時代，也是心靈最壞的時代。西方文化在歐洲，東方文化在中國，惟有在中歐人民之間，個性發展中，相互融通協調，人類才能邁向世界大同，這條唯一的正道與坦途。2014 年似乎看到一點曙光，最少歐洲人在民族自傲的心態有所收斂，"富而仁"是孔子追求的正道，互相尊重他人個性是仁道，有那麼難麼？

7. 中華三大體制

《讀史觀世》中，談到美國的制度紅利，令美國人強大了 200 多年，到 21 世紀才衰退，出現全球"群龍無首"的現象，可見世上沒有永續經營的制度。《美國憲法》可是大清乾隆五十二年的產物，美國《獨立宣言》更是乾隆四十一年由傑弗遜主筆，所以有人說在乾隆年間，幾位美國的智者就決定了美國 200 年的國運，甚至人類的未來；但美國立憲 80 年後，也有血腥的南北戰爭，可見制度不是唯一的真理，所以錢穆說"事在人，不在物"。

中國歷史上的制度的重要者，無過於秦朝推行郡縣制，廢了封建，但秦 14 年而亡，秦始皇一死就完了。隋朝在大業三年設進士科，招攬人才，行了 1,300 年才廢，但隋煬帝能量太大了，耗盡民力，隋朝只有 37 年，科舉更只行了 11 年就亡國，好處都給了唐太宗。當然，科舉因加入八股才亡，仍支持了 531 年。科舉在清朝的弊病是改不勝改的，中華民族改行西方學校制度又 113 年了，又進入甚麼時代呢？孫中山辛亥革命，亡了滿清，創立共和，中間又經過袁世凱稱帝，宣統復辟，各地軍閥群雄四起。錢穆說："歷史無必然的事變，若使袁世凱能忠心民國，中央政權漸臻穩定，則此等事態，亦可不起。"不斷的兵變和內亂，成為唯一的常態。政治之黑暗，"唐末，五代殆不過如是"，創共和、設國會、定憲法，組政黨，當然由歐美照搬，但國情不合，又無民眾基礎，如此虛耗 17 年，才有北伐，掃蕩了軍閥，但 3 年後日本人來，中華真不幸。

8. 15 歲學生競爭力

OECD 發表的國際學生評估項目（PISA）的 2012 年結果全部出爐了，五項比賽中，上海的 15 歲學童取得四項冠軍，分別是數學 613、科學 580、閱讀570、財經素養 603，惟有解決問題得第六名 536，此項冠軍是新加坡 562。香港成績也不錯，得兩項亞軍，閱讀 543 和科學 555；新加坡則在數學取得亞軍 573，不出意外的事。

亞洲各地區，一般取得好成績，上海、香港、新加坡、澳門、韓國、日本、台北一般都名列前茅。奇怪的是，財經素養一項，亞洲區只有上海參加，共有 18 個地區參加而已。一向自認亞洲第一的日本，只在解決問題得第三，次於韓國，另外閱讀第四 538、科學第四 547、數學第七 526。

世界第一教育強國的美國，成績差強人意，閱讀 24、科學 28、數學39、解決問題 18、財經素養 9，科學和數學、財經素養低於 OECD 平均數，解決問題和閱讀比平均數稍高一點，所以中國家長們拚命送兒童到美國上小學是問題之舉，美國大學靠外國學生支撐多年，有朝一日不來了，成績也就如此了。

上海既要發展成國際金融中心，兒童們在少時已養成注意財經的習慣，當然是好事，但考試問題不是股市，而是銀行戶口、信用卡、財務記賬、稅務、風險回報、合約責任和消費者權益等方面，上海兒童在這方面倒是耳濡目染。可惜這次測試，香港沒有參加，否則兒童的水平代表將來的競爭力，上海要 2020 年成為四個中心，人力資源已可確保，香港本是領先，要加把勁了！

9. 中國電影業前景無限

中國要推出每年一億元預算扶持五至十部有影響力的電影，那倒是小事，但鼓勵金融業加快推動適合電影業需求信貸新產品，還要電影企業發行公司債，那可是個無底的洞。

三十多年前，筆者忽然被委任負責電影行業，不知從何入手，只好打電話向洛杉磯分行有關部門的同事求救，答案最簡單的信貸，就是 Name Lending，羅拔烈福、巴巴拉史翠珊，每人都值 500 萬美元的額度。香港在那時沒有人值這個價錢，當個信貸經理能放 50 萬美元就了不起了。

八十年代到了洛杉磯，荷里活近在咫尺，但負責貸款的同事都來自荷蘭，問有何秘訣，答曰，不怕收得貴，5% 倫敦美元拆息也不妨。可以令借款人三思，只要金額不大，為了將來信用，借款人怎樣也會想辦法還，這與成功分析已經無關了，後來出事就不出奇了。

回看中國電影市場，發展前景是無限大，據聯合國教科文組織的數字，中國人均觀影次數只是 0.1，美國居首 4.7、澳洲 4.0、印度 3.5、韓國 3.3，昔日電影王國的法國只有 3.1。以印度人口之巨，看電影的人是 40 億，中國只有 1.3 億。印度中產多，愛看自己的電影，Bollwood 的產量是世界第一。連尼日利亞這個未來人口增長最快的國家也有"瑙萊塢"，世界第二，每週就生產 50 部。印度建立大量美式電影院，中國也是這條路，最新走勢是票價高，但又有"團購"，年輕人都用手機購票，只有老人家付原價。香港被外國人視為"中國電影製作中心"，有何動作呢？

10. 非洲百萬黃金夢

　　美國和日本都把中國視為非洲市場的大敵，但歐洲卻沒有哼聲，原因很簡單，歐洲本就是幾百年來非洲的宗主國，也是非洲市場的盟主。2013 年的雙邊貿易，歐盟以 2,000 億美元為首，中國以 1,700 億美元居次，美國 686 億美元居三，日本的 250 億美元遠遠落後了。美國的能源進口量近年大減，2008 年的高潮 1,020 億美元此情不再，只希望出口到非洲能大增，眼看中國和非洲的雙邊貿易由 2000 年至 2013 年增加了 17 倍，自己只增 2.8 倍，美國人不高興，也是無可奈何的事，但中國人投入多少人力物力呢？據美國記者 Howrd French 的新書《中國的第二個大陸：百萬移民如何在非洲建立新帝國》，單是書名已經嚇人，中國到非洲的大軍居然已達百萬了嗎？非洲出現疫情，美國連 340 名志願者也撤了，日本也一樣，中國移民只能共存亡。

　　美國人最怕非洲的公路和橋樑全部連接出口上海的非洲港口，但中國人已在非洲建了 68 所醫院、132 家學校、8 萬座位的體育場，在 41 個非洲國家有醫療隊。中國大企業固然有員工在非洲，但從各大農村移民到非洲的人更多，更能比大城市的人適應"窮鄉僻壤"的生活。這批人知道"歐美的人太聰明了，到歐洲發展將一事無成"，這些個人的選擇和企業雄心，比到歐美唸 MBA 的精英們更實際、更能吃苦，所以 MBA 只能打工，而這批移民可以成為富豪。這批百萬大軍有 1% 成功，中國又多了一萬位富豪，中國銀行界到非洲開分行有生意眼。

11. 10 年後中國服務業市場大

　　在巴黎生活的 OECD 經濟學家們，不知吃了甚麼藥，預測全球 GDP 在

2015 年上升 4%，歐洲上升 1.4%，日本上升 1%，美國保持不變。但美國聯儲局自己卻將 GDP 預測從 2.6%—3.0%，下調為 2.3%—2.7%，下降平均 0.3%。IMF 亦將全球 GDP 增長由 3.6% 下調至 3.5%，要知道美國自 2009 年至 2014 年間的平均增長只是 2.3%，而 2014 年第四季是 2.2%，2015 年第一季估計為 1.2%。

住巴黎的老兄們離美洲和亞洲都太遠了，不接地氣，還有近日最流行的看法是印度增連速高於中國。印度 GDP 只是中國的五分之一，快點又怎樣？7.7% 比 7.5% 高了多少？

美國的失業率 5.5%，令樂觀者振奮，但工人人均產出值卻大幅下降，再次證實美國七成人厭惡工作和新工作都是低薪兩個老問題。美國 GDP 成分中 2010 年服務業佔 80%，2014 年 79.5%，變化不大，服務業人手比工業人手要多三成，所以服務業增長才是增加職位之道，美國看不到。

回看中國，2010 年，服務業佔 GDP 的 43%，2014 年服務業已上升至 48%，本來預期 2015 年才升至 47%，所以是提早達標，服務業的提升是在打擊三公消費，打擊貪污。

國民到國外消費在每年 1,555 億美元的情況下達標，中國消費服務行業 2014 年是 4.8 萬億美元，美國的聰明人已看到 2025 年，這個消費市場高達 12 萬億美元，如何不是一塊大肥肉？如今部署今後十年的市場佔有率，正是要務！

12. 不斷變遷的小康之世

重讀錢穆老師呂思勉在 1945 年寫的《研究歷史的方法》，真是七十年前如在昨日，讀歷史的利益何在？好處是讀了歷史，才知道人類社會有進化的道理。

　　"若真知道歷史，便知道世界上無一事不在變遷進化之中，雖有大力莫之能阻了"；"惟知道歷史，才知道應走的路。才知道自己所處的位置，所當盡的責任。"歷史學家亦說，"一個地方的盛衰，在乎其鄰近地方是否強大而定。"所以 120 年前，日本強大了，大清就衰落了，但 100 年後，中國不斷在變，只求得暫安二十年，就來了"小康之世"。

　　老實說，20 年前，中國的"小康"只是在 2000 年達到人均 GDP 一千美元就滿足了，但 2013 年，人均 GDP 已達七千美元，若以 PPP 計，已超過一萬美元了。到 2021 年，達到實質一萬美元的人均 GDP，亦只需要年增長 6% 而已，這是有數得計的，但這亦只是"小康社會"的中國夢而已。在外資眼中，中國之變在 1990 年，只有國企（SOE），鄉鎮企業（TVE）是不屑一顧的。到 2000 年，TVE 已變成民營企業，中國的增長還看 SME，即中小企業的增長，是 VC 和天使基金的寵兒；但到了 2015 年，中國近來小微企業（Mini Small Enterprise）的大繁榮，2014 年的 MSE 登記是 176 萬家，服務行業創造了超過一千萬個工作崗位，房地產、重工業、出口業都不振了，但 MSE 起來了，二線城市興起了，大家可以工作的地點增加了，外資亦無復往昔光輝了，世界還能五十年不變嗎？

13. 國家實力的內涵

　　一般談國家的實力，都只包括軍隊實力、經濟實力和軟實力，從歷史學家的角度看，可以更廣，除了軍隊實力、經濟和技術資源外，"外交政策的靈活性，預見能力和果敢性"是重要的，"社會和政治機構的工作效率"影響更大，而這個民族的"技術、能力、雄心、紀律、創造力"更重要，這個民族的"信念、神話和幻想"如何，上述各因素的相互聯繫，都在歷史上可以見到。

一個民族的起起落落，就在其歷史文化中。中國在過去二千年，經濟實力佔優的時間有一千八百年，只是最近二百年衰落了，因為以前是閉關自守，並未能與其他國家的力量聯繫起來考慮。天朝大國在一比之下，科技不如人，科舉更害人，文盲眾多，人多並不能濟事，新人類浮慕"西學"而無所得，就設學堂不能成就人才，學絕道喪，根本拿不出"中學"，"中學為體，西學為用"成為空談，當然談不上"技術、能力、雄心、紀律和創造力"，教育之收效要等數十年。

錢穆談文化與歷史的特徵，是"連線"和"持續"，因此有生命，有精神"一民族文化和歷史之生命與精神，皆由其民族所處特殊之環境，所遭特殊之問題，所用特殊的努力，所得特殊的成績，而成一種特殊的機構"。證諸中華民族在上世紀八十年代的改革開放，釋放全民的工作意願，增進"技術、能力、雄心、紀律"，乃有 GDP 在三十年間翻數十番，在教育方面增加了八千萬大學生這支大軍，在大數法則下總有人才，2015 年再解放創造力，創業潮一發不可收拾！

14. 中國動而天下驚

A 股一動而天下驚，法國《世界報》也要用中國股市來當頭條，害怕要影響到歐洲經濟了，日本最旺時也做不到。

1987 年，東京股市市值首度超過美國，日本 3.9 萬億美元，美國 2.8 萬億美元，日本人均 GDP 亦超過美國，如今超過美國的國家太多了，不算一回事。"日本第一"確令日本人抬起頭來，到 1990 年，日本仍有 2.9 萬億美元，美國只得 2.7 萬億美元，但國運轉了，日本人不知道，從此進入"迷失廿年"。日本股市市值大概在 3 萬億左右，2007 年美國股市市值已衝到 11.7 萬億美元。

1990 年 11 月才設立的上海股市，由微不足道到 2007 年已有 2.8 萬億美元，到 2011 年，上海股市 3.7 萬億美元，首度超過東京的 3.68 萬億美元。在 "安倍三箭" 的催谷下，2015 年 6 月，日本股市升至 5 萬億美元，但美國升至 19.7 萬億美元，中國升至 5.9 萬億美元，7 月 10 日雖回落至 5.1 萬億美元，仍高於日本，所以日本不論在 GDP 和股市市值，都只能居第三位。

若以中國整體看，2015 年 6 月底，上海 5.9 萬億美元，加上香港 3.8 萬億美元，深圳 4.4 萬億美元，已是 14.1 萬億美元，遠遠超過東京加大坂的股市市值了。

中國雖然和美國的 NYSE 加 Nasdaq，仍有距離，但世界老二已經成形，不可逆轉，這次 A 股風雲，只是給中國股民一個學習機會，才 25 年的股市，當然不成熟，雖然前有香港 1973 年和台灣 1990 年的歷史，但股民是一代換一代很難有記憶，要多上課。

15. 漫談世界貢獻

歐盟的成立令歐洲作為一個經濟體大於美國，居世界第一，是歐洲人的自慰。2014 年，歐盟 GDP 是 18.46 萬億美元，遠高於美國的 17.42 萬億美元，但隨着希臘危機湧現，歐羅貶值，隨時和美元 1 兌 1。2015 年的估計，GDP 只有 16.5 萬億美元，而美國則略升至 17.7 萬億美元。

若希臘脫歐，雖然希臘 GDP 在 2015 年會縮水至 0.2 萬億美元，只是歐盟的 1.1%，如此細小的經濟體，卻有巨大心理影響，歐羅被低估，亦是無可奈何的事！但若以 PPP 計算，歐盟 GDP 卻是 19.03 萬億美元，仍居第一，中國是 18.98 萬億美元，只居第二，美國只能是第三。中國能不能超前，就看希臘了，但 PPP 超過歐盟，2016 年是確定的了。

再看看近鄰的日本，GDP 在 2015 年是 4.9 萬億美元，隨着日圓貶值，以美元計算的 GDP 是年年縮水，2014 年是 4.62 萬億美元，2015 年估計只餘 4.2 萬億美元，只是中國的 37.5%，日本人如何不躁呢？安倍想盡辦法要做絆腳石，但歷史是不從人願的。

若和美國比較對世界的貢獻，2004 年，美國 GDP 是 13 萬億美元，增長是 3.5%，所以對世界增長的貢獻是 0.46 萬億美元。中國 2004 年 GDP 只是 2 萬億美元，增長 10%，亦只是 0.2 萬億美元，不到美國的一半，但 2014 年美國 GDP 只升到 17.4 萬億美元，增長 2.4%，貢獻 0.42 萬億美元，反而縮水了。中國則升至 10.6 萬億美元，增長 7.4%，金額是 0.77 萬億美元，是美國 1.8 倍，誰影響更大呢！

16. 中國 FDI 35 年現狀

中國改革開放 35 年，國外投資 FDI 到 2014 年底累積接近 1.6 萬億美元。看記錄，上世紀八十年代只有 180 億美元，九十年代 3,277 億美元，上升了 18 倍，21 世紀頭 10 年是 7,600 億美元，又上升 1.3 倍，可見中國市場的吸引力有多大。近日有言論說俄國吸引力要比中國大，真是不看歷史記錄，中國 FDI 貢獻最大是香港，佔了近 44%，或是 7,000 億美元，這是香港優勢所在。老外們熱愛香港的生活，最希望永遠不變。

排第二名是 BVI，大概 9.5%，但其中不少是台資的，因為台灣對大陸投資批得慢，台灣企業走捷徑，所以台灣直接的 FDI，才佔 4.2%，只有 680 億美元，究竟是日本的 1,000 億美元 FDI 排在第三，還是台灣金額較大，只能靠估。

如今日資在大陸有 23,000 家，僱用員工 1,000 萬，中日貿易額 3,500 億美元，自 1972 年建交以來增加了 300 倍，中國到日本的留學生 30 萬，移民到日本 80 萬，已是日本人口的 0.6%。

日本對華優惠貸款 ODA 達 350 億美元，還是 30 和 40 年期，利率雖然低，但日圓自 1985 年升值以來，是愈還愈多，到這兩年好點，如今又有大量遊客到日本狂購電飯煲和馬桶蓋，加上奢侈品，連經營不善的百貨業都受益，中日關係之深，比遠鄰的美國有過之而無不及。

美國人對中國 FDI 雖然亦有 5%，820 億美元，還是不及日本的，中國七大投資區，還有新加坡 4.2%，韓國 3.9%，加起來就是整個 FDI 的 75%，它們都要甚麼人才呢！

17. 2015 年的微信威力

中國人口 13.7 億，入市股民 8,000 萬，看似轟轟烈烈，其實只是人口的 6%，即使在大城市上海，也不是人人炒股，當然鏡頭總是攝着在股票行機前的老人家，但世界已進入互聯網世界，八〇後九〇後又怎會到市場。

現在是"微信群"世界，要"個股分析"、"小道消息"、"必勝貼士"，全部都上網。"微信群"就叫做"菜市場"，微信消息一發千里，不可收拾，八〇後九〇後的結婚老本，買樓首期，都入了市，當然也有老人家，退休老本入市，每次瘋狂都有人如此，但只是 6%。

選股才傷神，所以不如買炒股基金，新花樣是"分級基金"，最熱是"分級 B 基金"，贏時最爽，輸時最傷，一如今稱為"割肉"，"絞肉"無用，股民也夠幽默。當然"炒孖展"不可無，A 股市場美名為"配資公司"，賭性大，所以一般已是 10 倍槓桿，1,000 元已有交易，這和賭大細無分別。1,000 元按金，費用 40 元，就可賭 10,000 元，輸了就算少吃一餐飯，和去澳門無分別，不然借錢炒股，亦是 2 分息而已。炒樓亦是如此，反正互聯網上有的是 P2P、O2O，這也不是老人家們會懂的。

總之，股民們各有各玩，也有不少只能初期利潤繼續玩，輸光也不動老本，只有那些死都要"在哪裏跌倒，哪裏爬起來"，才會睡不着，買了"垃圾股"者才血本無歸。

八〇後九〇後在此役獲得一生經驗，知道世事如股市，以為跌到定全力炒底，才是最傷之時。如何分辨"微信訊息"，亦是新人類們的最大教訓，這是 2015 年的歷史教訓。

18. 中國的機會挑戰改革

小朋友問中國會不會患上"日本綜合症"，但會不會看得太好呢？其實中國經濟學家們不是在睡覺，問題和解決方案都在最近上海復旦論壇提出來了。筆者結論是中國的經濟發展，有 51% "機會"、49% "挑戰"，而結果就要看"改革"是否給力 100% 而已。

這又是 3C 定律，問題多多，國內產能過剩，5 大行業要減產能，這是必須的。日本產業外移，但產能未去，是教訓。殭屍企業 Zombie 當然也有，一定要讓其破產。當年日本沒做到，只讓銀行吊鹽水，產業是不會有競爭力的，最終引致出口下滑，這是無可避免。但出口只佔 GDP 的 21%，影響是企業的投資心態，提出經營效率，求質不求量，萬變不離其宗，地方債一大堆，一定要撇賬，中央和銀行賬，再建立新的資產管理公司，現成那 4 家已有 16 年經驗，足以應付。

國內地方政府要輕身上路，當然很多已換人，培養新產業，鼓勵創新已在進行中。但改革 SOE 國營企業，還需要加大力度、質量、效益，和可持續性，雖然是西方理論，但黑貓白貓，有用即用。增加消費在 GDP 的比率，目前已在 50%，日本已是 61%、美國 69%，這方面中國可以發力，以中國遊客在國外消費的精神，若將其轉移在國內，必定大有可為。

另一方面，A 股之災和匯市下降，並未影響這種消費者的財力，因此中國的經濟前途仍是光明的。加大市民在公共服務的投資，幼兒園、學校、醫院、養老、健保、旅遊，全部都是方興未艾的行業，絕對可持續發展。而國內房地產的供應減速是正常現象，但住屋的剛性需求仍在，況且，這需求還未開放給外國人呢！

19. 圍棋大戰棒球

習大大 2015 年 10 月中訪問英國，回來沒幾天，荷蘭國王來，德國總理 10 月底也來訪，法國總統 11 月初也要來了。歐洲四強都要來，看到美日聯盟不是滋味是不用説的。

中英夥伴關係這次提升到"全球全面戰略夥伴關係"，據網上排列，中國的夥伴關係分成 13 層，英國本來和法國、意大利、西班牙、葡萄牙等同列在第 4 層，但一旦加上"全球"二字，立刻成為三甲之一，和俄國的"全面戰略協作夥伴關係"和巴基斯坦的"全天候戰略夥伴關係"，等量齊觀了，法國怎能不急起直追，何況德國還在第 5 層呢？ 2016 年 6 月又加上波蘭和塞爾維亞為'全面戰略夥伴關係'，連中歐東歐也包括了。美國當然談不上甚麼夥伴，但國與國的外交不基於感情，而是基於利益的衝突和匯合，中國和美日聯盟之間的不了解，是因為文化戰略的不同。

中國已由鄧小平的橋牌戰略，演變到習大大的圍棋戰略。由西方人容易了解的橋牌，到中國文化最高深的圍棋，還要一個學習的過程，但日本人的圍棋本也很深入，何以無法告之老大，看來"主從關係"，很難改變，要"得意"多時的美國，聽老二的日本的話，也很難。

美國的棒球戰略本不難明，多看幾場也就是了，但棒球戰術因投手而異，因對手不同而異，最興奮是追求全壘打，又全盜壘，場上追求傳殺、觸殺、夾殺、接殺、封殺，總之是殺殺殺，這和圍棋中容許"互活"，"創造雙方各自堅持，又讓對方生存的空間"，美日要明乎之，一切大吉。這其實是日本以圍棋大國的身份可以做得到的，美國要太平洋再平衡卻不明何謂"金角銀邊爛肚皮"！

20. 圍棋戰略的觀察

2015 年 9 月以來，中美外交交鋒，美國仍跑不出棒球戰術中的"三振、安打、封殺"，TPP 和南海巡航，冷待"新型大國關係"，希望打出全壘打，卻未實現，但中國的圍棋戰略，卻是發揮淋漓，仍未盡致。

亞投行先贏一局，人民幣國際化已到了歐洲，RECP 和"一帶一路"到了東盟，中俄合作不用說，中英關係更上一層樓，中歐的德、法、荷元首都來了北京，引爆上海 A 股、人民幣貶值。"習馬會"在新加坡，美國能置一詞嗎？好像沒有。中新關係上升到全天候全面夥伴關係，中韓關係更是一家親，中國這個碼頭泊得穩。中越關係緩和，2004 年推出的"西廊一圈"要加速了，這個和越南接壤的雲南、廣西的兩條走廊，自然亦連接廣東、香港，而北部灣經濟圈亦牽連廣西、海南島，港澳自然有份，不可輕視。

隨之而來是 APEC 會議和 G20 大會。這次 APEC 在菲律賓，可是美國主場，不過主要題目是中小企的機會和人力資源發展，是整個 APEC 都要發展的問題，RECP 和 TPP 要交鋒，但最終目標是 APFTA 亞太自由貿易區，只能走合的方向，凡事看長遠，老美的算盤恐怕亦是打不通的。G20 則由土耳其主辦，但中國這次是去接班，2016 年 9 月 G20 將在杭州舉行，中國主辦，G20 有力還是 G7 有力，就看此次了。中國南海建島，美國則艦隊巡航，中國在中亞已下子多時，美國日本在 2015 年才急急加注，來得及嗎？惡補圍棋，也要時日。

21. 中國的人才紅利

　　日本朋友問筆者何以看好中國經濟，筆者說看好的不只筆者一人，世銀推斷也是如此，其中一點是"人才紅利"。"人口紅利"的廉價勞工時代已經過去了，但中國人的苦幹精神仍是全球第一，中國青年喜歡創業，中年人仍然打拼，遠勝最大對手的美國。

　　美國自己的長期研究亦指出，美國員工是有七成厭惡自己的工作，少了對經濟發展的推動力，這點不改，中國總有一天追上來，為時不遠了。中國對教育的支出也許不如美國，但中國人好學，也願意向外求知，單看大學生，由 21 世紀初的畢業生 100 萬，到 2015 年增至 770 萬，不管是不是全部就聘，單是其中尖子數量就足以提升經濟動力。

　　美國也有大學生出國，但全部只有 30 萬，一半去了歐洲的英國、意大利、西班牙，學的是文化語言吧。中國單是去美國就是 30 萬，遠勝印度的13 萬和韓國的 6.7 萬；亞洲的其他三小龍人數就更不足道了！日本只得幾千吧，排前的是巴西和沙特。

　　中國學生留下在美國的當然有，但海歸亦不少，中國人要發展還是在自己土地較容易，海歸帶回新技術而創業者不少，這批苦幹的海歸協助中國技術提升，不必自己發明。筆者認識的海歸無不工時長，不分日夜，創業成功者亦不少。中國是人海戰術，美國大學生全部 1,500 萬，中國 3,000 萬，就看誰夠拼搏精神。中國人今日毛病是看錢至上，拚命工作也拚命花；美國人安逸已久，雖然比歐洲好些，但中國後上有力，"人才紅利"主因也！

22. 中國 2020 年貿易大勢

　　中國如何看世界？一從貿易看，二從跨境投資看，三是出國旅客看。三者齊看才看得清楚。

　　中國對外投資由 2007 年至 2013 年增加了 14 倍。2020 年，中國將會成為最大跨境投資者，超英趕美，成功與否，關係甚大。

　　2020 年，中國維持世界第一貿易國，美國和歐盟誰是中國第一貿易區，要看到時美元和歐羅的匯率如何。美元會繼續再強 5 年嗎？對美國出口有何影響，經濟學家們都在觀望，2020 年目標是 10,000 億美元。2014 年，美國 5,906 億美元，歐盟 5,607 億美元，在 2012 年和 2013 年，歐羅還未貶值，貿易額是歐盟高於美國。2020 年有希望達到 10,000 億美元的，筆者估計是東盟，2014 年東盟是 4,800 億美元，隨着"一帶一路"和亞投行的活動，東盟的進展是必然。

　　南海問題只是美國插手的小插曲，東盟自有其利益的做法，菲越搞不出大事，單看中泰鐵路將於今年中開工了，中國老撾鐵路已動工了，會通越南和泰國，所以"一帶一路"的南向實質已動工，"中國速度"不是一般。

　　東亞的日韓交鋒多時，2014 年，中日貿易 3,128 億美元，中韓貿易 2,907 億美元，韓國出口到中國已超越日本。若中韓 FTA 通過後，日本要保第一不易，所以安倍急於改善中日關係是真的，但急中犯錯，亦是確實的，所以 2020 年日韓誰先達 4,000 億美元，是指標。但誰料到非洲亦已確立 4,000 億美元的目標，唯一先發後至是台灣，政局變數大，貿易在群雄中排尾亦屬無奈，台灣人自選。

23. 如何分析中國經濟現象

　　西方分析員總幻想中國人或者印度人都是"渴望"過着美國式的生活，也不外是"大排量的汽車"和"大容量的雪櫃"，或者要"供 30 年的大屋"。豈料土豪們去了美國，都是現金付款，車和雪櫃都是要德國品牌的，重質不重 size，大容量的沒有用。而留在中國的小民們，最多也不過是追求"安逸"

的生活，能網上購物，用支付寶就好了。連最火的速遞業的員工，送貨也只是用最原始的電單車，美國大排量車如何解決泊位的問題？單是在上海的小巷行走就解決不了。也有用"舊指標"看"新世界"的分析員，在大陸的製衣業不成了，卻又脫身不得。

　　筆者早就指出，日本過去全球投資最大的教訓是"成功地失敗"，可以關門大吉而不用再注資來付遣散費，如今又成為中國命題了，何以不看日本的"失敗學"呢？百貨業不成了，超市也不成了，但網上銷售卻以 50% 的速度上升，如何計？

　　大陸股民輸了錢，但一樣到海外暴買。大陸的電影票房收入年增 40%，大陸自拍電影，收入已超越進口影片，荷里活片能保住 35% 就不錯了。鐵路運貨量下跌了 15%，世界末日來了嗎？高鐵的載客量卻以 15% 速度上升，那些拚命喊上海生活太貴的老外們，實際上卻在享受老外街的廉價生活，只是喊喊津貼就會增加。

　　分析員們一貫不信官方數字（其實日本也一樣），只求自己的模式來空想一番，只求言之成理，卻不知離地太遠，中國服務業已距 GDP 的 50% 不遠，製造業已不是明星，製造業分析員怕要下崗了。

24. 從世界看中國

　　110 歲的周有光說要大家從"世界看中國"是有道理的，尤其從鄰國的歷史來看當年"朝貢制度"時中國，更有意義，才能了解今日為何有些負面的反應，但從最近 150 年再"從世界看中國"，變化更大。八國聯軍時期、軍閥時期、抗戰時期、國共內戰時期，看看英國人、日本人如何記載歷史。即使到了 21 世紀，從不同眼光看中國也截然不同。

　　如從"民主制度"角度看，西方只評中國排在 126，但從政商精英角度，中國已排 17，美國只排第 4，日本排第 7。

　　若從“臨終治療”角度看，中國大陸在 80 個地區中，亦只排在 71，勝於緬甸、菲律賓。在這個排名中，台灣排第 6，是亞洲第一，是唯一入圍十大的，日本不入十大，新加坡第 12，美國亦只排 9，奇怪嗎？所以那些移民去台灣退休的，是有福的。

　　這個評分是根據 5 個標準，臨終治療的環境、人力資源、價格接受性、治療品質和社區支持度。這個排名可信嗎？當然是試過才知道。

　　筆者台北老友多年前因心血管病入院，同室病友，出院要復健，但沒有人過得半年，不需要臨終服務就去了。老友心中陰影多年，台灣地區的醫院不少，每個大企業主都投資醫療系統，無他，自己可以先用，保證有一流服務，小民們就沒有此福利了。大陸地區則太大了，上海等五大一線城市和三四線城市，就有極大距離，公家一二三級醫院不同，老幹部醫院亦不同，巴金、季羨林都有醫院，過百歲才去，只是這些服務，不是人人能享。

25. 經濟五分法看中國

　　如果用經濟五分法來看中美的狀態，由“貧窮、溫飽、小康、富裕到發達”，美國是發達國家，中國只是希望在 2020 年到達小康而已。

　　美國為何如此嫉妒中國到達小康呢？美國 GDP17.4 萬億美元，由 1.56 億勞動人口創造，平均每個工人創造 11.1538 萬美元；中國 GDP 是 10.3 萬億美元，卻由 7 億勞動人口創造，平均只是 1.4714 萬美元，兩者相差 7.5 倍。即使用 PPP 方法計算，中國 GDP 增至 17.5 萬億美元，亦相差 4.5 倍。中國要到富裕仍有長路，更不用說發達。何以有如此大分別？美國勞動人口中有 38% 是“經理、專業和技術人士”，擁有高薪，和其他 62% 大有分別。中國要到達這境界，亦有一段路。

服務業的重要性，中美亦有分別。美國 GDP 中，服務業已佔 80%，工業只佔 19%，農業更只有 1%；農產品出口卻叫得天響，美國牛肉更是如此，但佔 GDP 的份量卻如此少。工業產品亦如是，出口多少武器才是值得注意的部分，但何以在國會的影響力又如此大呢？中國 GDP 中的服務業在 2015 年已達到 50.5%、工業 40.5%、農業 9%；農業人口仍在 30% 以上，服務業人口應接近 40%，工業則佔 30% 而已。中國出入口令人擔心，但總量在 4 萬億美元，不可輕視。進口石油的量實質增加 8.8%，只是油價大跌，中國有了大量的油錢，對加強石油儲備，更是好事。

凡事有陰陽，沒有勝負，只有陰陽轉換的瞬間，中國 GDP 增長只是轉換到 7% 上下的水平而已，今後數年只在此水平上下，正如 10 年前在 9% 左右，如此而已。

26. 中國演變和近貌

老友到紐約演講，題目是〈中國的演變和近貌〉，令老美恍然大悟，中國的驚人經濟演變和中國消費者的購買力量，令那些 old China hands 都覺得自己落伍了。

筆者對老友說，更應到港台和那些坐港台觀天的青年們說說，最近一群台灣大學四年級學生訪問上海，一生人第一次，最大反應是上海到處都是 "台北一○一" 大樓。事實上，上海在 1992 年，單在陸家嘴已計劃建 99 幢超高樓，24 年後，當時還未出生的學生們又怎會料到如此。

筆者在 21 世紀初亦不料到上海人口會有 2,500 萬，超過全台灣的 2,300 萬。深圳發展之初，亦未計劃有 2 倍香港的人口，深圳人均 GDP 已超過台灣的 22,000 美元。中國大陸地區家庭財富達 22.8 萬億美元，已超過日本的 19.8 萬億美元。

15 年間，中國的出境遊客已達 1.2 億，2020 年更達 2 億人，購買力有多大，全球 46% 奢侈品都是中國人買的。中國消費者才剛開始，如要用奢侈品來表達身價，當年港台不是都一樣。中國大媽們買金，就震動金市，同時也輸得起。

中國大陸家庭負債才是 GDP 的 36%，遠低於香港的 65% 和台灣 83%。一個上海店員收入 3,900 元人民幣，加上其他津貼如加班，月入 4,500 元，已高於台灣的大學畢業生，不要説月嫂可以月入過萬元，普通女傭也月入四五千元。金融區白領 8,000 元，消費力之強，比台灣的"小確幸"要好得多，所以上海下午茶大行其道，中國經濟放緩，但經濟增長大餅絕對值並未下降，中國市場無限大，哪裏找。

27. 工匠精神的追求

"工匠精神"在德國日本流行，但在中國從末抬頭，原因是中國文化中的士、農、工、商的角色，萬般皆下品，惟有讀書高，大家搶住當"士"，當不了"士"也當農去也，雖然也有"遺子千金，不如傳子一技"，但學藝亦非易事，"台上一分鐘，台下十年功"，要苦練。

古今的父親，在"三心"上大都不能均衡。"三心"者："愛心、耐心和狠心"，"愛心爆棚，耐心不足，狠心欠奉"，教子例必失敗。所以古人也有"易子而教"，但讀書可以易子，工藝沒得易。自古以來，多少雕刻、木工、陶藝、鍛造的精品，作者都不留名，唯一留名是替朱元璋做磚頭建墓的磚工，但是用來日後出事追究之用，再加上為求保密，傳子不傳婿，多少工匠有精益求精的精神，也傳不下去。

日本也自江戶時代有了士、農、工、商，但等級不分明，很多木匠是來自中國和朝鮮的專家，總算有點江湖地位，所以很多手藝人列為今日的日本國寶級人物，有此尊崇乃有“工匠精神”的存續。德國人沒有此階級觀念，文化中有做事認真的內涵，所以“工匠精神”亦存在，而“工匠精神”又恰和工業革命的量產相反，只有奢侈品和精細工具才能支持此精神，大企業不可能，所以惟有大量中小企的存在，不追求長成，不追求大利，才有精品。日本人口 1.27 億，中小企 70 萬家，佔全部企業 99.5%；德國人口 8,000 萬，中小企有 37 萬家，亦佔全部企業 99.3%。如今經濟停滯，百年老店的工匠們，亦面臨關門壓力，中國要重溫“工匠精神”，先看“三心”！

28. 中日教育百年比較

中、日、韓三國的教育改革有多大時差呢，1868 年日本明治維新，1872 年就確立近代教育體制，設立大中小學，不論男女貴賤，都平等接受義務教育；大清學子還沉醉在八股文裏，乃有 1894 年的甲午之敗。1900 年日本學童入學率達 82%，到 1907 年更升至 97%，可以說日本在 1907 年已無文盲；而大清約 95% 是文盲。

大清的新學制是學自日本，到 1903 年才開始，足足晚了 30 年；1905 年廢科舉，設學堂；1908 年，總算有學生 156 萬人，但只是 4 億人口的 0.4%，可憐啊！三年後大清就亡國了，文盲率依舊。

大清 1872 年就派第一批少年留學生了，也有傑出人士，但人數太少，很快無以為繼。日本則自 1870 年後不斷派留學生出國，培養了大批西式人才。大清則浪費了 30 多年，到 1905 年後才再開始，而去的地方是日本，所以 20 世紀初，中國最多是日本留學生，但學生又怎樣能勝過老師。也正因此，20 世紀前半段，只有日本謀華和日本侵華的歷史。

中國在軍閥和戰亂之中，教育難有作為，雖然這時代也出了不少大師，但欠了傳人，所以日本在人才方面，大部分的 20 世紀仍壓住中國。但 1990

年，日本進入迷失時代，也是教育的"快樂教育"時代，放棄了"競爭主義"，單是看留學生人數就知。2014 年，日本留學生 7 萬人，赴美的 1.7 萬人。中國單是留美已是 30 萬人，全部留學生怕有百萬，求知的飢渴，加上大陸國內大學生 3,000 萬人，每年畢業 750 萬，追求創業者也不少。日本年輕人渴飽無虞，向上無望，百年變化可真大！

29. 殭屍企業解決之道

溫故而知新，殭屍企業（Zombie）渡海重生，由日本到中國。不同的是，中國 2016 年開始清理，殭屍企業中被分流的人員超過 100 萬，職工安置資金 1,000 億元，以中國職工之廣，下崗數字可能還未算定，但已是良好的第一步。反觀日本，筆者在 2004 年出版的《日本經濟四大教訓》中，指出殭屍企業的問題所在：

一、多年經營不善，形成三多：員工多，地產多，負債多。日本著名殭屍之一的大榮號，資本和負債紀錄比率是 200，銀行居然無動於衷，可見銀行自己亦是殭屍銀行，但在政府支持下，繼續經營至今，因為可以買日本政府債券就可生存了。

二、日本通縮揮之不去，顧客消費意願日減，所以百貨店和零售業都有殭屍。一年大榮號可以損失 27 億美元，中國消費者仍在大手筆購買各類名牌，外國和本地一樣支持，通縮很難發生，殭屍企業不在這部分。

三、地產跌價不停，投資損失繼續。中國地產兩極化，一線城市還在向上衝，三四線城市則存貨不動，而兩極地價亦差別甚大，投資在三四線城市的地產商成殭屍不出奇，不過只要農民願遷入三四線城市，問題自可解決，政府出手收購改成廉價居屋，亦是一法。

四、外來競爭者日強，侵入本土，無力防禦。中國企業防禦力頗強，外資企業有管理人水土不服的問題，在沒有了超國民待遇後，叫苦連天，總部則無對中國市場熟悉的高手，只有頻頻換人，看來商學院要加強中國部了。殭屍企業問題在中國，不難解決！

30. 互聯網經濟前景

進入互聯網經濟，拼的是規模效益和人口紅利，所以歐洲諸國，潰不成軍；中國的人海戰術就可以擊敗對手。中國進入服務業，網絡工程師供應既多，而工資只是美國的五分之一，誰又搶了美國人的飯碗呢？問題是大學生供應誰多，而大學生中有興趣攻讀 STEM 又是誰最多。STEM 是指科學（S）、技術（T）、工程（E）、數學（M）四者。2013 年中國大學生得 STEM 學位者有 40%，美國 18%。美國目前是大學生供應不足，要找移民。誰是未來發展更有保障，當然可以說中國大學生的質量未必及美國，但美國的好學生向來是外國來的，白人質素一般而已。還有一個 BBC 的報告，2030 年，中國 25 歲至 34 歲的大學生數量將增加 300%，而美國和歐盟諸國的比例只是 30%，到時中國將是大學生比例最高的國家。

中國大陸目前有 2,500 家大學，1 年 3,000 萬大學生，畢業生 750 萬將是一個保守數字，誰都知道，到外國留學的中國尖子們，莫不是如飢似渴地學習，是蘋果教主喬布斯 Stay Hungry, Stay Foolish 的信徒，在內地的尖子們，亦復如是。中國政府重視教育，西方則收縮撥款，學費日高，所以到 2030 年，西方面對是在知識領域和中國抗衡，港台的學生們還不注意，追求一些政客們所玩弄的議題，真是可悲。

互聯網經濟支柱的消費人口、貨幣供給、綜合產能和流通環節，中國都具備了，不主動參加這個大市場而持悲觀論者，自我放逐而已！

31. 中國銀行業分析 20 年大變

外國分析員在 2016 年，又回到 1997 年的心態，已經兩代人了，還是在瞎子摸象，其中以對沖基金經理最離譜，簡直就是金融界的特朗普，居然説出中國壞賬是 2008 年美國次貸危機的四倍，當然是未做到功課。次貸是美國銀行界放款給沒有信用、沒有借貸能力的家庭而造成的。

中國文化以欠債為恥，和美國人破產了事，基本上是兩種文化。再看 2015 年底的中國銀行界報表，雖然經歷 2015 年的股市過山車，中國人的存款仍有 140 萬億元（人民幣，下同），較年初上升了 11%，中國人還是愛儲蓄的，股市損失只是小部分人，並未入肉。

中國家庭總貸款 27 萬億元，房貸只是 18 萬億元，分別是 GDP 的 40% 和 26.5%，與美國家庭在 2008 年一役的 120%，不能相比。中國房貸有一條規則是每月供款不能超過收入的五成，能作假賬的有限，早幾年前買的大賺，欠債和樓價相比只有 20%—30%，何驚之有，所以家庭這部分是安全的。

企業貸款總額是 69 萬億元，是 GDP 的 101%，和標普所算的 160% 有距離，意思是説中國企業在海外借款達 59%，但中國銀行業的海外貸款，只有區區 2 萬億元，是不是所有海外貸款人都是外資銀行，在香港及新加坡的聯貸都入此類。所以如果分析員們要驚，是驚外資銀行的中國貸款出事，那變成外國的問題，當然中國要認賬。若是海外收購有問題，那亦是外國的問題，中國企業只輸了投資金額，這次和 1997 年有大不同，分析時可要小心了！

32. 銀行風雲幾番新

20 年銀行事物幾番新！1997 年筆者返港處理銀行界業務，當時和駐港的銀行分析員談到中國四大銀行的壞賬 NPL，各位仁兄一致評為 50%，比公佈的 25% 高出 1 倍。到 1999 年，四大銀行成立了四家資產管理公司，撥離

NPL 共 1.4 萬億元（人民幣，下同），問題也就解決了。記憶中，當年四大銀行貸款總額不過是 8 萬億而已。

四大銀行進行改革重組，引入戰略投資者，上市 IPO，變成世界十大銀行之四。20 年後，中國增加了多少省市銀行，四大銀行只能佔整個市場之半而已，中小銀行上市近幾十家了，如何分析幾個市場，是難事。不過，中國銀行已照世界標準出報表，壞賬率亦年年公佈，過去 3 年雖略增，2013 年 1.49%、2014 年 1.64%、2015 年 1.7%，在全球經濟轉弱，中國亦放緩之下，分析員們再次各自靠估了。以高盛為例，對 2015 年的壞賬率預測是 4%—6%，到公佈後則改為 8%—9%；另外一些分析員則把 Special Mention 亦包入 Doubtful 之列，估計 NPL 為 4 萬億元。若以總貸款 99 萬億元來算，亦是 4% 了。

這 99 萬億元和 20 年前的 8 萬億元相比，令人眼花繚亂，看不清楚的評級公司，為求自保，只能將中國評分由 "穩定" 改為 "負面"，理由是資金外流，股市不穩之類。但事實上，內地各大一線城市的市民仍有力買樓，銀行存款上漲 11% 至 140 萬億元。中國家庭毫無問題，只能看中國企業的海外併購戰如何，早着呢！

33. 結語：中國結構改革必然

歐洲經濟大師為中國把脈，要提升勞動生產率和資本使用率，中國和美國雖說 GDP 日漸相近，中國 10.2 萬億美元，美國 17.7 萬億美元，但中國是由 8 億人勞動所得，而美國只由 1.56 億人就達到了，人均勞動生產率，中國是 15,250，美國是 113,461，中國只是美國的 13.4%，可以改進的太多了。

美國的農業工人只是全國人口 2%，但生產出口產量，非但足夠美國之用，還可以出口全球。而中國的農業工人佔了 30%（2014 數字），農業機械化不足是主因。當然，農民若不需要那麼多，如何安置閒散人口，亦是一個問題，"四海無閒田，農夫猶餓死"是最繁榮的唐代也是如此。

　　目前，中國 GDP 的 68 萬億元人民幣，9% 是農業，40.5% 是工業，50.5% 是服務業。隨着互聯網大盛，網上採購大增，服務業超過工業的比率亦必日增，夕陽工業和殭屍企業被淘汰是必然。君不見連美國最大的幾家煤礦公司都紛紛申請破產法第十一章，百年老店亦無法生存。中國國企最多亦是 70 年而已，何況 1999 年一役，已淘汰了一大批，這次再度債轉股，已有足夠經驗，結構性改革，勢在必行，日本的例子早就放在那裏，中國不會重蹈覆轍。中國金融業更開放，並無被外資吞噬的危機，外資銀行經營了 30 年，市場佔有率仍只是 2%。零售業無法打入市場，加上互聯網化，零售銀行如何經營是外資銀行大命題。最大機遇是"一帶一路"投資所帶來的融資機會，香港這個平台變成爭奪對象，是肯定的，大家努力。

第四章

"一帶一路"和
亞投行因緣

一、"一帶一路"在 21 世紀的影響和機會

　　中國由漢代張騫的"絲綢之路"發展到 2016 年的"一帶一路"歷經二千多年，這條橫跨中亞諸國和東盟諸國的鐵路、公路、港口和管線，是由中國和沿途 66 個國家政府、國際金融機構，日後包括亞投行，投入數萬億美元的基礎設施的結果，而不是中國獨家負責的項目。經過已通行的陸路絲綢之道所顯示，由鐵路運輸，中國到歐洲，10—16 天可以到達，而海運則需要 30 天甚至更多，雖然陸路費用，每個貨櫃的運輸價格由 8,000—10,000 美元左右，比海運運費要高出 1 倍，但若將融資費用的成本計算在內（以每箱 1 百萬美元計），費用就差不多，而效用則不同了。當然空運更神速，但費用不可比較。中歐在 2015 年貿易額約為 6 千億美元，日後利率若上揚，貿易融資費用可不簡單。

　　古代絲綢之路以西安作為起點，經中亞向歐洲進發，新疆是必經之地，中國十多年前就開始了開發大西北（Go West）的計劃，當時世界仍以太平洋觀念看中國，經濟仍在沿海東岸一帶，香港、台灣是海外跳板，上海、深圳則是國內關口，有多少有前瞻性的中國投資者開始注意新疆邊境的霍爾果斯這個"無水港"？目前最躐進是江蘇省決定在 2020 年前投入 6 億美元在霍爾果斯建做物流區和工業區，香港資金哪裏去了？

　　從中國的戰略來看，保障貿易和能源供應是兩大安全策略。目前從太平洋向東看，面對是美日聯盟，不論東海、台海和南海都是受到美、日的影

響，其中又以南海至為重要，因為八成的中國能源目前都要經過馬六甲海峽，新加坡和南海，才能抵達中國，所以目前運輸能源都是"外籍"輪船，不致受到抵制，跨國輪船公司，能有其生存之道。加上美國實施"重返太平洋"策略，要在 2020 年前將六成軍力佈置在亞洲，不過美國換屆在即，下位總統由誰把任，誰也估不到。而美國全球聯盟 60 餘國，雖然號稱"鐵桿盟友"共 7 國，有 5 個在亞洲，歐洲是英國和以色列，加上日本的 JIB 聯盟，在奧巴馬旗下都有點鬆動。英國要加入亞投行和退歐，都不是美國可以左右；以色列自把自為多時；日本則明服暗湧，其為美國盟友地位擔憂。而亞洲五鐵桿，大概是指日本、澳大利亞、紐西蘭、菲律賓和新加坡，菲律賓已要換人，澳洲亦自主甚強，鐵桿可能變木桿！但無論如何，在美俄關係再冷，北約要減兵亦非易事，中東是火藥庫，"重返亞太"大概亦只是"南海橫行"的小動作不斷。中國當然希望到東盟暢順，所以"一帶一路"包含"泛亞鐵路"分中、西、東三線，以雲南昆明和廣西南寧為起點，經越南、泰國，直達馬來西亞、新加坡，將海路風險分散，美國只能徒呼奈何！

　　自從 2011 年開始了由重慶開始的國際貨運大通路"渝新歐"後，中國已開發了 20 多條由中國各大城市到達歐洲各大城市的鐵路網，最多利用到是中亞五國和俄國西伯利亞鐵路網，沿途多國共同經營，再經白俄羅斯、波蘭到德國。已是每週多班，當然影響到海運，目前最火熱的路線，可以舉例如下。

　　"義新歐"：由浙江義烏，經新疆霍爾果斯、俄羅斯到西班牙馬德里，基本上橫跨整個中國和歐洲各國。

　　"渝新歐"由重慶，經新疆、俄羅斯到德國杜伊斯堡。

　　"連新歐"由連雲港、新疆、哈薩克斯坦、俄羅斯到鹿特丹。

　　"蓉新歐"由成都、新疆、俄羅斯到波蘭羅茲。

"蘇滿歐"由蘇州,出滿洲里,經西伯利亞鐵道到波蘭華沙。

"東新歐"由東莞石龍,經新疆、俄羅斯到德國杜伊斯堡。

此外從中國的鄭州、長沙、合肥、武漢都有火車班次到歐洲的漢堡和捷克等地,雖然目前仍有去程滿,回程空,運費由各省政府補貼等現象,但既然"一帶一路"沿途各國的政府都在自己地段參加營運,這條"一帶一路"正成為大家而設的"經濟和命運共同體",本也不在由中國獨得其利,中國文化中心"和"與"仁義",正好發揮其影響力。在長遠而言,中歐貿易(包括東歐各國)亦有冒升機緣,不可輕視!2020 年預計為 1 萬億美元。

目前,中歐貿易 6,000 億美元,固然重要,但中國和中亞中東各國的貿易亦潛力無限,2016 年 2 月,中國火車由霍爾果斯出境,經由哈薩克斯坦和土庫曼斯到達了伊朗德黑蘭,而由中國經由里海和黑海到達土耳其,這個古代絲綢之路的必經之路亦打通了,美國卡特時代的國家安全顧問布熱津斯基(Brezezinski)的"橢圓型世界"再次為世人重視。"誰統治這個地區,誰就主宰這個世界"這句名言,英國試過,俄國試過,美國試過,都沒有成功,因為欠了"命運共和體"這概念,而"殖民主義"早已不能再興,布熱津斯基就說過,"獨權主義和世界潮流,背道而馳,美國是世上獨霸的第一個國家,亦是唯一和最後一個霸權"。"一帶一路"正好補這個空缺。

"橢圓型世界"的右方是中國和印度、巴基斯坦,左方是中東各產油國,中間就是中亞五國和俄羅斯,除了由莫斯科到喀山的高鐵線在建,將行程由 12 小時降至 3.5 小時外,由中國霍爾果斯通往哈薩克斯坦里海港口阿克套亦在計劃中,中國建造了天然氣管由中國直達土庫曼斯坦和塔吉克斯坦以及吉爾吉斯坦,增大了中亞的天然氣供應量。中國到吉爾吉斯坦和烏茲別克斯坦的鐵路路段,烏茲別克斯坦部分的 129 公里已完成了 109 公里,即將完成,中國的中亞五國投資和基礎設施對五國經濟,大有幫助,有助經貿增長!

中國對"橢圓世界"的投資，最重要應是在巴基斯坦的"中巴經濟走廊"，這條由巴基斯坦瓜達爾港（Gwadar）開始，貫穿整個巴基斯坦的走廊，終點是新疆喀什。瓜達爾港的 100 公里外，就是伊朗的查巴哈港（Chabahar），雖然印度、日本都在爭取其控制權，但兩港互通，而瓜達爾港的管理已由新加坡虛耗了 10 年後，轉給了中國，這對日後能源供應的重要性，不言而喻。當然任何影響馬六甲海運量，對新加坡都不利。除了這兩個港外，圍繞印度的斯里蘭卡漢班巴托港（Hambantota），孟加拉吉大港（Chittagong）和緬甸的皎漂港（Hyaukpyu）都是印度洋的重要戰略點，而其中由緬甸的皎漂港開始的"中緬經濟走廊"，終點是雲南昆明；由雲南昆明開始，亦是直通東盟半島上各國的中、東、西三線的"泛亞鐵路"終點是新加坡。只要泛亞鐵路建好，美國的南海主控權亦變成次要，美國大量駐軍，可能變成戰略失誤，誰曉得呢？美國外交一向一團糟，"重返亞太"亦可能成空，最後又回到朝鮮半島做文章，只怕日本這盟友亦最終失控。

當然，中國和東盟經濟發展，預期 2020 年到達一萬億美元的貿易額，和美國及歐盟各一萬億美元，在今日經濟放緩之際，有點困難，但頂多是推遲一兩年，不是甚麼大事。中國和中亞各國及中東能源供應，若能保證日後的安全，亦是非常重要，其中最大問題是如何解決阿富汗的安全形勢。通過中亞五國，到達里海、黑海到土耳其和伊朗的問題都已解決，但中巴走廊的安全性，仍要看阿富汗如何，美國撤軍後形勢如何，中美之間的合作，更形重要。

結語："一帶一路"沿線國家 66 個，人口 44 億，但更明顯是其中 57 個是伊斯蘭國家，人口 16 億，GDP 只是中國的一半，但發展潛力極大，其投資風險亦大。從中國 21 世紀戰略而言，"中巴經濟走廊"和"中緬經濟走廊"、"泛亞鐵路"是三條破解美國"南海挑事"之道，由陸路解海洋之困，中國衝出印度洋，確保中亞和中東能源，所以這"一帶一路"的基礎設施和融資都是物有所值，香港商界若能真正了解這個道理，對自己的人才資源投資，自然有方向。中國和全體貿易將在 2020 年達到五萬億美元，佔世界 15%，貿易融資（Trade Finance）自不可免，而基礎設施融資到 2020 年的缺口更達 2.5 億美元，如何能不參與？人民幣到 2020 年大概已成世界性貨幣，人民幣融資要人民幣存款，這個海外人民幣交易和存款市場，都要去爭取才有機會。

二、"一帶一路"近貌

1. 2015 年新戰略

　　2015 年開年注意中國經濟的人，都毋忘在 2014 年 12 月的"中央經濟工作會議"所提到的區域發展的新戰略。過去一套是"東部率先，西部開發，東北振興，中部崛起"，但新常態是"一帶一路"、京津冀（北京天津河北）協同發展、"長江經濟帶"。

　　香港位置在哪裏？勉強可說是海上絲綢之路的一要點吧！上海則是長江經濟帶的龍頭城市。上海自貿區是海外人民幣交易中心的發展點，不管香港的人民幣市場發展如何，上海自貿區必自成一局，存款量只會倍增，香港只能靠擴大業務的"滬港通"作為一個通道。滬港合作只聯上長江經濟帶的通道，上海中心松江區是古來江南五府之一（五府是松江、蘇州、常州、湖州、嘉興，包括了今日上海、浙江和江蘇最重要的經濟區域），互聯網之都烏鎮、小商品之都義烏都在長江經濟帶的範圍之內，上海的洋山港和浙江寧波也是不遠，長江再推進到南京，區域就更大了。如今義烏的火車直達歐洲西班牙，已連接了陸上的絲綢之路，上海更是海上陸上都通，香港只是海上通，還未找到陸上通道。

　　京津冀則通渤海灣，北上俄國蒙古，是新的陸上絲綢之路之一。很明顯，往日只通太平洋對岸的美國和日本的格局，將被風險分散、比重下降，通東盟、通中亞、通中東、通非洲是新市場，而 2015 年的世界貿易格局，

亞洲是 6.1%、非洲 4.6%、美國 2.8%、日本 1.2%，方向性是很明顯的，好
自為之吧！

2. 陸上絲綢之路多途並進

新絲綢之路本來以為是通過中亞五國到歐洲的陸路戰略，但這次習近平
訪問德國，卻引出另一條途徑，由重慶出發，途經哈薩克斯坦（全面戰略夥
伴關係，即第三級），俄羅斯（全面戰略協作夥伴關係，即第一級），白俄
羅斯、波蘭，終點是德國西北部的鋼鐵之城杜伊斯堡。

德國剛與中國升級為全面戰略合作夥伴關係，到如今，歐盟、法國和德
國已同時和中國的夥伴關係升到第二級了。這條一萬公里長，費時 16 日的
鐵路，時間比海路快一倍，費用則比空運低一半，不知不覺，中資企業在此
落戶已超過八百家，德國與中國的 1,600 億美元雙邊貿易，恐怕又會劇增了。
這條路線能到重慶，自然也能和北京、上海等大城開通，中國國內鐵路四通
八達。

除此之外，中國新絲綢之路還有鄭州到德國北部大港的漢堡，北京則通
德國南部的紐倫堡，可以通貨，何時通人呢？法國又怎麼樣呢？知道古代絲
綢之路的途徑，在大西洋海岸邊的法國洛里昂 Lorient 才是絲綢之道的終點，
最近筆者才去過憑弔。如果德國已有三個城市直通中國，法國又怎可落後於
人，只怕是還未宣佈吧！陸上絲綢之路多頭並進，中歐關係只會更上一層
樓，意識形態在 21 世紀已不再是國與國交往的障礙，何況中國再推出中華
傳統文化的軟實力，歐洲的漢學家們又可以大展身手了。

中華文化和歐洲文化的融合應會比和只有 200 多年的美國文化要快，西
方已經如此，絲綢之路大角逐開始了！

3. 絲綢之路大角逐

21世紀的熱門地點將是"絲綢之路"。這時細讀英國作家吳芳思（Frances Wood）的《絲綢之路2000年》，應是開卷有益，將西方的記錄和東方的史料印證一下，更能了解近200多年來發生了甚麼。

吳芳思將19世紀和20世紀的絲綢之路視作"大角逐"時代，其中主角是英國和俄國，而地點卻在阿富汗、西藏和新疆一帶。拿破崙在1807年曾邀請沙皇亞歷山大一世共取英國的印度，但並未得到回應。沙俄卻自行南侵，和英國人相遇。

1800年是大清嘉慶五年，太上皇乾隆死了，大清亦過了高潮，開始衰弱了。但真正迅速衰落是到1851年，20歲的咸豐上位，太平天國崛起，大清對新疆的控制削弱了。1862年是同治三年，來自中亞浩罕汗國的維吾爾族將軍阿古柏發動叛亂，佔領了新疆七城，自立"哲德沙爾汗國"，時為1865年，並得到俄國和英國的支持。俄國更出兵佔領伊犁，新疆全域失控，乃有左宗棠的西征，花了1,000萬兩白銀，其中500萬兩乃向上海洋商舉債，可能也有英法資金。

左宗棠8萬大軍，總算打敗了阿古柏，阿古柏自殺，其子退回喀什噶爾，仍被擊敗，逃向俄國求救。在西征之前英國人向大清建議，讓阿古柏獨立，只要朝貢即可，其心可見。大清最後和俄國議和，訂《中俄伊犁條約》，以900萬盧布贖回伊犁，但俄國可自由通商、貿易免稅、自由居住和傳教。俄國和英國卻在喀什設領事館，直至清亡。晚清真苦也！

4. 清末民初的英俄之爭

根據吳芳思《絲綢之路2000年》的研究，俄國和英國在中亞、西藏之爭，一直延至20世紀。1904年9月7日，英國和大清簽訂新的條約，這次是英國遠征軍從印度進入西藏，攻進拉薩後簽的，內容是："承認錫金邊界線，開放印度和西藏的貿易路線，設定江孜為商埠，由英國派駐官員。"還有："西藏在沒有英國同意下，不得和其他國家達成任何交易。"這當然是防止俄國了。到 2014 年 6 月，李克強訪英，英國首相説出不承認"藏獨"，真是人間何世了。

英俄對抗，直至 1907 年（光緒三十三年），"英俄協約"在聖彼得堡簽訂，雙方同意不干涉西藏事務，不尋求修鐵路、採礦、築路和電報特權，承認中國對西藏的傳統宗主權，只通過中國處理西藏事務，俄國承認阿富汗屬於"英國勢力範圍"。

百年過去了，阿富汗事務仍未了，換了主角而已。新疆又如何，俄英的喀什領事，不知何時才撤退。進入民國時代，新疆由軍閥統治，先是大軍閥楊增新，楊增新被殺，金樹仁接管，隨後由穆斯林士兵馬仲英在 1930 年接收了最後一位穆斯林可汗的哈密部隊，在喀什建立東干回族政府，新疆人多了一個東干族，但同年又被另一軍閥盛世才所驅逐。盛世才立場混淆，既投史太林，又反史太林；既投蔣介石，又反蔣介石，既殺了毛澤東之弟毛澤民，投不了共，只好在 1944 年帶了家產飛到還是日治的台灣，死得不明不白，財產不明。

5. 絲綢之路二千年

《絲綢之路 2000 年》描述，絲綢之路在歷史上，實際穿越全條路的人是很少的，實際上貨物是經由多條路線和多個商人之手，才由中國到達歐洲，十八、十九世紀是絲綢之道的高潮。過去主持貨品貿易的交割是波斯商人，二千多年來，中國只有漢、唐和清是真的將絲綢之路的新疆中亞段納入版圖，當然在蒙古人主導時此絲綢之路也是暢通無阻，才有馬可波羅的遊記，但不幸元朝只是蒙古人四大汗國之一。

我們讀歷史，只知道朱元璋將蒙古人趕回漠北，其他就不了了之。事實上鐵木真的四個兒子，各據一方，二兒子察合台的察合台汗國雖然亡了，但他汗國中的八剌族後人，又出了帖木兒，建立帖木兒汗國（1336—1405 年），佔領了北印度、巴基斯坦、阿富汗和孟加拉地區，對朱元璋之大明成包圍之勢，不知道朱元璋執政時的外交路有何認知。

到帖木兒大舉進軍大明的 1405 年，已是永樂三年了，朱棣剛從姪兒手中奪得皇位，還未坐穩，外敵已來了，還好帖木兒在遠征途中暴斃，帖木兒王國亦亡於烏茲別克人之手，但蒙古人並未消失，後代巴布爾南下到了印度，建立莫臥兒王朝，那已是嘉靖四年（1526 年）。

莫臥兒王朝要到英國東征時才滅亡，那已是滿洲人的清朝了，清朝經康熙和乾隆等三代人的努力，絲綢之路才又回歸中國版圖，但盛極而衰，到 19 世紀中葉，大清對新疆和甘肅又失控了，俄國勢力南下，還好左宗棠西征，才保住絲綢之路。

6. 唐代國外貿易

漢武帝派張騫通西域，為的是對抗匈奴。通商是平民的事，到了唐太宗李世民，才設安西都護府於新疆吐魯番，統治西域諸府州，自天山南路至波斯以東。波斯即今日伊朗，21 世紀中伊建立全面戰略夥伴關係，時為 2016 年 1 月。天山以北諸府州，到金山以西都歸北庭都護府管理，這樣天山南北路都照顧到。李世民不愧是出自隴西家族，了解西域重要。

不過據錢穆觀察，中國以農立國，國內貿易足可自給，國外通商非必須，往往以日用品如絲綢、玉器、杯盤碗碟換外域的奇珍異玩。有如今日用廉價商品所得去購買外國奢侈品牌，徒足引起國內之貧富不均，以及風俗奢華，而於整個國民生計，無大補益，亦如今日中國旅客外遊購買，所費居然達 GDP 的 1.5%。中國好不辛苦才在 2015 年 GDP 增長達到 6.9%，而採購居然全是紙尿片、馬桶蓋之物，唐朝人大概發夢都想不到。

　　唐朝因國力豐盈，激起君主之好大喜功之心。其實漢武帝早有先例，流於窮兵黷武；隋煬帝亦因父親留下太豐遺產，三征高麗；唐太宗亦步其後塵。高麗畢竟也很近，若是唐太宗想到出征西域，亦無貞觀之治了。到唐玄宗，對外經營更趨積極，於四邊境設十個節度經略使，第一個就是在新疆庫車的安西節度使，其他在新疆孚遠的北庭節度使、甘肅武威的河西節度使、寧夏靈武的朔方節度使、青海樂都的隴右節度使。到天寶年間，各節度使多用胡人（如安祿山即是），到胡人皆叛，乃成外患，始料不及！

7. 海上絲綢之路興於明朝

　　唐末節度割據邊關，天下大亂，進入五代十國的半個世紀，北方是胡人世界，漢人政府已不知北方的事，如何和西域通商，史官不記載了。到了北宋趙匡胤上台，北方是遼國主持，不久西夏叛遼，自立於銀川，中國部分的絲綢之路歸黨項人管理，與北宋無關，商人如何通過西夏關卡，應該是中國經濟史一部分，後世史家不知研究出些甚麼。西夏黨項人最後被蒙古所滅，黨項人最後去了哪裏，亦成為歷史中一個謎！到北宋亡於金，南宋更無力去理會絲綢之路的問題，但絲綢最佳者來自杭州、蘇州，這些產品應是經海上絲綢之路出口到歐洲。

　　到蒙古佔領了歐洲大部分土地，絲綢之路應極暢通，但鐵木真四個兒子的國度——長子朮赤的欽察汗國、次子察合台之察合台汗國、三子窩闊台汗國、四子拖雷之下有忽必烈的元朝在中國——是否友好關係呢？旭烈兀的伊兒汗國，國境向西直達黑海，向南包括了巴基斯坦、東南亞。印度雖未被鐵木真一代所取，其後代一樣建立了莫臥兒王朝。蒙古人的影響力不只是在中國那 109 年，明朝立國，北方仍有韃靼、瓦剌，西方有畏兀兒，勢力只到哈密就出國了。

明朝的中國國力南移，西南諸省大開發，海上交通日盛，明成祖更有鄭和下西洋的壯舉，足跡達今日東盟多國，至今 600 年了，關係深厚。福建廣東商民自殖勢力於海外，在東南亞稱王者不少。最後一塊木板不准出海，大錯特錯！

8. 了解中國由絲路起

財經系學生問了解中國從哪裏入手，筆者的答案是由古代的絲綢之路演變，到 21 世紀所倡議的"一帶一路"，能全盤了解，庶幾近矣。古絲綢之路由漢代張騫開始，至今超過 2000 年，夠長了。聯合國教科文組織於 2014 年將"絲綢之路"列入世界遺產，由中國洛陽、西安開始，經敦煌到中亞諸國，跨越數千里，有 33 處遺跡，閣下了解多少？

唐三藏的《大唐西域記》是一個學習的方向，但 21 世紀的"一帶一路"已抵達中國東岸諸城，秦皇島、南京、福州、泉州甚至義烏都在其內，目前連韓國慶州（古代的新羅）也有古波斯文物出土，日本的奈良也有西域文物，認為絲綢之路的終點應包括日韓兩國，"絲綢之路"的吸引力是夠大的。2016 年中國提出的北京—福州—台灣的高鐵，豈不也是 21 世紀絲綢之路的終點之一，談經濟就好。

21 世紀的絲路，目前最通暢的是由中亞經莫斯科再到歐洲各國，中俄關係舉足輕重，古絲路終點到大西洋海岸，法國古絲路終點至今仍存在，供人憑弔，有沒有渡海到英倫三島，英國人沒有研究。英法海峽隧道建好 22 年了，英國卻想脫歐公投，大概是過不了的，英國人老謀深算，自知利害。

　　另一條線最險，有敍利亞、伊拉克、伊朗、阿富汗、土耳其，如何玩法就看中美的"新型大國關係"，此關係和順，東海、南海、台海都不是問題。"絲綢之路"是實現歐亞大陸共同和平、穩定和可持續發展的道路，亦是東西方之間的紐帶，"不干涉"和"不對抗"乃萬全之策，不是嗎？

9. "一帶一路" 四代興衰

　　從歷史看"一帶一路"，當然從《史記》讀起，太史公在二千年前已寫下《匈奴列傳》、《大宛列傳》、《朝鮮列傳》、《南越列傳》、《西南夷列傳》，資訊可不少。將中國觸角伸展到中亞的自然是張騫，大漢是中國第一次崛起（其他幾次是唐朝、元朝和清朝），最新自然是 21 世紀的"中國夢"。

　　張騫出西域，是到了新疆的大月氏、康居，較遠是大宛（今烏茲別克斯坦），最遠去到大夏（今阿富汗）和今巴基斯坦的信德省。21 世紀，"一帶一路"的核心連接恰好是今日"中巴經濟走廊"終點的瓜達爾港，中方則是喀什，海陸大連接，張騫二千年前就做到了。

　　唐朝則是由高仙芝率大軍，出河西走廊，征服克什米爾、阿富汗和烏茲別克斯坦。據《國史大綱》所記"唐高宗時滅西突厥，唐之威力遂踰蔥嶺，西及波斯"，"高麗亦於唐高宗時內服"。高仙芝可是高麗人呢！至於蒙古更強大，成吉思汗的兒孫們的察合台汗國、窩闊台汗國、欽察汗國、伊兒汗國，基本上控制了整個中亞地區，絲綢之路暢通無阻，蒙古大軍只是未能征服日本。

　　明朝雖有鄭和七下西洋，到達非洲東岸，可惜明朝自己收工，無以為繼，算不上崛起。南宋和明朝是中國統一時代疆域最小，而漢族最強的時代。到清朝最大功績自然是左宗棠收服新疆，否則今日不知是何局面。最令人不解是，幾千年的漢文化圈本來包括日本、朝鮮、越南、泰國、緬甸，何以在清朝時代"一朝瓦解"，朝貢體制和經濟衰退是否有關係，歷史家未有解答！

10. 絲路最鼎盛的四百年

據西方人的研究，絲路在公元 400 年至 800 年是漢代以後最為鼎盛的時代，也即西歐史上的"黑暗時代"。這條貿易線實則不僅只是從中國通往地中海，亦包括由印度通往非洲；運輸也不只是絲綢，還包括香料、黃金和寶石。公元 300 年前後，中國進入五胡十六國時期，最強大的朝代是北方由鮮卑族拓拔部建立的北魏。這些鮮卑人有沒有通過絲綢之路進行貿易，史料記載極少，但同時期的印度出現了貴霜帝國，其統治下的犍陀羅位於喜馬拉雅山腳下，極其富庶。由此出發的絲路，西出伊朗，直達埃及的亞歷山大港，佛教亦由犍陀羅傳入中國，二者之間必有道路相通，到唐朝，才有唐三藏西行取經。到了 21 世紀，這裏已屬於巴基斯坦的白沙瓦地區，是中巴經濟走廊所經之處。

公元 450 年前後，印度北部的笈多王朝又強大起來，成為地區性超級強權，可以和中東的伊朗、地中海的拜占庭帝國平起平坐。印度教順勢而起。在中華地區，北方是北魏太武帝拓跋燾統治時期，南朝是無所作為的。中國需到公元 618 年唐朝興起，才有 200 年最興盛的年代。公元 622 年，中東是伊斯蘭元年，穆罕默德建立了阿拉伯帝國。公元 690 年，也即穆罕默德死後 50 年，阿拉伯軍隊陸續征服埃及、敍利亞、伊拉克、伊朗，將羅馬基督教大都會大馬士革變成了伊斯蘭首都。這時候，阿拉伯倭馬亞王朝為雄才大略的麥利克哈里發統治，中國是武則天稱帝的武周時期，唐玄宗的開天之治則在麥利克哈里發死後七年才開始。

11. 唐朝最鼎盛絲路時代

　　研究"一帶一路"的唐朝，不能不看美國教授 Schafer 在 1962 年寫的《The Golden Peaches of Samarkand》，中譯本改名《唐代的外來文明》，1995 年由社科出版社出版，全書 55 萬字，作者已於 1991 年去世，但確是名符其實的漢學家。

　　唐代在七、八世紀間，是國際時代、進口時代、融合時代和黃金時代。唐代的軍事實力和藝術水準是當時第一流，這是世界公認的，不必去調查甚麼存在感。唐代外來物品分 18 類，170 多種，在各大城市中盛行。當時長安城有 200 萬人，洛陽城有 100 多萬人，揚州有 100 萬人，開封有 50 萬人，廣州有 20 萬人。揚州號稱是金融中心，東方威尼斯，世界居民雲集，不但周邊國家和民族，如回鶻、南詔、契丹、新羅人來經商移民，遠方的波斯、大食、印度、錫蘭和南洋諸國都來了。唐代自己並無大船（中國大船興於宋、元、明三朝），正如今日運油船隊都是外國籍船隻，古今一樣，當時雲集廣州的有師子船、新羅船、波斯船、南海船、西域船、崑崙船、婆羅門船等等。廣州繁榮也不是一帆風順，因官吏貪污，有五十年時間，船舶都去了河內。而唐末黃巢洗劫廣州，殺外商，更令廣州從此一落千丈。船舶都去了福建、浙江沿海各港口。唐朝又是印度文化大舉入侵的時代，印度天文學、數學、醫學及語言學等科學湧入，佛學更是滲透到唐朝社會的士大夫階層。而外國奢侈品和奇珍異寶亦由宮廷傳入各大城市的富人中，和今天多相似啊。

12. 五大文化融合交流的契機

　　攤開唐朝時期的亞洲地圖，李淵在公元 618 年開國，北方是突厥，西北是西突厥，西域亦稱突厥斯坦。就是今日的新疆，突厥文化仍然存在。出西域就是河中城邦國，大約 20 個，今日的中亞諸國。622 年，穆罕默德建立阿拉伯帝國，乃有伊斯蘭文化的流傳。波斯也是古國，就是今日的伊朗。敍利亞本來是東羅馬帝國的地方，但被阿拉伯帝國所佔。俄羅斯要到 862 年才建國，所以唐朝的絲綢之路只有漢文化、波斯文化、伊斯蘭文化和突厥文化的存在，俄羅斯文化大概要擺脫了蒙古人的統治以後才發揚光大。

　　這條文化帶的融合，曾經一時以長安為大融合的中心。唐代胡風極盛，胡人即西方人，當時的西方人，以波斯人為主，還包括天竺人、大食人、羅馬人。8 世紀是胡服、胡食、胡樂特別流行的時代，長安、洛陽流行突厥和東伊朗人的服飾，佛教徒學習梵文，突厥語已有漢語字典可查，甚至唐太宗的長子承乾生活起居都學突厥，寧願說突厥語。阿拉伯人亦來了，當時誰知道一千四百年後，伊斯蘭世界會分為四派？遜尼派的沙特阿拉伯，什葉派的伊朗，社會主義的埃及、伊拉克、利比亞、敍利亞，以及西方派的土耳其。當時只有一個哈里發，一代傳一代。當然還有巴基斯坦，漢代張騫出使西域已到了巴基斯坦海濱的信德省，這裏是今日"中巴經濟走廊"的重地，當年張騫當然不會料到，但唐代已融合過一次，如今再下工夫。

13. "一帶一路" 沿途大國

　　"一帶一路"是百年大業，研究沿途國家的未來，是日後的全球戰略所在，亦是準備下一代年輕人的希望所在。戰後嬰兒成長時很簡單，看着 G7 進展就好。1985 年，G7 代表着全球 70% 的 GDP；到 2015 年，這個比例已降低到 39%；到 2050 年，據 PWC 的預測，G7 將只是 G20 的 33%，佔全球的比例自然更少。PWC 的研究只包括 32 個可能是到時最大的經濟體，世事難料，35 年任何變化都可能。誰是未來的黑馬，要有當世的伯樂。

　　中國"一帶一路"沿途共 66 個國家，PWC 報告包括了其中 25 個，不在其內的是美、日、加、墨、巴西、阿根廷、哥倫比亞七國，但這份報告忽略了中亞五國。2050 年，最有實力的南亞國家是印度和巴基斯坦，印度已緊追中國，成為世界第二，巴基斯坦位列第十五，已超過韓國。韓國是“亞洲四小龍”中唯一一個被包括在研究對象之內的，其他“三小龍”要三思啊！東盟國家中，印尼第四，菲律賓第二十，泰國第二十一，越南第二十二，馬來西亞第二十四……台灣要“南向”，不無道理，市場在那裏。問題是競爭力也在那裏，對手是全球強大的經濟體啊！“金磚五國”目前是有問題，但從長遠來看，人口紅利和資源紅利仍是中國第一，印度第二，巴西第五，俄國第八，都在前十名之內。所以，“一帶一路”、亞投行、金磚銀行都是日後重要的機構，可以媲美世界銀行。墨西哥會崛起，排第六；尼日利亞是最大意外，人口紅利令它排第九；加拿大排第十九，只比菲律賓略高；澳大利亞更跌落至第二十八，比南非還低。當然，人均排名各不一樣，移民們不要傷心。

14. 明成祖時代的“一帶一路”

要參與“一帶一路”經濟，首先要充實自己對這條路上 66 個國家的知識。暫時忘記 G7 吧，G7 只佔世界人口 10%，GDP39%，佔地 15%，殖民時代已過去 70 年了。

首先，在絲路這條連線六千多公里的地帶，有伊斯蘭國家 57 個，人口16 億，遠比 G7 多，雖然 GDP 只有 7 萬億美元，但有無限潛力。這條路上兩千年來，是突厥文化、伊斯蘭文化、波斯文化、俄羅斯文化、印度文化和漢文化交融的地帶，中國在漢、唐、元、清四個朝代在絲路活躍，甚至明朝在明成祖朱棣的永樂年間，絲路亦是非常繁榮的。現代人只知道鄭和七下西洋，走的是海上絲綢之路，在南海留下許多足跡，但鄭和並無記載留下來，成為千古遺恨。而鄭和同時代的李建、陳誠、李暹、楊忠、李貴，卻文字半顯，其中又以活了 43 歲的陳誠留下了《西域行程記》和《西域藩國誌》，記錄下了當時來自撒馬爾罕（今烏茲別克斯坦）、哈烈（今阿富汗）等中亞國家的數十個使團。史載，中國與中亞之間，"站驛相通，道路無壅，遠國之人，咸得其濟。"

15 世紀，海路交通蓬勃發展，但絲綢之路仍有一段輝煌歲月。這時候，中亞強國是帖木兒帝國，沙哈魯王甚至致書明成祖，勸他信仰伊斯蘭教。其實沙哈魯王之父帖木兒，在殲滅了奧斯曼帝國數十萬大軍之後，興起了征服明朝的念頭，不過死於征途，明成祖才免此一劫。沙哈魯王即位後，改為用友好的外交方針。明成祖雄才大略，水陸並進，絲路友好往來歷史，好不旺盛！

15. 絲綢之路一帶的語言

18—19 世紀是絲綢之路貿易的高峰期，雖然絲綢之路上的一些獨立王國建立起一些關卡，但充當經商的主角則是粟特商人（今日烏茲別克斯坦，安祿山就是粟特人後裔）取代了古代的波斯商人。所以絲綢之路也是有興衰的，要知絲綢之路的商機，不是由一個商人經營到底，而是經過多手經營，一站接一站下去的。

新疆到中亞一帶的語言、宗教、文化之多，數不勝數，但粟特人的語言，是絲綢之路貿易中的通用語言，在這個世界裏，英語是沒有地位的。即使在 19 世紀，大英帝國最強大之際，在中亞控制了阿富汗，印度是殖民地，也是説烏爾都語，這是 1924 年任新疆英國總領事在莎車市發現的。

在新疆一帶的絲綢之路，兩種佔優勢的語言是漢語和維吾爾語，但每一種語言又有很多方言。在羅布泊南北的廣大地區普遍説維吾爾語，但官方事務，漢語是最普遍的語言，從北京到西伯利亞邊境，中國官方語言最方便。

至於作為清真寺語言的阿拉伯語，可以在整個中亞中東使用，所以中國推動絲綢之路，也是有語言的深意所在。

中短期的商貿，歐洲即如古代的羅馬是最終的買主，但在 2050 年後，歐洲再不是主要購買力所在。中亞中東再到非洲，是廣大的新市場，而新疆商人若有漢語、維吾爾語和阿拉伯語的優勢，是西北大開發的潛力所在。漢語無法在西方世界取代英語是很明顯的，而在絲綢之路和絲綢海運帶，一帶一路情況不一樣！《可蘭經》用的是正宗阿拉伯語！

16. 絲路黃禍中日之強弱

研究中國文化，18 世紀是法國人領先，所以拿破崙也知道《孫子兵法》，了解中國是一頭睡獅，不能驚醒，才能任西方魚肉。但 19 世紀末期，德國人似乎較有概念，中國絲路已有 2000 多年，但真正被稱為絲路，是由德國探險家 Von Richthefen 在 1868—1872 年間，七遊絲路，才正式名之為 Seidenstraße，德文先為絲、後為路。到 21 世紀，絲路再次走上經濟路線，不可不知此人。

1870—1890 年是德國俾斯麥年代，外交手腕令英法不至攻德，居功至偉，但三代老臣，處理不好與第三代威廉二世的關係，在 1890 年被趕下台，但 75 歲正該享幾年晚福，83 歲才死，但基碑只寫“此處臥着威廉一世的忠實僕人”，似乎對二世的恩怨至死不改。俾斯麥對中日的預言，不知是對誰說的，但他只預言 30 年後，“日本其興，中國其弱”，沒有說開戰，但中日的官員到德國取經，日本要學全套，中國只要買武器，求價廉，俾斯麥已客氣，沒有說要回扣。大清官員的惡習，怎能改？大清知識分子如張之洞只迷戀中國之體，但錢穆評説當時已無“體”可言，有“用”亦無用，大清必敗是必然的，大清國策只有滿族人，積 200 多年，沒可能有人才。

　　至於"黃禍"一辭，則是來自德皇威廉二世，出於 1895 年，Gelbe Gefahr 是指大清移民西來，到歐洲亂闖，而不是指五世紀的匈奴，或是 14 世紀的蒙古大軍。威廉二世亦是派軍入京，當八國聯軍老大之人，亦是發動一戰的德國皇帝，54 歲流放荷蘭，82 歲才死，沒有歸葬。

17. 絲綢之路的古代動力

　　陸上絲綢之路百花齊放，古來起點在長安（西安），2013 年第一班火車由重慶出國，到達德國杜伊斯堡，花 16 天，比海路快一倍。去年 11 月，"義烏歐"火車啟程，由浙江義烏這個 1982 年創建的小商品城出發，由新疆出口，入哈薩克，經俄國、波蘭，到德國、法國，終點西班牙馬德里，只要 21 天，基本上，歐洲各國都通了。還有一條由福建武夷山出發，這條古代的萬里茶道，直通俄國西岸的聖彼得堡，全程一萬三千公里，途經 200 個城市，蒙古、俄國都通了。除了古代輸出茶葉、絲綢、陶器、陶瓷，現代輸出茶葉外，還有四十多萬種商品。

　　古今不能相比，正如明代以前中國人口從未超過 6 千萬人。人均比較不能用南宋來和今日 13 億人口的中國相比，13 億人的聰明才智，在這激盪的三十年大發光明。古代農村社會的文盲達九成，和今日的 4% 又豈能相比。外國人看中國不但瞎子摸象，甚至還未摸到已自稱專家。中國尚有一條雲南的茶馬古道，由西藏通南亞，亦由雲南入緬甸、越南，再由海路到紅海非洲，這條路尚未通呢！鄭和的七下西洋到非洲，也只有 600 年歷史，茶馬古道可是 1300 年呢！而當年馬幫的中小企精神，和後來晉商由山西北上蒙古、俄羅斯的創業精神，21 世紀復興，正是這三十年的經濟命脈的動力，由農業生產力的角度切入是沒有意義的。資源錯配，產能過剩的西方分析方法，亦是徒勞無功的。

18. "二帶一路" 新常態

APEC 期間，令筆者最同意的辭是 "正視歷史，面向未來"，不但是中日關係，而更是中國和全球的關係，拙著《讀史觀世》之主旨亦在此。香港學子無心讀史，真令人歎息，絲綢 "一帶一路" 觀念，再次推出，而絲綢基金 400 億美元，既作投資，亦作融資，一帶一路上的國家有福了，商機亦無限。

和上海朋友們談起，對上海企業家而言，實在有 "二帶一路"，何以故？因為上海位處長三角經濟帶、長三角者，古之江南也。"絲綢之路" 賣甚麼商品，不是蘇杭的絲、安徽的茶、景德鎮的瓷嗎？APEC 兩個 "新常態" 又是創新和改革，"創新是引擎、改革是點火器"，而上海四個中心中的 "製造中心"，正在轉型為創新高科技行業，正好配合 "二帶一路" 的存在。

所以說，絲綢之路在地圖上始於西安，這是當年貨物匯流中心，而產品來自江南，江南是歷史上商品交易最繁榮的地方，絲綢之路的起點應是江南的明州（今日的寧波），寧波舟山群島加上更北一點的上海洋山港，當為 21 世紀最大的港口群。而江南文化在南宋後已是各朝代最興旺之地，市場經濟亦是最重，詳見錢穆《中國通史》和相關經濟史。江南文化自鴉片戰爭後和西方文化大碰撞，同期亦是香港的嶺南文化和西方文化大碰撞，而東西文化大融合在哪一方更有作為，亦是日後經濟活動最旺盛之處，這兩處過去 200 年的歷史豈能不細加研究？5,000 年太久，但 200 年卻不可不讀也，是為禱！

19. 霍爾果斯緣何名震天下

《華爾街日報》將新疆的口岸小鎮霍爾果斯寫入文章中，並稱之為北京絲路戰略的重鎮，不得不再上一次地理課，將絲綢之路最新地圖研究一番。

原來霍爾果斯是新疆通往哈薩克的口岸，當年在和蘇聯關係緊張之際時關閉，到 1983 年才重新開放，古時是絲綢之路的驛站，歷史雖久，近年只有三、四萬人口，2014 年 9 月才由鎮升為縣級市。這與縣級市百強的崑山和山陰還有距離，卻是和中亞五國交通的要塞，2013 年才開通的"絲綢鐵路"，由重慶出發，由此出境，入哈薩克，經俄羅斯、白俄羅斯、波蘭才到德國的杜伊斯堡，完成中歐絲路之旅，全程 16 天，比海運的 40 天，短了一倍。而另一條絲路則是經過中亞五國，哈薩克的阿拉木圖，吉爾吉斯的比什凱克，烏茲別克的撒馬爾罕，塔吉克的杜尚別，才通到伊朗的德黑蘭，土耳其的伊斯坦堡，再轉往莫斯科，最後到荷蘭鹿特丹。

這才看見霍爾果斯的戰略地位，不要以為它是小鎮，面積是紐約的兩倍，這裏還有來自土庫曼的輸氣管，高速公路通烏魯木齊，跨境鐵路自然竣工了。絲綢之帶陸路邊境在霍爾果斯，海路邊境應在何處呢？

20. 絲綢海路與亞洲未來

台灣人要玩新南向政策，但如何參與"一帶一路"，卻毫無興趣。中韓的自貿區只影響 0.5% 的 GDP，很快也就忘記了，畢竟中韓的雙向貿易也只是 3,000 億美元，但東盟呢？2020 年的目標是 1 萬億美元，遠超中日和中韓，甚至中美呢！

最近見到一幅"絲綢海上路線圖"，起點是福州，沿岸而行，到越南，再到印尼雅加達，台灣和菲律賓都被忽略了。當然，若以鄭和在 1405 年第一次下西洋開始，起點是太倉劉家港（今日屬於蘇州的一個縣），沒有張家港出名，次站是福建長樂（今日是福州一個縣，長樂人也説福州話）。600 年前，台灣還是化外之地，荷蘭人還未到呢！不在絲綢之路上是正常，但今日不應如此！

過去幾年，中美之爭，在整合亞太貿易上，有 TPP 和 RECP 之爭，TPP 是美國加 11，RECP 是東盟加 6，TPP 是無中國，RECP 是無美國。但此次

APEC 之全，總算推出 FTAAP，雖然為期至 2025 年，但 APEC 21 國一家親，總算有個苗頭，TPP 和 RECP 都變成權宜之計，但二者都沒有台灣參與，只能寄望 FTAAP 了。2016 年藍綠換位，又不知會拖多久了。中國成立亞投行（AIIB），已有 57 國加盟，年底更會增至 100 名。台灣外匯多，只用來買低息的美債，台灣未免也太保守了，遠見和執行力永遠是管治之道，兩者皆缺前途堪憂，不是嗎？

21. 絲綢之路和夥伴關係

絲綢之路"一帶一路"的戰略，最終目的地是歐盟，陸路是途經中亞和中東諸國，海路則通過東盟南亞一帶，很明顯歐盟諸國崛起五百年，已經衰落了一百年，但仍是消費大國。

中國和歐盟建立"全面戰略夥伴關係"（第 4 級），到 2014 年已是第 11 個年頭了，過去 11 年，歐盟與中國保持第一大貿易夥伴關係，雙邊貿易達到 5,500 億美元；美國雖強大，單獨來說仍不能是第一，只有 5,000 億美元。

2014 年亦是中國和東盟建立"戰略夥伴關係"（第 7 級）的第 11 年，中國東盟自由貿易區亦在 2010 年簽盟，成為"東盟 10+1"這個全球人數最多（19 億人口），發展中國家最大的自由貿易區。如今已發展到 RECP，"東盟 +6" 了。中國東盟雙邊貿易在 2014 年將是 4,600 億美元，2015 年達到 5,000 億美元再不是夢，而 2020 年翻一番，到 10,000 億美元，亦只是每年增長 15% 的數字而已，海上絲綢之路能不重要嗎？東盟最大國是印尼，中國和印尼關係已提升到"全面戰略夥伴關係"的層次，睦鄰重要，誰說中國和周邊關係欠佳呢？

2013—2014 年間，和中國關係提升至"全面戰略夥伴關係"（第 4 級）的，除了印尼外，還有澳大利亞、紐西蘭、蒙古、阿根廷、委內瑞拉和墨西哥（美國的後院關係亦提升了）。印尼已發聲要加入中國主導的亞投行，雖然希望行址設在雅加達有點難度，但很明顯，美國影響力已下降，不然紐西蘭又怎肯加入？絲綢海路也經澳、紐也，利之所在，美國太遠了！

22. 絲綢海路莫忘澳門

澳門曾是葡萄牙的殖民地，經過 400 餘年才回歸中國。筆者多年的認知，最近被上海的教授推翻了，當年割讓澳門原來不是明朝嘉靖皇帝，而是清朝光緒皇帝，1887 年簽訂的《中葡和好通商條約》，才讓澳門由番人住的地方（番坊），變成殖民地，為時 112 年，比香港的 156 年還短。

在此前的 300 餘年，大明和大清都有專門官吏管理澳門，是廣州的海道副使，當年的小官而已，而小官則有大權，葡萄牙只要交上五百兩白銀的賄款，就可使用澳門。不過，在 1572 年，葡萄牙的代表去交賄款時，不知就裏，居然公眾交款，這位小官不敢公開接收，就當眾宣佈五百兩納入國庫，這項租借變成正式，葡萄牙就此成為賃居方，亦是千古奇聞。這一年明朝的隆慶皇帝才 35 歲就死了，當然不知道，萬曆上台才 10 歲，他知道否？但當時為政是張居正，這位精明的 CEO 是在交接間忽略了嗎？亦是無從稽考了。

葡萄牙是第一代的歐洲人進襲亞洲，第一站是印度果阿（1510 年），第二站是馬六甲王國（1511 年），然後才是澳門（1513 年），由澳門為起點，一條是到日本長崎；一條是經馬六甲、印度到歐洲；一條是經馬尼拉到南美洲，這條當年的"白銀之路"，令美洲白銀大量流入中國，農作物如蕃薯、玉米，亦迅速在中國推廣，而中國的絲綢亦大量輸出到世界各地。對葡萄牙而言，"日不落帝國"是他們，比英國早 200 年，而絲綢之路亦不能忘記葡萄牙和澳門。

23. 勿忽略新絲路

　　1912 年 8 月，孫中山和袁世凱會面，談到他的鐵路大計，要在 10 年內負責 20 萬里鐵路，這個計劃等了 100 年。2014 年 12 月，"義新歐"鐵路啟動，由浙江義烏經新疆到西班牙馬德里，全長 13,052 公里，比俄國西伯利亞鐵路更長，印度人驚呼為 "21 世紀的新絲綢之路"。這不是第一條，2013 年已有 "渝新歐" 路線，由重慶經新疆到德國杜伊斯堡，亦打破 1 萬公里長。路經新疆的還有 "漢新歐"，由武漢經新疆到捷克；"合新歐" 由合肥經新疆到德國；還有 "蓉歐" 可由成都到波蘭，"鄭歐" 由鄭州到德國漢堡，應該中間都經過新疆，新疆的邊境小鎮霍爾果斯，從此名揚天下。

　　而中國的 Go West 戰略，從此成形。多少年了，中國式的 "慎思密慮，徐以圖之" 正在發揮，在不知不覺間，"一帶一路" 的戰略推出，還不是由傳統的西安出發。義烏這個 "世界小商品之都"，位於浙中，經寧波海路出口需時 30 天，但經 "義新歐" 線只要 21 天，運費較平，西班牙要當中國商品集散中心的雄心可見，由西班牙再通非洲應是最方便了。

　　事實上，名是通歐洲，但途經中亞五國，還有中東諸國，沿途就可以卸貨了，日後中國和西班牙有 FTA，西班牙的紅酒、伊比利亞火腿和橄欖油便大有競爭力了。中國出歐洲，還有一條 "蘇滿歐" 路線，由蘇州經滿洲里至俄國到波蘭，這線是北上之路。長三角由蘇州作起點，上海到蘇州的高鐵，只耗時 30 分鐘。上海自貿區不一定由海路，這次多向的新絲綢之路，不可忽略。

24. "一帶一路" 的妙處

　　中國現在所面對的問題，顯而易見的是東部沿海經濟有頹勢，優惠政策要轉移到中西部以防止企業外移。這是日本所未能做到，日本中小企要等了

20 年才到中國找機會，大企業早已外移。

　　中國企業家的拼搏精神，到非洲也有百萬人，但只要成本合理，天下都去得。中國四大自由貿易區都已上路了，創造國際化和合理營商環境走出一大步，日後在經濟自由度上可以大大加分。這方面香港排全球第一，中國內地只排在第 139，有的追，亦有大空間發展。

　　中國銀行系統有 130 萬億元存款，GDP 只是 60 萬億元，如此多資金，一旦失控，當然風險大，但大企業得資金易，中小企和民企仍在捱貴利息，而在正常渠道拿不到錢，減息和放款到位，才能協助最具創新精神的民間中小企。銀行此間人才要大力培訓，市場是聰明的，順應要求。

　　投資三大引擎——基建、地產和製造業，都有觸底的問題。有了"一帶一路"，帶出海外需求，製造業靠創新，房地產靠開放，都是有解的，只要用人恰當，點子夠多，總有出路，這亦是人口紅利。勞動力不足，但想像力不會不足，這是新興大國的強點。當然貨幣主導權要有，但也不必急於全面開放資本賬戶，少了外國熱錢的衝擊力，一切大吉，要股民們全面成熟，多些教訓，才開放吧！

　　就業大軍當然要保住，在加重服務行業比率中，自然達到，美國不就是如此嗎？不過美國貧富懸殊嚴重，最低工資和華爾街大老收入不能比，中國還未至於此，還擔心嗎？

25. 五十年後的"一帶一路"

　　歷史是無時無刻不在變遷進化當中，但歷史亦是從來不如人願的，美國 GDP 在 1872 年就超越了世界霸主的英國，但到 1900 年，美國仍被視為二流國家，世界大事仍在歐洲決定。到 20 世紀初，美元區仍未能取代英鎊區，歐洲要經過二次世界大戰，變成了廢墟，美國才能在經濟獨大外，軍事亦獨大。成為霸主要到 1945 年，其間經過足足 73 年，四分之三個世紀了。但美國是有人口紅利，二戰後吸引了大量歐洲移民，人才雲集，才有夢境，所以直線思維，一切只全向上走，從來都是錯誤的。

1980 年代，日本經過 20 年的繁榮，自信成為 Japan Number One；1989 年人均 GDP 超過美國，直線思維又再犯錯誤，變了迷失 20 年。美國沒有大超越，但日本沉淪了。畢竟人口紅利並未佔優勢，日本反而在人口出了問題，少子化變了不治之症；俄國亦在蘇聯解體後，發生同樣問題，人口紅利消失了。美國自 1945 年起，統治了世界 70 年，但人口是美國 4 倍的中國出現了，中國 GDP 在 PPP 計算下，超越了美國，但以美國的興起看，還有 73 年呢！

即使說在科技世界一切都會更快，但中國世紀不會從天而降，避免直線性思維是必須的，中國的強大必在軟實力的成長；中國"和為貴"的文化能融入西方人的頭腦之中，總得要個 50 年，所以群龍無首 50 年，是大勢所趨，急不來。中國世紀非到 21 世紀之末不為功，一帶一路的發展，50 年後又如何，這是歷史的軌跡。

26. 世界港口三十年之變

上世紀八十年代，航運業"萬年老大"是新加坡，"萬年老二"荷蘭鹿特丹，台灣高雄也在前列。那是四小龍時代，十大港口中，沒有大陸的港口。

首先要明白，港口有多大，要看整個貨物吞吐量，香港只專注集裝箱的業務，確也井井有條，但處理糧食、煤、礦和油的貨物市場就放棄了。當時海運外，還有航空業務，那是另一個世界。

三十年河東，三十年河西，新加坡繼續握住東盟的咽喉和馬六甲海峽之利，力爭上游。上海發現了在海外的洋山港，是港外加港。寧波和舟山群島的港口合併了，如虎添翼，要不然一百多年前，英國艦隊在舟山群島多時都不肯退兵，今日悔恨難返。高雄變了綠營城市，外資和台灣北部資金都退而不前。所以，以貨物吞吐量排名，2014 年第一是寧波舟山港，第二才是上海，其實兩港相去不遠，第三是新加坡，剛發生大爆炸的天津第四。天津自貿區之大，怕比浦東新區還大，河北唐山第五，廣州只能排到第六，蘇州第七，青島第八，萬年老二的鹿特丹第九，大連第十。

對不起，香港和台北都不在十名內，只在集裝箱排名，香港排第四，上海第一，新加坡第二，深圳第三。地理上，香港和深圳若合併，有如寧波舟山的合併計算，肯定世界第一，但三十年前想到的人都退休不在其位了。其他寧波舟山第五，仍有後上機會，韓國釜山第六，青島第七，廣州第八，杜拜第九，天津第十。所以算港口，世界十大中國大陸佔其八，算集裝箱十佔其七。咦，美國不是全盤失手了嗎？這就是海上絲路的支柱。

27. 絲綢之路大框架

全球重心轉向亞洲是不可逆轉的事，美國要重返亞洲，其理亦在此，要知道到 2025 年，世界上只有 10% 人口住在發達國家，消費市場在哪裏很明顯，問題是世界經濟增長不比上世紀是不可避免，以 2008 年為分界，此前 50 年的世界增長，是此後增長的一倍。

中國要發展"一帶一路"，放眼沿途國家，非洲甚至最後比歐洲重要也是可能的。陸運和海運同樣重要，而陸運到歐洲在時間上比海運要快、成本要輕，所以中國要雙翼齊飛。美國重返亞洲，即使可以在南海橫行自由，又可以達到甚麼經濟目的。

根據最新海運港口報告，世界 50 大港口，11 個在中國，16 個在亞洲各地，這 27 個港口佔了全球集裝箱市場的 71.2%，中國在 10 大中佔了 7 位，市場佔有率是 41%。值得香港注意是寧波舟山港已爬頭，成為世界第 4，香港變了第 5 位，只能勝於青島、廣州、天津、廈門了。美國的港口在世界 50 大中，市場佔有率只是 6.2%，日本更可憐，只有 1.7%，所以日本港口靜寂，是正常的。

　　"一帶一路" 的擴張版圖如何？2016 年 4 月統計，全球佈局，希臘比雷埃夫斯港口控制權在手了；澳洲達爾文港 99 年租賃權得到了；阿爾及利亞金爾沙勒港亦在完成中；巴基斯坦瓜德爾港早在 2007 年就投入了；非洲吉布提的軍港補給權，甚至加拿大東岸悉尼港亦在建集裝箱終端了。21 世紀絲綢之路的框架基本完成，陸路則以經中亞到俄羅斯為主線，2025 年應完成吧！

28. 結語：2050 年的 "一帶一路"

　　當購買力平價（PPP）計算不利的時候，G7 人士當然就用回市場匯率价（MER），但即使如此，PWA 估計到 2030 年 E7 的 GDP 亦會超過 G7。無他，G7 只能增長 2.1%，而 E7 卻是以平均 3.8% 的速率增長。G7 甚至有可能受日本拖累，連 2.1% 也達不到，而中國和印度的增速，亦未必只有 3.8%，加上 "一帶一路" 上的經濟體，印尼、土耳其、埃及、巴基斯坦、馬來西亞、孟加拉、菲律賓、越南等等，都看被好。伊朗在西方制裁撤消後，亦可望加速，其他伊斯蘭國家，更以尼日利亞被看好，由 2014 年的第 20 位，升至 2030 年的第 16 位，待到 2050 年，估計為第 9。這時候的 G7，美國第 3、日本第 7、德國第 10、英國第 11（英國在 2016 年脫歐，則作別論）、法國第 13、意大利第 18、加拿大第 19。到 2050 年，G7 只佔 G20GDP 總額的 33%，而金磚五國所佔比例為 51%，誰更有表決權呢？這時候早已是亞洲世紀多年，世界十大經濟體，亞洲有中、印度、印尼、日，佔了四席。日本因為人口收縮，GDP 只能排在末位。日本在 2016 年還在拚命當中國絆腳石的角色，其實更嚴重是印度、印尼都從後而上，日本卻無能為力。往後 30 年，日本要當經濟大國已不成了，所以要當軍事大國，甚至成為擁核國家，亦是其"理想"之一。怎麼能全心支持奧巴馬的"無核化世界"夢呢？奧巴馬在任最後一年，拚命要留下政治遺產，看來經不起考驗，不如支持"一帶一路"更有希望。

三、亞投行的運作

1. 亞投行的歷史使命

　　亞投行本來就是一筆 8 萬億美元的大生意，是中國 "一帶一路" 策略的財路，但美國和日本卻不在 "一帶一路" 的路線圖上，所以 "一帶一路" 終點的歐洲國家要參加，而美日卻以 "標準" 作遮羞布，嗤之以鼻外，還加以遏制和牽制，但利之所在，歷史的進程，美日聯手也擋不了。不要忘記，美日都有大量國債，美國還有一個事事說不的國會，要撥款百億美元來參加亞投行，本來就過不了關，凡奧巴馬贊成的，國會就反對。

　　亞投行的業務是否無中生有，中國是否沒有高標準呢？銀行界都知道中國有國開行（SDB）和進出口銀行（Eximbank），早就和世銀、亞洲開發銀行（ADB）及美洲開發銀行在進行貸款競爭，陳元主理國開銀行怕有二十年吧，怎能沒標準？人們奇怪的是，經過多年經營，中國兩行的貸款在拉丁美洲已超過世銀和美開行總和，而在亞洲，貸款亦超過世銀和 ADB 總和，證明世銀和 ADB 已在這兩個地區敗陣。

　　ADB 雖云建自 1960 年，但九任 CEO 都是日本財政部官僚，而非銀行家，眼光止於日本，而未及亞洲發展，當然也料不到中國和印度的崛起，所以 ADB 嚴重欠缺資本和增資計劃。

　　當今貸款市場，已非美國日本天下，誰也不會大力支持華盛頓和東京，所以要亞投行不成功，只是遏制心態的又一次失敗之作，天下大勢如此！

2. 亞投行的順理成章

亞投行事件令人看清楚美國是甚麼一回事，"臥榻之側，豈容他人酣睡"而已。問題是 21 世紀的建設和需要資金，肯定是"亞洲世紀"而不是"美國世紀"，每年 8,000 億美元的需求，10 年就是 8 萬億美元，誰來融資呢，IMF還是 ADB 呢？

看看兩者的報表，IMF 放款約為 4,320 億元（美元，下同，2014 年底數字），ADB 只找到 2013 年，報表有點遲呢！金額是 210 億，由 2009—2013 年的 5 年平均貸款額約 202 億，沒有增長，是欠項目還是欠資金，還是欠意願呢！ADB 的資本額是 1,638 億，貸不出去就買日本國債，要不然何以九任CEO 都是日本人？雖然組織上仍有七位老二，中印各佔其一，再加上一位尼泊爾人、一位美國人、一位法國人、一位西班牙人、一位澳洲人，亞洲人只得三位，誰話事呢？真是日本人嗎？ADB 3,000 名員工，請了 67 個會員國中的 61 個國家的員工，都是 expats，成本能低嗎？50 年的組織，是不是要行"革卦"呢？無論如何，面對 8 萬億的需求，IMF 和 ADB 都是無能為力的，只有用最高標準來拒絕貸款而已。

錢從哪裏來，全球 167 家中央銀行的外匯準備金，由 2000 年的 2 萬億，升至 2014 年的 12 萬億，中國 2000 年只有 1,665 億，2014 年已是 38,000 億了，單是排名的首 20 家央行的外匯準備金已接近 12 萬億美元。中國只拿 1,000億就可以支持亞投行，順理成章日後增資是必須的，超過 ADB 是無疑的，到北京申請入行，比去馬尼拉有前途！

3. 高標準營運的範例

美國堅持亞投行要有"高標準"，但標準可以有多高？以烏克蘭為例，IMF2014 年 3 月 11 日，批准了 175 億美元的烏克蘭援助計劃，條件是烏克蘭要成功地推行經濟、預算和貨幣政策。有可能嗎？自 1997 年亞洲金融危機以來，IMF 只有此獨步單方，馬來西亞拒絕了 IMF 援助而自救成功。

和 IMF 唱對台戲的是評分公司穆迪，3 月 24 日就將烏克蘭評分自 Caa3 級三降 Ca 級；只有一級就到違約的 D 級了。穆迪維持負面展望，認為債務重組的談判失敗居多，違約可能性達 100%，不知違約莊家的 CDS 要價多少了。

回顧烏克蘭的評分歷史，在 2000 年是 Caa1 級，2000—2003 是 B1，2004 年橙色革命，下降回 B3，以後至 2012 年間都在 B1 至 B2 間掙扎；意思是說，烏克蘭的債券從來都是垃圾級（要 BBB 以上才是投資級）。烏克蘭人口 4,500 萬，面積比法國還大，是歐洲第一大國，何以至此？烏克蘭人均 GDP 才是 4,000 美元（俄羅斯是 1.4 萬美元），如今淪為全球風險最差國家。全球 167 個國家，有 114 個有評分，53 個無評分，最差是委內瑞拉 Caa3。其他阿根廷、古巴、埃及、希臘、巴基斯坦、厄爾瓜多，都是 Caa1。克里米亞回歸俄國，只要 3,000 萬美元成立央行，一切有老大哥罩住，烏克蘭損失了俄國這個 25% 出口大客戶，歐盟卻無人幫忙，只能靠 IMF 的 "政治" 決策，政治從來救不了經濟，夠高標準！

4. 亞投行和國開行比較

20 世紀在銀行界從事項目貸款的行家，莫不以到世銀、IMF、亞洲發展銀行為 "少林寺"，但又因這些機構公營氣氛很重，官僚架構，不是人人捱得住，但喝過洋水，身價也高些。

到了 21 世紀，忽然上海出現了金磚發展銀行，北京則有亞投行，各有 1,000 億美元的資本金，還要全球招聘，唯一問題是薪酬過高，cost income 比率太高，不合中國的銀行經營之道。其實樣板現成有一家國家開發銀行，簡稱 CDB，和在馬尼拉的 ADB，早已競爭多年。

CDB 在 1994 年就成立，陳雲之子陳元管理多年才退休，2008 年改制為商業銀行，員工已達 8,000 多人，是此類銀行的人才庫，員工中 97% 有大學學位，60% 有碩士及以上學位，員工教育程度實屬頂級。若論資本額，2014 年底有 6,800 億元人民幣，亦即超過 1,000 億美元，已和亞投行相等。過去 10 年，貸款項目 4,000 宗，貸款額 1.6 萬億元人民幣，總資產亦達 10.3 萬億元人民幣；海外貸款佔總資產 12.7%，壞賬率 NPL 只是 0.65%，比各大銀行平均的 1.2%，只是一半。

CDB 貸款項目包括基建、交運、通訊和各基礎工業，所以中國早已在基礎設施和項目貸款方面有 20 年的經驗，不是新手上路，只是日後人才如何調配而已，不必勞煩美國和日本等人擔心了。只是如今亞投行原始股東共有 57 個國家，其間政治如何玩，才是頭痛之處。

CDB 的 ROE 在 2014 年亦有 15.63%，當年利潤 977 億元人民幣，日後亞投行要賺多少錢，那要和 ADB 比較了。

四、亞投行和國際組織銀行的介紹

　　美國從一開始反對建立亞投行 AIIB，到 2016 年 6 月又暗示要積極加入 AIIB，但已不是原創國了。美國從前是"一言九鼎"，現在是"誠意有限"，就可見其國勢。自二戰以來，美國建立並主控了 5 家國際組織發展銀行，分別是 1944 年世界銀行 WB（投票權美國 16%、歐盟 20%、日本 7.5%），1958 年歐洲重建發展銀行 EBRD（投票權美國 10%、歐盟 36%、日本技術投資），1959 年拉美發展銀行 IADB（投票權美國 30%、歐盟 10%、日本 5%），1964 年非洲發展銀行 ADB（投票權美國 6.6%、歐盟 18.7%、日本 5.5%），到 1966 年才建立亞洲開發銀行 ADB（美國 12.7%、歐盟 15.7%、日本 12.8%）。美國每家都派一名 Executive Director 去操作，誰當總裁，美國話事，在 EBRD 網中看到台灣也有參與，名字列為 Taipei China。國際上就是如此，不懂中文的外國人不理會，China 是中國，Chinese 反而是中華，一切以英文為準。

　　這 5 家國際組織發展銀行，幫助世界發展幹了不少事，但近年有點追不上世界發展。2015 年以來，賬上放了多少銀兩，報載是 7,000 億美元。不過，筆者從網站所得，世銀 1,550 億美元、EBRD1,380 億元、IADB780 億美元、IADB880 億美元、ADB620 億美元，合共 5,210 億美元，而中國發展銀行 CDB 一家已是 13,630 億美元，雖然大部分是在中國，海外只得 2,600 億美元，亦不少，再加中國進出口銀行的 1,417 億美元，中國在這方面是有經驗，亦應有發言權，就是這回事！

附表 -1

世界各國人均 GDP 比較表

	1900	1950	1973	2015	2015：1900
新西蘭	4,320 (1)	8,495 (3)	12,575 (9)	44,342	10.2
澳大利亞	4,299 (2)	7,218 (5)	12,485(10)	61,925	14.4
美國	4,096 (3)	9,573 (1)	16,607(2)	54,629	13.3
瑞士	3,531 (6)	8,939 (2)	17,953(1)	85,594	24.2
阿根廷	2,756 (12)	4,987 (12)	7,970 (19)	12,509	4.5
委內瑞拉	821 (27)	7,424 (4)	10,717 (15)	12,771 (2012)	15.5
日本	1,135 (23)	1,873 (29)	11,017 (13)	36,194	31.9
菲律賓	1,033 (24)	1,293 (34)	1,956 (36)	2,872	2.8
台灣	759 (30)	922 (38)	3,669 (31)	23,000	30.3
中國	652 (34)	614 (45)	1,186 (42)	7,590	11.6
韓國	858 (20)	876 (39)	2,840 (34)	27,970	32.6
印度	625 (36)	597(46)	853 (47)	1581	2.5

附表 -2

世界銀行撮要 World Bank Summary

成立	1944
地點	華盛頓 Washington DC
會員	188　41% rating ≥ AA
員工	12,335 + 4,804 顧問
投票權	美國（16.16%）；日本（7.49%）；中國（4.83%）； 德國（4.38%）；英國（3.93%）；法國（3.83%）
評分	AAA
資本	paid in: $15.2 Billion　　　Callable: $237 Billion
目標	扶貧 poverty reduction
界別	Investment project financing（$15.8 Billion）； Development policy financing（$6.8 Billion）； Program for result（$0.9 Billion）
貸款地域	巴西（$15.4 Billion）；墨西哥（$14.7 Billion）；中國（$13 Billion）； 印度（$12.5 Billion）；土耳其（$12.1 Billion）； 哥倫比亞（$8.5 Billion）；波蘭（$7.1 Billion）； 阿根廷（$5.8 Billion）；烏克蘭（$4.6 Billion）

貸款金額	已貸出 $155 Billion	待用 $60 Billion	總額 $215 Billion
	國家貸款 $215 Billion	私人　--	總額 $215 Billion

資產負債表	貸款額 $155 Billion	借款 $161 Billion	
	投資 $50 Billion	其他 $11 Billion	
	衍生工具 $134 Billion	衍生工具 $132 Billion	
	其他 $4 Billion	資本 $15 Billion	
	盈餘 $24 Billion		
	總資產 $343 Billion	總負債 $343 Billion	

費用 / 收入比率（2015）	69.3%
損失（6/2015 / 6/2014）	（$786 Billion）/（$958 Billion）
貸款年限 Maturity	8-35 years
貨幣 Currency	US（78%）　　Euro（19%）　　Other（3%）

附表 -3

亞投行撮要 Asian infrastructure Investment Bank (AIIB) Summary

成立	2015	
地點	北京 Beijing	
會員	57（目標 100）	
員工	最終 3,000 人	
投票權	中國（30%）；其他（70%）	
評分	未定	
資本	$100 Billion	
目標	一帶一路基建計劃	
界別	鐵路，機場，高速公路，海港，電力	
貸款地域	一帶一路沿途 67 國	
貸款金額	已貸出兩筆	第一筆巴基斯坦公路
資產負債表	總資產 $100 Billion	資本金 $100 Billion
費用／收入比率	未刊	
收益	未刊	
貸款年限 Maturity	長期	
貨幣 Currency	未定	

附表 -4

亞洲開發銀行撮要 ADB Summary

成立	1966
地點	馬尼拉 Manila
會員	67（48 亞洲）
員工	2,977
投票權	日本（12.84%）；美國（12.75%）；中國（5.5%）；印度（5.4%）；歐盟（15.7%）
評分	AAA
資本	paid in: $17.4 Billion　　Callable: $139.7 Billion
目標	扶貧
界別	交通（37.7%）；能源（21.9%）；公共管理（10.3%）；水利（9.2%）；教育（2.7%）
貸款地域	中國（24.3%）；印度（24%）；印尼（10.5%）；菲律賓（6.8%）；巴基斯坦（6.4%）
貸款金額	已貸出 $61.9 Billion　待用 $25.9 Billion　總額 $87.8 Billion 國家貸款 $81.8 Billion　私人 $6 Billion　總額 $87.8 Billion
資產 負債表	淨資產 $61.9 Billion　借款 $66.1 Billion 投資 $23.3 Billion　股本 $17.4 Billion 衍生工具 $32.5 Billion　衍生工具 $34.2 Billion 總資產 $117.7 Billion　總負債 $117.7 Billion
費用 / 收入比率	70%

附表 -5

中國進出口銀行撮要 China EXIM Bank Summary

成立	1994
地點	北京總行，24 家國內分行，巴黎分行
股東	中國
員工	2,546（大學 42%，博士碩士 56.5%）
投票權	中國（100%），國務院直屬
評分	AA-
資本	Paid in: RMB 5 Billion　　Net worth: RMB 28 Billion
目標	支持中國進出口業務，改善投資環境，提高生活水平
界別	出口：機電產品，高新技術，對外承包工程，境外投資
	入口：技術設備，資源類產品（RMB 139.9 Billion）
貸款地域	東盟，南亞，中亞，西亞，中東歐，南太，加勒比，非洲

貸款金額	已貸出 921 Billion	待用 1.03 Billion	總額 922.3 Billion（人民幣）
資產負債表 (12/31/2014) （人民幣）	發放貸款 1,741 Billion	應付債務 1,646 Billion	
	銀行往來 450 Billion	銀行往來 534 Billion	
	投資 58 Billion	其他 160 Billion	
	其他 19 Billion	股本 28 Billion	
	總資產 2,368 Billion	總負債 2,368 Billion	
費用 / 收入比率	29%（不包括撇賬）		

附表 -6

國家開發銀行撮要 CDB Summary

成立	1994				
地點	北京				
會員	2008 改為商業銀行				
員工	8,723（大學 37%，博士碩士 60%）				
投票權	中國財政部 50%，匯金 48%，社保 2%				
評分	AA-				
資本	RMB 680.8 Billion				
目標	改善民生，拓展國際合作				
界別	基建	通訊	交通	基本工業	海外投資
貸款地域	中國（87.3%）RMB 7,940 Billion　　海外（12.7%）$ 260 Billion 東部（45.95%）　　中部（19.4%）　　西部（25.31%）				
貸款金額	RMB 8 萬億包括 4,000 項目 基建（17%）　電力（10%）　公路（18%）　鐵路（8%）　石化（6.8%）				
資產負債表 （12/31/2014） （人民幣）	貸款　7,942 Billion　　債券　6,353 Billion 存款　1,062 Billion　　同業存款　2,496 Billion 其他　1,313 Billion　　其他　787 Billion 股本　681 Billion 總資產　10,317 Billion　　總負債　10,317 Billion				
費用 / 收入比率	17%				
不良貸款率	0.65%				
貸款撥備率	3.43%				

附表 -7

RCEP Vs TPP (GDP PPP) in $Trillion

RCEP				TPP		
	2015	2030			2015	2030
China	19.40	44.2	US		17.90	35.3
India	7.97	21.2	Japan		4.83	7.84
Japan	4.83	7.84	Other 10		7.84	16.40
S. Korea	1.85	4.10				
Australia	1.14	2.44				
New Zealand	0.17	0.34				
Asean 1	6.91	14.07				
Total	42.27	94.19	Total		30.57	59.54
World	113.50	227.00	World		113.50	227.00
% of world	37%	41.6%	% of World		27%	26.2%
RCEP/TPP	1.38	1.58				

第五章

中國夢的絆腳石
—— 中日關係

一、中日結怨的來龍去脈
—— 千年來的中日關係（上）

1. 中日結怨始於金國

　　呂思勉教人讀史，先由社會科學入手，有了門徑，才能讀史。首先由讀近人所著的書（如錢穆《國史大綱》），除本國史，還要讀外國史，因為現代史是世界史，任何一個國家的事實，不能撇開他國而說明（如中國、日本近日發生的事，可回看 1 千年前）。要用他國之事，說明本國的事，則對他國之事不可不知，因為人類社會的狀態，乃由環境不同，事實雖異，但原理則一。最怕是"視自己社會的國俗制度為天經地義"，以為只有如此，至少以為如此最好（如美國過去幾十年的做法）。只有廣知世界各國歷史，才能打破成見，況且各國歷史，還可互相比較，最為有效。

　　正如中國努力提倡"和平、合作、發展、共贏"的理念，日本總是"不安、不信"，反而"擴軍、遏制、不友善、心虛"，何以故此呢？中國是大陸國家，日本是海洋國家，本應相安無事，但《國史大綱》有一段金國攻日本的記載。公元 1019 年，是宋真宗和遼聖宗在位之時，"女真曾以巨艦 50 艘由圖們江口泛海南航"，一船可載船夫和戰士多及 100 人，"越高麗東岸，抵日本對馬島、壹岐島，並攻入福岡灣，擄殺甚大。"事見日本記載，並類此者不只一次。女真即宋遼時代生活於長白山、黑龍江、松花江一帶的金人，和渤海同族。據日史記載，渤海盛時，與日本交通見記錄者不下 50 次，渤海亡國不久，"女真崛起，遂變和平之商路，為征伐之航程，及其海上之活躍，乃轉為陸地之侵擾。"所以日本和來自中國大陸的金人有仇，已有千年。其實金國和渤海國的後人就是建立大清朝的滿洲民族，千年後，五族共和，日本人才不管對方是漢滿蒙回藏，反正蒙古人主政的元朝，亦曾派兵攻東瀛，只是被日本"神風"所阻，無功而退，大陸是威脅，是深入民間的。到明朝，中國有倭寇之災，雖非日本正規軍，但威脅來自東洋，也是深入民間的。

　　日本精英在過去千年，除了精研儒學，對中國歷史也是嫻熟於心。正如呂思勉所言："中國民族，近一千年來的創痛，都失敗在武力不足上。"自北宋開國，北方就有契丹人建立的大遼，立國 219 年，遼亡，建西遼，再延 88 年共 307 年，比北宋國祚 167 年要長。但金國起兵抗遼，兵不滿萬，諺云"女真不滿萬，滿萬不可制。"自金起兵至滅遼前後不出 12 年，由滅遼至滅宋，不出 2 年，北宋末年，有 80 萬禁軍，金國只有兵 6 萬，北宋卻不堪一擊。日本人對此是了然於心的，金人以兵力之少，滅遼之速，已大出意外。北宋不堪一擊，更是意外中的意外，不過"要吞併偌大一個國家，須得慢慢消化"。金人第二次南下，盡擄徽欽二宗，外帶三千人北歸，南宋高宗才有機會立國，但南宋是屈辱的，雖有岳飛，但不敵秦檜，大宋皇帝要"奉表稱臣"，當古代的"小弟弟"，這是有名的《紹興和議》，除了稱臣，還要割地輸銀絹各 25 萬兩。日本人見有此先例，乃有甲午之戰，《馬關條約》割台灣，輸銀二億兩，還好是"一次過"。秦檜最大的罪過是"遂令人竟認對外主和為正義公論所不容"。明朝崇禎皇帝"以不敢與滿洲言和誤國"。秦檜不只是南宋罪人，亦明朝罪人，延綿千年也！這正是錢穆的結論，言戰言和要看環境，能屈能伸方是好漢。

2. 漢奸源於異族主導的中國政權

蒙古民族入主中國，錢穆是這樣說的："中國史開始第一次整個落於非傳統的異族政權的統治"，蒙古入主對中國正如暴風雨之來臨，蒙古驕兵，震撼歐亞兩洲。自成吉思汗即位，至忽必烈滅宋，經過五位大汗，共 74 年，如無劉整、呂文煥之降，南宋尚不至速滅，可見漢奸之用途。滿洲民族滅大明，亦是重用洪承疇和三藩，日本精英讀中國史至此，當然明白日後進攻中國要如何做，看 20 世紀日軍侵華，準備功夫之充足，可謂深謀遠慮了。

不過讀史要讀全套，以蒙古兵兵力之強，單是打襄陽就花了六年，圍樊城亦四年，到追宋帝昺到香港附近，又花了六年，要三年滅中國，日本人亦大言不慚也。蒙古人留下教訓是既看不起漢人南人，亦不能任用，只用了其中壞劣分子，沒有所謂政治事業，只知防制反動和徵斂賦稅。最後雖有"震鑠亞歐兩洲的武力，終於在漢人的蜂起反抗下，退讓出他們的統治。"只統治中國 90 年而已。天下之重，在財力、文化，不單在軍力也！

談到中國有漢人南人之分，始於金朝。金人以先取遼地為漢人，繼取北宋河南、山東為南人。金世宗評語是："南人獷直敢為，漢人性奸，臨事多避難。"只因"其人久陷異族，受迫茹荼之久，而德性漸墮也。"到了元朝，漢人定義是"黃河流域之中國人，原受金人統治的"；南人是"長江流域以南的中國人，為南宋所統治者"。漢人那時是三等人，而南人則是四等人了。到了明朝，全是漢人，已無漢人南人之分了。但《國史大綱》說："清人所以得吞南明，其最重要原因，厥為漢奸之助。"滿族祖先的大金，得汴京而不能有江南，因為未有漢奸。張邦昌、劉豫為漢奸，所以無成，因其本無軍隊；三藩如吳三桂的部下，是明朝邊兵精銳所聚，而南明桂王的軍隊，則是左良玉、李自成、張獻忠的遺餘之兵，不能打也。但平三藩，仍是漢人，奈何！對漢奸"刻意利用"，是大清得國之秘訣，所以中國人仍有南北之分。

　　錢穆分析，北方一部分士大夫和清朝政權妥協，"這在他們是承認一個異族的君主，而交換到傳統政體之存在與參政權之繼續。"但南方是反抗而失敗的，所以反清心理一直存在到清亡。同時明末遺民，並未令人失望，本來明末社會"風氣墮落"，學者"空虛欺詐"，名士"放誕風流"，但經亡國之禍，態度激變。"刻苦、堅貞、強毅、篤實、博綜"成為明朝遺老"治學為人"的共有風格，民族元氣得以保存。這批遺老如黃宗羲、顧亭林、王船山，全都是"少歷艱苦，晚臻耋壽，有體有用，人生圓滿"，和清初漢奸的晚景，不可同日而語。

　　但氣節只在有志氣的士人身上，到鴉片戰爭，林則徐虎門銷煙，戰爭一起"前後各役，無不有漢奸為外人效力"，"國民性喪失至此，能不懼乎"。呂思勉指出："南方開關晚，或以處左遷貶謫之人，或則用孤立無援之士"，他們"志氣頹唐，能奮發有為者少，甚或不矜惜名節。"當上漢奸，也就不奇了。在宋明以來，儒者的氣節和剛正之氣，一直保存，而另一方面，漢奸亦層出不窮，這個陰陽二氣同時出現，正好反映世道之無常。

3. 中國的積弱和日本的變革

　　日本明治精英由尊王攘夷，一變而為變法維新，全盤學習西方，而不是盲目抗拒西方，躲過一大劫，亦從此採納了西方文化中的帝國掠奪，要先取中國，再霸亞洲，但最後和西方利益衝突，乃有先勝後敗甚至一敗塗地的險境。

　　日本精英從中國被外力掠奪的歷史中，學會了先取"遼地"（中國的東北）。東北在清代，正是"龍興之地"，禁止漢人移民，所以東北變成"非實際佔有"，這是滿族人的私心。東北開關要等到光緒二十三年（1897年），中日甲午之戰後3年，沙俄迫清政府簽訂"中俄密約"，中俄合辦中東鐵路，西起滿洲里，經哈爾濱，東至綏芬河，南抵大連灣，1903 年完工，自始才有大量東北移民。1904 年日俄戰爭，戰後長春至大連的鐵路南段為日本所佔；民國之後，更有日本滿鐵會社。據滿鐵的統計，1924 年移民 40 萬，1925 年移民 50 萬，1926 年移民 60 萬，1927 年移民 100 萬，至 1931 年的"九·一八"事變才銳減。這段時間，中國內地災荒、戰亂不止，既有鐵路四通八達，乃移民大盛，所以呂思勉說在上世紀的頭 50 年，"國內災荒和戰爭，外國的掠奪和剝削可謂極人世界的悲慘"。卻因此造成了中華民族等於東北的確實佔領，這亦不幸中的萬幸，否則日本侵華，亦可主張東北乃"無主之地"，亦來分一杯羹也！

　　日本侵華，始於 1904 年的日俄在東北諸省之戰，距 1868 年的日本明治維新才 36 年，所以"明治維新成功，中國有禍"，這距清亡只有 7 年，大清亦無力抗議。到了民國四年（1915 年）"五九"對日屈服（袁世凱的 21 條）；民國二十年（1931 年）"九·一八"瀋陽事變，東三省被佔；民國二十六年（1937 年）"七七"盧溝橋事變之後，中國才開始全國一致對日八年抗戰，已拖了 33 年，誰之過！

二、歷史修正主義絕不可取
—— 千年來的中日關係（下）

1. 聯署之綑綁

　　在呂思勉《中國通史》完稿的 1929 年 9 月，呂思勉指出民國頭 17 年是由軍閥控制，而這一批人正是"並無大略，思想落伍，不識現代潮流的人"，當然不可能有為，乃有第一次世界大戰後，德國所佔的青島、膠濟鐵路，居然歸日本所有，因為對日照會中，附有"欣意同意"的字樣。東北軍閥張作霖因不聽話，1928 年 6 月離開北平之際，被日軍在皇姑屯炸死，張學良繼任，於 12 月通電服從政府，中國才告統一，但中國大問題是努力打退侵略的惡勢力。

2. 日軍全盤佔領中國的盤算

　　甲午戰後，中國外債 6 億兩，海關收入每年 8 千萬兩，和今日希臘也差不多了。到了 1929 年前，最少關稅自主，領事裁判權取消已有實行之期，英國租借的威海衛已交還，租界尚未全部歸還，上海仍稱"孤島"。山東和東北乃日本勢力範圍之內，朝鮮半島已經全境在日本手中（1910 年），錢穆在 1988 年 3 月 19 日的一篇〈對日抗戰之一些回憶與感想〉中，總結日本人的野心"實乃以吞併全中國為其終極目標"，其親身體驗是 1930 年代在北平燕京大學和北京大學任教之際，遇上北平淪陷，這次淪陷是在一夕之間發生（要記得統一在 1928 年 12 月才發生），但城中居民得安居如常。錢穆在淪陷兩個月後，才施施然離開，坐平津火車，轉輪船南下，日軍並未留難，"留者可留，去者可去"，因為日軍早已為全盤佔領中國作了安排，因為他日當"盡歸網羅"，不爭一兩個月。

　　日本宣稱三個月可以佔領全中國，計劃多時，用溥儀建立偽滿洲國作為基地，是計劃之一。日軍間諜在東北和北平、天津、上海一帶橫行，到處結交當地知名人士，送錢送禮，甚至已計劃侵佔中國後，刊印"新四庫全書"來慶祝，到處找人作序。錢穆當然拒絕，但同意作序這批人，"或作漢奸，或為順民"，代代有漢奸，令人慨歎！亦可以見到日本人"早先埋根，深謀遠慮有如此"。此外，日本大軍自下級軍官起，都要讀唐詩宋詞和寫作中文，以備和中國社會一般知識分子"親善往來"，所以日本人之"慕效中國"，並非有恭敬心和嚮慕心，"僅是作為人生中一種手段，一種工具。"此乃日本學自西方的"手段文化"和"工具文化"，不可不知。

　　日本人的如意算盤，是侵略中國，速戰速決，英法遠在歐洲鞭長莫及，而 1941 年偷襲珍珠港，毀滅了美國海軍，只要侵略中國早臻定局，一切轉為"外交事件來解決"，是日本內心意圖，可作日本安倍今日之鑒，所以無論日本今日如何"荒唐輕率"，亦是小事一件！

　　錢穆在北平教書時，曾讀日本人所著《史記會註考》一書，書中地名全部引清初無錫顧祖禹著《讀史方輿紀要》。此書乃清初三大奇書之一，1888年才刻印問世，日本人如獲至寶，到日軍侵華，其進軍路線，如進軍北平、南京，全部採用古代路線，而國軍則在各地鐵路設防，當然守不住。所以錢穆遷往雲南昆明，有西南聯大的畢業生從軍，錢穆要他們必備顧祖禹的書，結果在重慶才能找到，對抗日軍的進退，不無少補，此亦可見日本侵華計劃時間之長也。

3. 安倍面對歷史的手段

　　日本學者中江兆民曾指出，日本沒有哲學，一切都取之外來，所以不論做甚麼事情，都"沒有深思和遠大的抱負，更不免流於淺薄。"而沒有"獨創哲學"，就降低一個國家的"品格和地位"。日本以中華為座標千年，到明治維新，一切盡棄，代之以西方的"手段文化"和"工具文化"，一切人生作為皆為手段。西方文化大病的"衷心無誠，盡出於偽"，今日歐盟和希臘危機為發生，固然如此，而二戰結束後 70 年，日本首相安倍的所作所為，亦出不了中江兆民和錢穆當年所見。

　　安倍逆民意強行表決安保法案，只是完成其外祖父岸信介的抱負，但"滿洲之妖"的舊事，是無法泯滅的。美國教授橋本明子新作《漫長的戰敗：日本的文化創傷，記憶與身份》，呼籲日本放棄"有罪與無辜之間的模糊地帶提供的安全島"，在全球文化中，"遺忘，否認和淡化"三者都不是選項，日本人要"有想像力的讓步"和"創新性的協妥"，來解決中日之間的歷史恩怨。另一位美國教授竹中明子（這兩位都似是日裔）的新作《靖國神社：歷史，記憶和永無休止的戰後》指出安倍在歷史問題的記錄，是"成功地實現了新低點"，日本人的問題是，"受害者的心態日益加溫"，而"加害者的疲勞感則日益增加"。無疑，中小學的和平教育是重要的，但安倍內閣卻在努力漂白教科書，日本青年早已是政治冷感，但安倍卻將選民年齡由 20 歲下降至 18 歲，因為只有憤青才支持安倍理念，而冷感者卻不投票，正中安倍下懷，一切都是手段，一切都是工具，真是可悲。

　　西方文化不斷宣傳"選舉萬歲，民主無敵"，但一切出於"衷心無誠，盡出於偽"，開出支票，都是空白，可以成功是"借債日鉅，福利無節"。希臘危機中，有傳言是民眾存款打七折，以救國債，希臘的國債是 GDP180%，日本更是 240%，會不會傳言成真呢？

至於在二戰結束 70 年後，安倍講話會說甚麼，是無足道的，一切是文化使然，即然前任首相的談話可以推翻，安倍的一切作為，日後亦可以被推翻，安倍不會是改善中日和中韓關係的人選。竹中明子是對的，承認歷史罪行只是和解的第一步，僅僅承認過去是不能改變過去，歷史就是歷史，接受歷史修正主義的謬論是可悲的，不管是在哪個國家！電郵分享今日中日之爭，是美國當年所遺留下的問題，美國今日仍是"力大者"，但"力大者"要不要發力，才是日本會不會行動的因由。

三、由歷史運行看中日關係的將來

　　中日是否有一戰，歷史上發生過，都是以日本侵略開始。日本在豐臣秀吉時代（1592 年侵略朝鮮，明派大軍援朝），是以失敗告終的。甲午之戰，結果是大清割讓台灣，賠款二億兩白銀作結。二戰又是以日本侵略而吃了原子彈而結束。被美國壓制了 68 年，又開修憲之説。雖然全民公投不易過關，但成為亞洲威脅，這是美國人特庫斯塔在 1951 年就預言了的，但歷史走勢這次又如何呢？看看錢穆在 1953 年所言："歷史絕非依循某一條線路為車軌之前進，同時必有許多事件，頭緒紛繁，各自向前。有時許多事件，各有進程、互不相犯，有時則匯成一流，有時又互相抵拒，力大者壓制力小者，使力小者之進趨，終於阻礙而至於消失。有時雙方勢力不相上下，而在極端衝突之情勢下，激起了戰爭。"

1. 日本不自量力　每以失敗告終

　　今日在亞洲，日本的右翼上台，要完成"歷史使命"，那鳩山一郎、岸信介、中曾根康弘的修憲行動，同時挑起日美、日中、日蘇、日韓四條線路，甚至日東盟和日歐盟，都成為輔線，本來各自向前的事件，已被匯成一流。1945 年二戰結束，是一大變革，力大者是美、蘇，對峙 45 年，以蘇聯解體，冷戰結束為另一大變革，期內日本被美蘇所壓制，無可能修憲。1990 年的大變革，是中國在 1987 年轉運而起，日本則踏入迷失 20 年，更可能是迷失

35 年。日本在美、中、俄、韓之間仍是力小者，但美國亦自 2008 年轉運力度不如前，而與中、俄兩國，又各懷心機，日本向有不自量力挑戰 "力大者" 的記錄，但都以失敗告終。

2. 美國全球戰略 JIB 作爪牙

300 年前，"力大者" 是大英帝國，雄霸 200 年，到 1890 年被美國取代，那是僅從經濟數字 GDP 而言，人均 GDP 均要等 23 年，到 1913 年一戰之前一年，美國才正式取代英國。美國在 1900 年加入八國聯軍攻入北京，仍被歐洲視為二流國家。1914—1945 年的兩次世界大戰，令歐洲各殖民帝國大受重傷，美國從此崛起，但世界兩極化，自由世界和極權世界並立，美國未能稱雄，世界上有兩個 "力大者"。1945 年後，中國仍是貧國、孤立，深陷混亂，美國人是絕對蔑視中國，既不與之為友，亦不與之為敵。但 2011 年的調查，居然有 52% 的美國人認為中國是世界第一經濟強國，Made in China 取代了以前的四小龍。

事實上，美國保持經濟世界第一，可以到 2017 年，所以居世界經濟首位 127 年，而名義（nominal）的經濟第一可以維持到 2030 年，共 140 年，但美國往後 17 年增長不會超過 2.5%；而中國不能維持 7.5% 增長，才能臻此。至於人均 GDP 第一，美國早已不能維持多年，連新加坡也超越美國了，但美國無所謂，只要維持 JIB 在旗下即可，JIB 即 Japan（日本）、Isrea（以色列）和 Britain（英國），三者分別在亞洲、中東和歐洲擔當美國的爪牙，所以美國要重返亞洲，日本就要撩撥中國；美國要打擊歐洲，英國就要退出歐盟；美國要獨霸中東，以色列就要進攻伊朗，但萬事無財不行，偏偏美日英都是高債國，數量美國第一，比例日本第一，錢從哪裏來？

3. "道義感模糊"釀歷史悲劇

　　二戰之後，美國是"力大者"，經濟上拯救了歐洲和日本；30 年後，日本和德國兩個二戰戰敗國，都成為富國，因為有技術而無戰爭，人民勤奮而已。美國因為"力大"，所以啟動了韓戰和越戰，那還是和極權主義對抗，財政收入並未失衡，世人仍在崇美，"美國夢"在那個年代還是很吃得開的。事實上，正如錢穆所指出，大清亡後 60 年，中國知識分子分成美國派、蘇俄派和復古派，而以美國派一直最吃香，但去中國文化並非成功之道，錢穆要代那年代的知識分子向中國人道歉，可算言重了。

　　美國在韓戰和越戰時，國力仍強，但 21 世紀的伊拉克戰爭，成為美國衰落的開始，"仁義之師"進軍巴格達，但"簞食壺漿以迎王師"，"若大旱之望雲霓"的現象並未出現，遭遇到的只是反抗。悲劇性歷史的主要成因是"強力感太敏銳，道義感太模糊"（錢穆語）。扭轉歷史，有時不盡在強力，而在新理想。"歷史動力在人心"，到 21 世紀，人心已不在美國那一方了。1991 年，蘇聯解體，世上再無"極權"，也無"鐵幕"，美國要反甚麼呢？反中東也不成，乃有"反恐"的新理論，這連理想也談不上。錢穆在 1953 年，二戰結束沒幾年，韓戰才剛終結時說："今天須有大智慧、大仁慈、大勇敢，才能發出人心之所同然，來領導歷史脫離悲劇重演"。今日中日之爭，是美國當年所遺留下的問題，美國今日仍是"力大者"，但"力大者"要不要發力，才是日本會不會行動的因由。日本國民從未公投立憲，今日能公投修憲，是表態之時了。

　　從錢穆的觀點，人類的前途，"有賴於東西雙方文化體系的綜合與調和"，而日本明治維新在東方的影響，不亞於法國大革命和美國獨立，日本在明治維新"驟獲富強"後，忽視了這個"綜合與調和"的進程，而步西方帝國主義的後塵，向外侵略。甲午之後 50 年，中日之間，不斷摩擦，不斷衝突，日本成為中國復興的一大威脅，更是中國唯一最可怕的敵人。"因仇恨而生歧視，而轉為鄙視、仇視"，這個現象自二戰後並未稍改，日本方面亦差不多，不過多了輕視和蔑視（自美國帶來），所以到 2013 年的民意調查，中日人民互相沒有好感者達九成，實在無此必要。日本人認為戰後雖無賠償，但有進行援助，只是"道歉"後又不認賬，日本民族性中的"工具文化"和"手段文化"表露無遺，時至 2012 年底，日本對中國大陸地區的直接投資為 873 億美元，是總額的 6.5%，還比不上港台；日本銀行界對華貸款只有 0.2%（外商的市場佔有額只有 2% 而已）；至於日本出入口銀行的援助貸款，今日看來亦微不足道。

4. 調和東西文化　人類才有出路

　　從全世界人類文化演進前途來看，錢穆認為："必然要東方文化有出路，而後中日兩民族可以各有其出路，亦必中日兩民族各有出路，而後世界可以和平，人類文化亦可以有生機。"這個見解出於 1956 年，凡 57 年了，日本有在綜合與調和東西兩大文化體系方面努力嗎？好像看不見。日本在模仿美國科技和品質管理下了大工夫，再次富強了。

　　日本富強而後好戰，是明治維新後第一次開國的歷史記錄，所以麥克阿瑟佈下《和平憲法》的金箍。日本在第二次開國，只能用經濟來侵略，但亦告戰敗，後果是"迷失二十年"。日本戰後患上了"高端領袖匱乏症"，單憑"世襲議員制"不能達到"用人唯賢"的方針，所以 1990 年冷戰結束，日本早應從"美日同盟"中解脫出來，敦親睦鄰是聖賢之道，但日本在二戰後"棄儒"過甚，凡事是美式的短期和功利，乃至有"十年九相"的窘境。23 年後，安倍和麻生仍是"官三代"的代表，心態不脫祖輩，而又長於東京世家之中，不知民生疾苦，只知"大東亞共榮區"的往績，但看不到遠景，沉迷往績，不看將來，乃有慘劇。

迷失之初的 1990 年，日本的經濟佔亞洲的 66.7%，中國才轉運三年，GDP 只是亞洲的 8.4%、東盟 7.2%、印度 6.9%。日本不可一世，可以理解。但正如麥克阿瑟所言："亞洲人民正集中力量於改善其自由命運"，1990 年代更注重其經濟興旺，日本迷失了 22 年，但亞洲卻大興旺。以 IMF 的估計（PPP），日本在 2012 年，經濟規模已縮至亞洲的 16.3%，2018 年更縮至 12.3%，中國則是 43.8%（2012 年）和 49.6%（2018 年）。2012 年，印度 GDP 已與日本同一規模，佔 16.6%，2018 年則是 16.9%，東盟亦不弱，2012 年 12.7%，2018 年超過日本 12.4%。有眼光的日本政治家應知道 5 年後的亞洲絕不是日本所能主控，有財力無助，有軍力更引起懷疑，價值觀更不值一談。

1990 年，日本的 GDP 是中國的 8 倍，到 2018 年，中國的 GDP 是日本的 4 倍，這是歷史趨勢的無奈。中國人口龐大，日本人口收縮，人口的生產力方面，日本優勢盡失，學習西方的年輕人，中國一年有 20 萬，日本只有數千，有鎖國的傾向。

日本的前途只有向中國傾斜，互相友好，合作探究東西文化調和與綜合這一使命，日本畢竟維新了一百多年，軍備的競賽只益了軍器供應商，以軍備對軍備，無助於亞洲的和平。日本軍國主義的溫牀，武士道早已不存，天皇體制已被取代，新體制決不放權，神道教偶爾利用靖國神社搞事，但在歷史大潮流中，始終會被遺忘。

正如錢穆在五十多年前所言，"中日兩邦，決然會知道他們之間的休戚與共，而互相親善、相互提攜"。五十多年的回顧，日本已放棄了盲目追隨帝國主義，有其《和平憲法》；而中國則再不急切從事對中國傳統文化的"自毀工作"，近年在中國的儒學復興，各大學推出國學課程，普及一般大眾、傳統文化復興再無異議。但如何調和綜合西方文化，其實除日本外，尚有港、台、新的知識分子的參與，才是完美的亞洲世紀，是為禱！

　　上述是錢穆認為中日關係史的最佳結局，但歷史變化在乎人心，日本民眾的醒覺，美國的心態和中國人的反應，將決定結局將會如何。

四、日本四分之一世紀回顧和前瞻

回顧上世紀九十年代管理北亞業務的資料，二十五年一晃而過，當年北亞最重要的分行是日本、台灣，最有潛力的是中國大陸，香港面臨九七，生意最難做，日本放款度最大，盈利最微。不過九十年代初，日本和台灣生意人都信心十足，不以中國大陸為競爭對手，只是生產基地。以 GDP 為例，1990 年，日本約 3 萬億美元，台灣約 1650 億美元，而中國大陸則不足 4,000 億美元，亦即是說，中國 GDP 只是日本 12.8%，而台灣則是大陸的 42%。以人口的懸殊，大陸確是不大，這時日本和台灣的外匯存底是世界第一和第二，而大陸只是區區 300 億美元，何足道哉！這時候日本剛從股市和樓市的頂點下來，只要全球經濟復蘇，一切好辦。誰料到進入迷失的首十年，到 2000 年中國經濟崛起，GDP 是日本的 23.2%，台灣則縮水為大陸的 30%，這時已可總結下列幾點：

1. 第一個十年的日台經濟形勢

（1）銀行問題已出現：日本銀行的不良貸款大增，日本政府採取合併法，銀行合併，但銀行家並未被懲罰，一樣可以捱到退休年齡才下崗。台灣則多了一大批新銀行，管理欠佳，出事已是必然，等有關當局拯救而已。大陸的銀行有大量政策貸款，但能壯志斷臂，在 1999 年成立四家資產管理公司：信達、東方、長城、華融，將有問題的國企 SOE 撥出銀行體系之外。日本出現了大量殭屍企業（zombie），靠銀行奶水活命人，一直到今天。台灣則存大量中小企業 SME 渡海活命去也，發生了債留台灣的現象，要在 21 世紀"執手尾"。

（2）資產泡沫：1990 年，日本和台灣的股市分別到了歷史高點，日本39,000 點，台灣 13,000 點，日本是逐步下降，台灣則在 1990 年由高處下跌到 2,500 點，才由當局救亡，扶上 6,000 點過年關，可謂險過剃頭。房地產亦是到了高處不勝寒，東京中心 23 區住宅價到了每坪 600 萬日圓，大阪亦到了每坪 290 萬日圓。1997 年亞洲金融危機之際，東京中心 23 區跌至每坪200 萬日圓，大阪則跌至每坪 92 萬日圓，危機後並無起色，一直在此水平掙扎。台灣則在阿扁下台後才告好轉，台北的房價收入比率甚至到達 11（台灣總體為 8），只比香港的 11.4 低一些，已是世界首三名，是再次出現泡沫了。2014 年，台北房價收入比更升至 15，世界第一了。但台灣一般人收入卻十年未變。到 2015 年，台灣人月入平均仍是 37,960 台幣（1,168 美元），18 年升幅近零。

（3）就業問題：日本和台灣都在這十年進入 M 形社會，失業率與歐洲比較，看似不高，但兩地女性不就業者高，有隱性失業率奇高的現象。而追隨西方的僱傭方案，取消終身僱傭制，改為派遣制，合約只有三個月，企業的派遣員工已達三分之一。期間正式員工和派遣員之未能融合，是管理大問題。日本的管理落伍，沿用六十年代的方法，未能與時俱進，令第二個迷失十年更苦。台灣則大量當打年齡員工西進大陸，人數達百萬之眾，不論收入和消費都有這百萬大軍的影響，如何維持內部消費之不墜，數字令人迷惑。日本本來戲稱"經濟一流，管理二流，政治三流"，日本年輕一輩，政治冷感，不熱衷投票遊戲，但首相如走馬燈，要改革難矣哉。要可持續發展，似乎甚難，只有國債可持續增加，直至超過 GDP 的 236% 仍未止，看似到 300%，亦會在下一個十年出現。日本民眾似乎是沉默的一群，只是有九成對前途沒有信心，但亦無解答方案。安倍經濟學是虛招。台灣服貿協議因 2014 年 4 月的 "太陽花學運" 而無法過關。2016 年 4 月，台灣出口已經連續下跌 14 個月。

2. 第二個十年已時移勢易

第二個十年又如何？2010 年，中國 GDP 超越了日本，由二十年前的 12.8% 變成 101.8%，而台灣則由 42% 縮水為 5.5%，二十年前經濟優越感蕩然無存。至於外匯存底，中國亦一躍成為世界第一，日本只是中國的 39%，台灣則為大陸的 13%，當年不可思議的大陸援手，已經以大陸大量訂單和讓利的形式出現了，真是風水輪流轉，令人不可不服也！至於日本和台灣企業在大陸向當地銀行貸款數額有多大，未見公佈，但肯定亦不少。

日本企業在第二個十年最令人印象深刻是 2003 年 4 月的 Sony shock 和 2008 年 11 月的 Toyota shock 這兩個震撼發生在以管理聞名的索尼和豐田身上。令人不可思議的是，一代不如一代，還是有如日本企業四聖之一稻盛和夫所言，日本企業的 CEO 多是聰明才辯的三流角色，而沒有磊落豪雄和深沉厚重之輩！台灣方面則面對這十年的家族世代交替問題，台塑王永慶在九十二歲高齡去世，家族爭產爭權之聲到 2016 年仍不絕。長榮張榮發去世亦如此。其他各家族不得不引以為鑒。

3. 下一個十年重生的要素

日本和台灣都面對戰後嬰兒退休潮和少子化的危機，但過去十年的情況是儲蓄沒有回報率，只能買日本政府債券，十年也只得 1%。再下一個十年，戰後嬰兒沒有了收入，儲蓄率只有下降一途，所以對前途沒有信心，不肯消費的現象只會繼續，通縮亦只會或隱或顯地出現。

2013—2014 年的安倍三箭，在貶值和 QE 之下，日本通縮是停止了，但通脹率只有 1.2%。2013 年第 4 季 GDP 增長亦只有 1%，能源漲價了，但薪水漲幅有限。2014 年 4 月銷售稅由 5% 加至 8%，能沒影響嗎？結果是 2014 年第二季 GDP 收縮 6.7%。2016 年第一季意外出現 GDP 增長 0.4%，亦無際於事。事實上，2015 年日本 GDP 在貶值後只有中國的 37.5%。台灣更只是大陸的 4.8%。

如果連美國未來十年的經增長率亦只是 2% 而已，日本可以有甚麼突破呢？稻盛和夫以日本四十年循環論，是由 1985 年開始，經過十年的高潮，往後三十年是下降軌跡，要到 2025 年才停止。要重新開始要有新策略，而銀行重新有活力是重生的最重要要素，其次是決心處理 zombies，企業新的管理手段要出現，今後十五年是要準備。台灣的本土發展已到極限，只會愈做愈縮，不到大陸下重注，沒有勝算。但台灣連服貿協議卻無法過關，2014 年 4 月一場學運“反服貿”，台灣向經濟危機又邁了一步。2016 年，民進黨上台，藍綠兩黨只是換了位置，鬥爭依舊，和大陸關係風雨飄搖。台灣只有一個“新南向政策”，在未能加入“一帶一路”的中國夢下，追軍東盟和南亞印度，只是一場春夢。

25 年過去了，日本、台灣和中國大陸的經濟規模愈行愈遠。台灣若失去大陸給的“超國民待遇”，沒有了惠台政策，台商賺不了錢，一般市民更糟。日本和台灣要回顧過去 25 年，在人才培養和經濟策略做錯了何事，才能踏步向前。

五、安倍經濟學和結語

1. 安倍繡花針

　　筆者不看好 "安倍三箭" 不是甚麼秘密，但第三箭要射多少次才算射完呢？2014 年 6 月的 92 頁、10 大項、33 小項，算是交代了嗎？看來更似繡花針，但卻沒有東方不敗的功力，只能誤傷自己人。第三箭本是改革社會契約，取消勞工終身制，但東方的改革，最有聲有色的宋神宗王安石組合，也是有疾而終。在東方的日本，真的能不敗嗎？企業要合作加薪，交換條件是能自由辭退員工，減稅只是表面功夫，稅率説是 35% 降至 30%，但仍比亞洲的鄰居高。中國也是 25% 而已，香港更低，但日本企業真的要交企業稅的也只有三成，其他七成正在掙扎，如何會多僱人手，人人加薪，所以日本的通脹是由 0.3% 升至 1.3%，但這 1% 全是能源價格引致，而非加薪，在消費稅提升後，效果是必然的。

　　安倍第一箭初發，支持率是 63%，1 年後，已降至 43%，應向 23% 進發，趨勢已成，很難逆轉。2015 年的 GDP 增長，各路好漢只給日本 1%，是最低的一位，比美國 3% 差得太遠了。2013 年的半年只是 0.17%，2014 年能好到那裏？安倍的電鑽，最多是冰鑿，但面對是北極來的冰川，唯一可以安慰人心是日本政府用退休金來護股市，但要改變日本勞工市場的穩定性，用冰鑿是無效的。日本的救命稻草，其實是中國市場，這是增加 GDP 的捷徑，但日本企業迷信中國最終要幫襯，因為其產品一流，如今連舞照跳都變成改善經濟之法，如何抵彼岸。

2. 安倍實驗教材多

追蹤"安倍實驗室"的各種政治實驗，應是最佳教材，可惜實驗期恐怕不會有三年那麼長了，如果民調是檢驗成敗標準的話，用支持率和不支持率的淨額是較可行。

在一年半前上任的第一季，安倍的淨額是 62%，到 2014 年 7 月，四大調查，日經 10%、NHK9%、共同社 7.2%、產經 5.4%，產經還是最支持的媒體，淨額到負數，就是"安倍末日"的來臨。安倍也真行，各種花名四出，"安倍丸"，日本郵船的代號是"遲早丸"；"小安子"和安德海隔代呼應；"空中飛人"效法希拉莉，出行 47 國，花了多少錢，還未到埋單之時。最大實驗是戰國智慧的遠交近攻，東亞四鄰居中、韓、朝、俄全部交惡，要攻；拉美非洲在遠，要交；對中國，更要圍堵，大清時尚可，21 世紀徒勞無功；抵制俄國更令北方四島回歸無望，取回領土實在無望。解禁集體自衛權，遭遇國民反對達 62.7%，贊成只有 12.7%。

日本民眾已非講武士道的 20 世紀，年輕人是新新人類，不愛當兵，銷售武器解禁，只有利三菱、三井等大集團，對 GDP 上升有小幫忙，但保不住 2014 年 GDP 收縮，連大好友高盛都對 2014 年第二季不看好，即使不是負 6.5%，也去之不遠。

2017 年再加銷售稅，支持率只有再跌，所以只有再推遲到 2019 年。由美國主導的 TPP，安倍再讓步，又再失分，黨內靜觀其變的石破茂，只要堅信"破安必石"處變不動，等 2017 年 9 月黨內大選可也。當然，誰也說不準是安倍的老病何時控制不住，日本的國債已忘了嗎？

3. 安倍後的日本經濟

　　據稱日本的中國通正在研究八年後的中國新領導層，我們不必去得那麼遠，知道安倍後的領導層就好了。日本領導是"十年九相"，中間隔了一個小泉當了五年，日本經濟並未復蘇，如今又來了安倍，已當上三年了，最長也不會超過他的恩師小泉。至於小泉的兒子何時到位，則有待觀察了。

　　安倍內閣的支持率 46%，不支持率 37%，淨支持率只有 9%，比他上台時的淨支持率 60%，已不可同日而語，而進入 20% 的危機期還有一段時間，但安倍後不會有安倍，那是大勢所趨。

　　安倍在戰後七十年談話的內容如何，不必介懷，繼不繼承"村山談話"，亦只是一場戲，每 10 年談話都可以因人而異，往後還有 80 年、90 年、100 年談話，到哪一年日本才能認真和永不改變，到時便知，30 年在歷史長河上只是一瞬。

　　早在 1988 年，英國歷史學家甘迺迪曾說：如果今後有一天新上台的東京政治領導人，決定將其更多的經濟力量用於發展一支更強大的軍事力量，則任何熟悉"戰爭與世界政治變化"方式的人，都不會感到驚奇。日本要用軍事手段參與世界事務，已經很明顯，任何"和平"表示，亦只是做戲。日本要把自己的國際地位和影響提高到只使用非軍事手段無法達到的程度，但軍事投入會影響國家長期發展前景的理論，就非安倍之輩所能顧及。

　　安倍上台前，日本 2012 年 GDP 接近 6 萬億美元，但在安倍下台的 2018 年，日本 GDP 最佳亦只是 5 萬億美元，經濟倒退，無可避免。

4. 安倍健忘症發功

　　"安倍經濟學"在國際上早已不靈，但"安倍健忘症"Abenesia 卻是方興未艾，因為安倍除了對殖民統治、侵略和懺悔三者健忘外，對經濟指標也是健忘的，如今只是全力去提升已降至 32% 的支持率，離開下台線的 20%，也不應健忘吧！

在上調消費稅 3% 之際，信誓旦旦是可以降低國債，但到 2015 年 3 月，國債仍升至 1,053 萬億日圓，2016 年 3 月目標債是 1,167 萬億日圓，比上台時的 1,000 萬億日圓會多了 16.7%，國債和 GDP 比例已是 230%，IMF 預測 2030 年才到 300%，未免太樂觀了。

日本 2015 年第一季 GDP 增長，居然可以由 0.6% 調整至 1.1%，技術未免太高了，以日本第一季港口運輸之靜，太令人難以置信；但第二季又來了，這次是萎縮 0.4%。年率是 -1.6%，日本銀行的全年預測 1.7% 增長恐怕 3 個月後又要再調整了，通脹率 7%，當然遠低於安倍經濟學的基柱 2%，油價已低於 50 美元，如何達成這個遙不可及的 2%。

2015 年第二季出口下降 4.4%，入口下降 2.6%，只會繼續，對中國出口增長 2.7%，進口增長 1.9%，貿易逆差 2.96 萬億日圓，是歷史新高。

隨着人民幣貶值，中國旅客人均消費下降，雖然這部分其實對 GDP 影響極有限，估計下降 0.03% 而已，但日本消費者硬是不肯增加消費，如何辦？隨着中國股市波動，中國旅客的消費意願和能力都有影響，下半年是誰都不能看好，不僅是日本而言，"安倍經濟學"已玩到盡，難有新猷，中日關係亦只能是表面功夫，中美關係永遠是主流！

5. 安倍新三箭虛發

安倍"強爺勝祖"，通過岸信介沒法通過的新安保法，擺平黨內 19 個派系，再任總裁三年。"安倍三箭"折了，"新三箭"又來了，但這是黨外的事，沒有那麼簡單，第一要達到 600 萬億日圓，用日圓算沒有匯率的幫助，日後升值也不成。

2014 年，日本 GDP 只有 491 萬億日圓，安倍上任後的 GDP 增長率只有 2.3%，今年前兩季是 -1.2%，即使用 2.3% 來算，也要 9 年，即 2023 年才能達此數，安倍還在嗎？將來很遙遠，難怪安倍不敢指出在哪一年達成 600 萬億日圓，即是空的。

第二箭更遙遠，在 50 年後保持日本人口在 1 億人，出生率 1.8，2014 年是 1.42，保持 1.26 億人，要出生率在 2.07。安倍號召婦女要多產，這位被婦女選為十大不喜歡男士之首的人物，有此號召，長期趨勢不是叫一聲就成的。日本對移民之恐懼，又豈是一日能改，2060 年估計也是 8,700 萬人，安倍二箭落空，與他無關，50 年後安倍安在哉！不怕發箭。

第三箭是養老問題，要護理人員的離職等於零，可能嗎？大加薪乎！2013 年，等待入養老院人士有 52 萬人，已有 10 萬人辭職回家看護老人，目前只能計劃到 2020 年。將 15 萬名可以在家護理人口降至零，又是一個虛的箭，又要沒人辭職，又要在家，多少人可以受益。日本老人真不好過，年輕人願意無論如何照顧老人的比例奇低，只有 38%（中國是 85%），唯一辦法是增加護理人員，日後只會到處挖角，又怎可能無辭職人員呢？

安倍已三年了，又三年又如何呢？

6. 日本第三振的範例

1990 年日本受到貨幣和股市兩振，還未出局，但第三振的樓價卻影響深遠，日本人三代供樓，但房子卻只有 30 年壽命，只有地才值錢；結果日本樓價一瀉千里，東京 23 區的樓價由每坪 600 萬日圓，跌了 200 萬日圓，20 年都不變。日本人至今仍有 62% 覺得生活困難，說生活水準高，安逸是很安逸，但困難亦是困難，有樓者身家不見了三分之二，如何不難。到 2015 年樓價仍是微弱回升，買樓者是外國人居多，已是好事。日本的 FDI 是著名的小，來者都是入股市，來去如風，美國大鱷如美林證券、GE 資本，都只能賣盤而歸。

中國樓價 10 年來也升了不少，但中國的銀行監管有一絕招，供樓人的收入只能用一半來供樓，絕不能高，外資銀行叫苦連天，本地銀行違規者亦有限，中國樓市下跌不會影響銀行的抵押貸款，也許省市借款平台有點問題，但中國的四大資產管理公司已於 1999 年成立，已有 16 年處理不良貸款的經驗，可以面對這些問題。

至於貿易問題，TPP 對抗 RCEP 是長期抗爭，沒有誰是贏家，何況中國又提出 FTAAP，這個亞太自由貿易區，最終也是將兩者結合，成為一家親，除了美國不高興，其他亞太夥伴大概無異議。

且看中國的 2020 年貿易大計，歐盟 10,000 億美元、東盟 10,000 億美元、非洲 4,000 億美元、韓國 4,000 億美元，留下美日是否要維持 10,000 億美元和 4,000 億美元的水平，悉由尊便，那是下屆政府的問題了。

7. 安倍的三年業績

1990 年日本踏入 "迷失十年"，海部俊樹當上第 77 任首相，當年 GDP 增長率是 5.57%，日本人並未相信全迷失，直到 1991 年底宮澤喜一上台，問題才反映上來。此後到安倍晉三當上第 96 任首相，共消耗了 20 名首相。

誰的命運最差？當然是 2008 年和 2009 年當首相的麻生太郎，2009 年 GDP 是 -6.26%，破近世紀錄，但麻生至今仍在台上，當個虛名老二。由 1992 年至 2015 年，日本實質 GDP 增長只有 0.8%。安倍在位 3 年，成績很好嗎？非也！只 0.7%，所以安倍經濟學吹得最大，還是低於平均數。

安倍處理民主黨野田佳彥的兩項遺產：釣魚島和加稅，都未處理好，所以 GDP 未增加多少，而國債卻因財政預算增加。國債和 GDP 比率，3 年不到已由 236% 上升至 246% 了，超過 250%，當是 2016 年的事，債多不愁，只要央行繼續自行購買，3 年來每年 80 萬億日圓，合計 240 萬億日圓，已是 GDP 的 45% 了。日本 2015 年 GDP 約為 530 萬億日圓，化為美元 4.4 萬億，比 2014 年的 4.6 萬億，又縮水了。2016 年日本央行加入負利率名單，銀行面對大企業不用借錢（現金太多），中小企不肯借錢（無投資機會，中國又不敢去了），只能買國債度日，日本人能得到加薪只有極小數的大企業，當然不能花錢。

報上吹噓的中國遊客，看似熱門，但遊客消費只增加了一萬億日圓，只是 GDP 的 0.19%，聊勝於無，賣軍火是半賣半送，所得有限，日本軍力世界排行第九，嗚呼！

8. 安倍經濟學檢討

"安倍經濟學"兩年過後，連日本網民也有 60.7% 認為它是失敗！"有名無實，首相無能"是心中話，2% 通脹率固然達不到，最有威力是加了 3% 銷售稅，百折不回，GDP 增長率 2014 年 0%，2015 年 0.7%，2016 年首季 0.5%，不能睦鄰，神仙難救。

油價回落，救了入口金額，但 2016 年油價又回到 50 美元左右了，赤字還能縮嗎？再來 5 億萬日圓額外刺激經濟計劃，問題是錢有無用在刀口上。

上世紀九十年代，最著名是拿公共工程款項去修寺廟和派地域振興券，結果有人用來去吃米芝蓮三星店，不夠吃一頓飯，就此報銷，有專益富人之説，如今老招重用，真是忘了歷史，才 20 年而已！國債並未因加銷售稅而降低 GDP 比率，如今已是 246%，還要猛加額外刺激資金，只能向 300% 邁進。日圓貶值在 2015 年 6 月已達 1 美元兌 125.86 日圓的高潮，如今已升值 14%，又逢人民幣小貶了 5%（在傳媒筆下是大貶），日本貨的競爭力又損了，加上追隨歐洲央行進行負利率政策，日本央行的公信力大打折扣不在話下，黑田先生還可說甚麼呢？

安倍經濟學最大的功績是推高股市，但高潮亦已過，如今在回貶潮中，大企業因貶值而得利，去年加了些薪水，但 2016 年連最賺錢的豐田亦只加 0.42% 的工資。中小企根本不理安倍，薪水照舊，婦女投入工作未見熱情，幼兒園問題仍在解決中，當然，可能是成功製造厭中情緒，高達 85%，於經濟何補呢？誤事居多！

9. 安倍經濟學壽終何日？

日本首相安倍在 2016 年 6 月 1 日宣佈將消費稅加稅至 10%，延期至 2019 年 10 月，他真的能撐那麼久嗎？加消費稅無助於降低日本 JGB，那是很多經濟學家的共識。日本市民捂着錢包，不消費或者改變消費習慣和要求，這是筆者到日本 Long Stay 的觀察，所以安倍經濟學在 6 月 1 日是"壽終"，沒有"正寢"，因為安倍還在死頂，但西方人已將 ABEconomics 改為 ABYSS：戲稱"安倍無底洞"吧？

日本人何時才可以爬出來，以稻盛和夫的 40 年周期論，應是 2025 年，還有 10 年苦。日本是西方人的"老化風險"實驗場，日本的老化病會轉至全世界，如何應對，以日本為師。

日本的經濟軍師們推出"安倍經濟學"，還有兩個"不告人之秘"，一個是扭轉市場資金不足，眼看退休基金慢慢退場，只有由日本央行入市。看下面日本央行持有 JGB 的比率，2012 年 10%、2014 年 20%、2016 年 2 月 34.5%，估計 2018 年 50%、2020 年 55%，那些可能入場的對沖基金能接受零息或負息政策（ZIRP 和 NIRP），真有趣！問題是下一個衰退何時來臨，2020 年之前？

"安倍經濟學"還想達到下降國債和 GDP 比率，2015 年此比率仍頑強地停留在 229%，若再推出 800 億美元刺激計劃，今年年底的比率再上升，250% 是一兩年內的事，到日本退休金和銀行都無法再買這些負息債券，全球 7 萬億美元負息債券，日本佔了 4.5 萬億美元，即使日本退休人士忍痛購入日圓國債，日後要用美元發債，利率肯定不同，日本評分連 A 級（FITCH）也是負面觀察。日本三大銀行更擔心自己的評分會被降！

10. 恐懼修省天之道

2011 年日本行"震卦"，震散了民主黨。2016 年民主黨已合併成為民進黨，進入歷史，"震卦"主出一位祭主，以守宇宙社稷，結果出現安倍，改變了"十年九相"的現象。但要進一步成功，就要君子的"恐懼修省"，在恐懼中能修行反省，就能肩擔大任，最怕的是懼怕自己，怕自己越軌，怕自己違背"天的意志"。做了虧心事，就怕天打雷，這就是《易經》的道理。

不管貨幣供應有多寬鬆，安倍經濟學有多道理，股市有多強勁，還是要看"天之道"。中日關係最後如何解決，還是要看彼此"修省"功夫如何。

中國人講歷史觀，日本人講價值觀，認為自己和西方價值觀是相同的，但日本真的從男尊女卑、排班論輩中跑出來嗎？當然未有。不過是百年之前，日本使用"漢字"還是普遍的，不信到各大寺廟看看，要不然到博物館也一樣，但日本人沒有歷史觀。中國講再多歷史，也是白費力氣。

日本人認為自己是最優秀人種，只能當亞洲領導，敗給美國也不大服氣，要擺脫美國控制是潛意識，如何能臣服中國，能平起平坐就不錯。民意本就如此，也不必安倍去推動，中日關係在日本人眼中是一盤"零和遊戲"，不是你死，就是我亡，愈是如此，"震卦"愈跑不出來。

看唐《推背圖》，李淳風推到 21 世紀，中國行"未濟卦"，象曰："火在水上，未濟，君子以慎辨物居方。"九四爻曰："震用伐鬼方，三年有賞於大國。"説的是"高宗伐鬼方，三年克之"，值得研究《易經》者細細品味！

11. 日本 2020 年會是如何

2020 年日本最不可能發生的事是甚麼？一是日本會有財政盈餘；二是日本 GDP 的通脹調整後的增長率超過 2%（假定安倍的 2% 通脹會發生，這不是不可能，央行若失措，發生巴西式通脹也是可能的）；三是日本的國債和 GDP 的比率低於 200%（IMF 估計是 290%）；四是日本的評分回到 AAA，如今標普是 A+，惠譽更只有 A，與日本同為 A+ 的，是以色列、愛爾蘭、馬耳他，亞洲的同伴們，新加坡與香港是 AAA，韓國、台灣是 AA-，最大對手中國也是 AA-。如果用 A 來比較，同級的則是阿曼這樣的國家，所以最好不提了。但如此實力的日本銀行，如何吸引海外存款？當然，用美元算，日本國債因日元貶值，由 10 萬億美元降低至 9 萬億，以前世界第一的外匯儲備仍有 1.26 萬億美元，不過其中 1.1 萬億美元是買了老大哥美國的國債，對世界其他國家並無大影響，聊備一格。

日本最大的財富是日本家庭的 19.8 萬億美元財富，只要日本家庭可以忍受負利率（10 年國債目前是 -0.12%，瑞士是 -0.41%），2020 年若仍是負利率，日本老人家們有何打算了。日本國債 CDS 在 2015 年奇跡般地下降了 27 個基點至 47 基點（美德英是 22 基點），原因是歐洲也是負利率，CDS 不再保利，只保本而已，當然可以下降。但國債是否真的下降了，專家們説只是延期了，有朝一日日本央行不再寬鬆了，風險就來了。日本央行目前是為了吸收財政赤字，2020 年會自買 55% 的政府債券，確也不可思議。

12. 日本結論

　　安倍內閣的選舉兩大法寶是"安倍經濟學"和"厭中情緒學"，兩者交替使用。安倍內閣的行為亦是學西方文化的毛病：衷心無誠，盡出於偽。（錢穆語）所以世上人不斷見到日本的言行反覆，轉眼翻臉。剛剛要求友好，出門就挑事。東海南海問題都由此而起。目的是甚麼，不外乎要變成正常國家，走向軍事大國的路。因為經濟將會變成中型國家，在中國印度甚至印尼之後。人口減少亦不可免。安倍經濟學的失敗將以無疾而終方式逝去。但日本變成軍事強國則有可能。日本市民經過 70 年的和平主義後，卻在不知不覺間投了一個安倍政府，是幸還是不幸？誰也不知。中國面對這個千年鄰居，無可奈何之餘，只能耐心等待，培養實力。反正要待安倍政府下台，才有中日和解之望。這點亦為時不遠。耐心和實力，《易經》陰陽之道，是應對之法。

第六章

前景難測的
"四小龍" 和 MENA

一、亞洲

1. 亞洲老大歷史排名

中國人説："前事不忘，後事之師"，日本人聽不進去。美國人説："不能銘記歷史的人，必會重蹈覆轍。"但日本人對歷史只是選擇性記憶，目前記得最清楚仍是"亞洲老大"的角色。其實日本自推古天皇開始（隋文帝開皇十三年，公元 593 年）至今的一千四百年，當了多少年"亞洲老大"呢？五十年而已，人口數量從來不足，GDP 的經濟力，終大清之世，日本未超過大清。

1900 年，日本佔全球 GDP2.4%，大清佔 6.2%。不要説乾隆十五年，大清佔全球 GDP 的 32.8% 之際，日本只是 3.8%。即使到了蔣介石執政的 1929年，中國仍佔 8%，日本只是 2.5%。日本的崛起是在二戰後，美國人扶殖下，才一帆風順。1960 年，份量已升至 4.5%，中國在大躍進時代，只有 3.1%。1970 年，日本 7.5%，中國 3.4%。日本的升勢到 1988 年而止，是 9.7%，從此走下坡，2013 年跌至 5.4%，中國已是 12%，日本是經過"迷失二十年"而至此。

有經濟學家估算，隨着人口的收縮，日本 GDP 亦回歸歷史的軌道。2050 年，料日本經濟 GDP 只是全球的 2%，印度、東盟都超過日本，到時朝鮮半島若已統一，經濟上亦可以超過日本，日本或為"亞洲老五"，並不是夢。

日本的最佳出路，不是再走軍國主義，加強武備，再走一次 1894 年擊大清、1905 年擊俄國、1941 年擊美國，歷史上“出其不意的一擊”，而是如錢穆所言，和中國合作，在“綜合調和東西兩大文化體系的使命上努力”，互相親善，相互提攜，為何如此難呢！

2. 亞洲經濟沉淪論

日本人最喜歡推出“中國崩潰論”，認為中國是泡沫經濟，泡沫破滅是遲早的事，但“安倍三箭”中的前兩箭基本上是製造泡沫，日本人又絕口不提。最近更有日本月刊推出“亞洲經濟沉淪三年論”，中國固不看好，印度是泥足深陷，東盟患上青年型“老年病”；亞洲工資有泡沫，房地產有泡沫，將會雙重破滅，結論是三年經濟停滯！

若真如此，日本商人哪裏去呢？先看汽車業，日本車商寄望印度成為汽車大國，“幫補”中國市場之失，但 2013 年，印度汽車市場銷量下跌 9.6%；泰國是日本車商的投資重鎮，二戰時的同盟，但前兩年遇上大水災，2014 年又遇上紅衫軍黃衫軍之爭，汽車銷量急劇下滑。相反，中國市場是德國車和美國車主導，日本車銷售有政治因素，所以 2014 年，美國車預測有 8% 至 10% 的增長，德國車更有望增長 30% 的目標，德國寶馬更上升 33%，在全球增長只有 3% 之下，中國市場是泡沫嗎？

日本人只能進退維艱，多謝安倍而已。中國和東盟的貿易目標去年訂在 2020 年達 1 萬億美元，東盟中，馬來西亞、印尼、泰國的出口的確是面向中國，但中國在 2015 年維持在 6.9%，怎會有大影響？中國內需或因打擊三公消費和貪腐而下降 0.2% 至 0.4%，但民間消費已給補回來，也許歐洲的奢侈品有點影響，喝少些名牌干邑，對健康更有好處，中國壽算因此而增，是副產品。印度大選在即，選後有何改革，誰也不知。但亞洲因此沉淪三年，誰信呢？

3. 亞洲殖民史與萬隆峰會

北京的懷柔、海南的博鰲、印尼的萬隆，也許名不見經傳，但都是 2014 年 11 月 APEC、2015 年 3 月亞洲論壇和 2015 年 4 月亞非峰會的主辦地，也是 21 世紀亞洲動態不能不注意的地方。

今年亞非峰會已是 60 年慶了，1955 年主辦時由發起國（5 個），參與國（24 個），只得 29 國，加上 5 個列席國，代表了世界 67% 人口，25% 面積，但很多仍是歐洲列強的殖民地，GDP 更僅是全球的 15%。

若看歷史記錄，1870 年，亞非國家 GDP 仍佔全球 33%，1900 年是 22%，1940 年是 9%（這時候的中國和印度，慘不堪言，如此人口大國，只得 4.5%），1955 年已算上升，這已是二戰後的 10 年了。但過去 30 年的暫安，中印崛起，亞非國家的 GDP 上升至 50% 了，這條上升軌跡，不能不令歐美心驚。

2015 年，亞非國家人口已是全球 80%，GDP 比重怎能不上升呢？單看中國和非洲貿易額，1955 年只是 120 億美元，2014 年已是 2,000 億美元，上升 17 倍。亞非的貿易額，只能更多。

1944 年—1955 年間，能夠獨立的國家只有 16 國，亞洲首先脫離殖民統治的是印度（1947）、巴基斯坦（1947）、緬甸（1948）、朝鮮（1948）、錫蘭（1948）和印尼（1949）等 6 個。亞非峰會是朝鮮外另外 5 國發起的，而當時其中 4 國（錫蘭除外）已和中共建交，所以雖然老蔣和其他 23 國有邦交，卻未獲邀請，60 年後仍然斯人獨憔悴，不能參加萬隆峰會。

4. 歷史步行的主角

1955 年在印尼萬隆舉行的亞非峰會，由 29 國參與，5 個國家組織列席，到 1960 年代，已有 77 國參與，32 國家組織列席，盛況空前，主因是 1955

年後的 30 年間，80 個殖民地獨立了。

　　二戰後到 1985 年獨立的殖民地達到 96 個，其中馬來西亞（1957）和新加坡（1965）是比較遲的，但經濟卻是後發先至。新加坡人均 GDP（6 萬美元）和幸福感都列亞洲第一，日本只能居第二，總體經濟亦是第二，日本變成 "千年老二"。在 2015 年的萬隆峰會，日本亦只能排在中國之後。日本在 1955 年既是戰敗國（雖然日本只稱終戰），也是侵略國，何以得到邀請，也是一個謎。

　　當時，美國千方百計阻止亞非峰會舉行，但最終失敗，正如 60 年後，美國千方百計阻止盟國參加亞投行，亦最終失敗。日本雖然支持美國，卻不得不參加萬隆峰會，而又不能成為焦點，亦是無可奈何。雖說反省，但不做反省甚麼，要提供培訓亦止於此了。所以，2015 年萬隆峰會最後一日的萬隆 "歷史的步行"，安倍亦不參加了，因為要為去華盛頓準備也，就差那一天？國際政治，就是如此。

　　60 年前，中國由周恩來代表，60 年後中國由習近平代表，所得接待截然不同，當年 29 個國家有 23 個無邦交，如今 77 國全部是邦交國了。當年周恩來要力挽狂瀾，是來找朋友；60 年後，習近平帶來的是亞投行，"一帶一路"，命運共同體。西方人最不滿的 "北京共識" 有了內容，"華盛頓共識" 仍止於 "民主與市場"。60 年的歷史進程，不可謂不快了。

5. 亞洲 50 強企業評估

　　《福布斯雜誌》首次排 "亞洲 50 強" 榜是 2005 年，亞洲四強是誰呢？日本（12 家）、澳洲（10 家）、韓國（8 家）、台灣（8 家）。10 年以來，中國大陸各大銀行公司紛紛上市，市值超大，日本進入 "迷失 20 年"，日本企業不再在國外投資，只持現金又無利息，如何壯大呢？1997 年回歸，全部分析員都不看好中國的銀行業。筆者任務還是解析如何建立資產管理公司，令里昂銀行翻身的實例。但 2015 年"亞洲 50 強"的四大是中國大陸（25 家）、印度（10 家）、韓國（4 家）、馬來西亞（3 家），意外嗎？還有更大的意外是：日本只餘 1 家、香港和澳洲（0 家）、台灣亦餘 1 家。日本是宇宙藥業，看來藥品還是有前途，老人愈多吃藥更多，但電子業公司全部失蹤，沒有誰不賠老本。

中國人初知日本產品，是三洋、索尼，如今電飯煲、馬桶蓋仍有中國捧場，但已是杭州製造了。日本股市市值已被中國超過，滬、港、深 5 月底加起來已有 14.3 萬億美元，日本只有 5 萬億美元，台灣更只有 0.91 萬億美元，是大中華區企業市值的 6%，和上海相比，只是 1/6.5。

台灣自李登輝時代，已有亞洲金融中心的夢，但有願景而無執行力，畏首畏尾，只能是空想家，2016 年換班子，執行力只會更差。日後台幣若守不住，市值會更縮，印度更上一層樓，台灣變成 0 家，亦一步之遙。日本問題是企業欠賺錢能力，ROE 只有 6%，比美國的 13% 和歐洲 13.6%，相差極遠，在亞洲 50 強中，沒有作為居多！

6. 亞洲貨幣十八年興衰

人民幣一貶而天下震，有道是亞洲不會回到 97 年貨幣危機。看看筆者當年的記錄，1997 年 3 月底，亞洲形勢一片大好，貨幣強勁，但 97 年 7 月 1 日，泰國先發，由 1 美元兌 26 泰銖一貶至 52 泰銖，達 50%，這時的利差交易是 5000 億美元，中招者傷亡慘重。

到 1998 年 6 月底，各貨幣跌定了，最慘情是印尼盾，跌了 84%；第二類東盟各大國，馬來亞零吉 39%、泰銖 38%、菲披索 37%、韓圓 35%；第三類抗跌力較強，台灣 20%、新加坡 14%、日本 13%、印度 21%（印度央行

説每日 1 分,逐日來,不會大貶);第四類是港元和人民幣不動如山。到了
1998 年 12 月,局勢穩定,馬來亞定匯率在 1 美元兑 3.8 零吉,一定多年。但
97 風暴的第二波危機,在 2001 年,"9•11"之後,各亞洲貨幣再來一次,除
了印尼盾由高點再貶 25%,日圓又回到 1 美元兑 131 日圓外,其他貨幣跌至
1998 年的低位還低,最強的新加坡甚至兑至 1 美元 1.84 坡幣,印度盧比可是
一直慢慢貶,這時已貶到 1 美元兑 48.22 盧比。

　　這次在亞洲貨幣安穩了 14 年後,利差交易的量已升至 90,000 億美元,
上升了 18 倍,加上不是一般人玩的衍生工具,殺傷力有多大,慢慢才浮現。

　　人民幣貶了 3% 就天下震,印度盧比由 1997 年 3 月至 2015 年 8 月,貶
了 45%,何以市場不起任何風波呢!中印的分別在此。印尼盾又跌了 25%,
人們到這市場,何以屢戰屢敗,仍勇進,亦奇也。其他貨幣比 2001 年還有
距離,看後局!(時維 2015 年 8 月中)

7. 兩岸三地人才競爭庫

　　《讀史觀世》中談了不少兩岸三地的大學生競爭力,跨國企業和要在內
地一展身手的企業人才何處來呢?答案是中國大陸每年 700 萬人、台灣 30
萬、香港 2.8 萬人。

　　如何選人呢?如今在第一線是 X 世代,要管的是 Y 世代。與 X 世代們談
及用人,莫不搖頭,"最好不用,又不能不用"是最直接的答案,用哪一地
呢?無相干,誰的中英文俱佳、關係好、肯拼搏,也就是矣!

　　筆者云,能對本國史有溫情者,更有前途。這 20 年間,全球經歷"經
濟自由化、學術自由化、社會多元化"。世上已無絕對多數,而"少數不服
從多數"已成常態,但有無助於學生的競爭力呢?答案是沒有。這方面台灣
先起步,2013 年更出現"太陽花世代",心態是"自由、民主、反中、鎖國、

推翻老K，趕走老中兩代"，彷彿如此，台灣就一切都美好了。反對者不敢哼聲，所以成為洪流了，是否主流，看是哪個媒體說的。

2014年香港也出現了"雨傘世代"，心態也差不多，用辭不一樣，但能否有助於日後成為一名有競爭力的僱員？要問過X世代才知道。戰後嬰兒世代真幸運，當年管理X世代，還是"敬老尊賢"，而且任勞任怨，出差捱更抵夜是常規，真的要感激他們，也為他們苦。

內地暢銷小說《狼圖騰》，歌頌了狼，比龍更現實。年輕人就是追趕經濟列車的狼，但畫狼不成反類犬，在列車經過時去吠車的狗，列車過後空餘恨。最怕是變成羊，只能任狼吞噬。X世代在選狼、犬、羊，要睜開大眼的！

8. 二千年來的越南關係

南海風浪急，海上絲綢之路一出國門，就遇上不太合作的越南和菲律賓。雖說"新型大國關係"的博弈，這只是兩顆小棋子，但當了鄰國二千多年的越南，何以至此？

翻看錢穆《國史大綱》的秦代版圖，兩千多年前的秦始皇之際，今日的越南首都河內，已是秦朝象郡的一個地方。到唐朝設六都護府和十節度使管理全國，嶺南節度使設在廣州，鎮南海諸國，而安南都護府所在地安南，即是今日的越南，那還是武則天攝國政的儀鳳四年（公元679年），距今亦1,300多年了。

越南脫離中國版圖，是在五代末年，安南變成交趾，時間是後周郭威稱帝，中國分裂成7國，北周以南，就有南唐、吳越、楚、蜀和南漢。南漢佔了廣東、廣西，建都番禺，但無力管到交趾了。及至北宋、南宋都無力擴展，但蒙古人居然打不下越南，怪哉。當然蒙古人亦打不下日本！

安南獨立了450年之久，到明成祖時，安南內亂，外戚黎氏篡了陳氏。

明成祖本來是替陳氏主子復國，但王子被黎氏伏殺，沒有傳人。明成祖遂在 1407 年設立交趾布政司，安南又歸版圖。但朱氏子孫並未保住安南，安南又成阮氏王朝，舊阮、新阮互鬥，舊阮得勝。到了 1804 年，請封了清朝，那已是嘉慶年間。

1859 年，法國人來了，佔了西貢，安南割了六州。到同治年間，太平天國兵敗，餘黨遁入越南，分成黃旗軍、黑旗軍，黑旗軍首領劉永福，就是和法國軍隊大戰那位。光緒十一年，中法締結和約，越南成為法國的保護國，又是李鴻章的傑作，比甲午之戰還早。越南二戰後獨立，又有美國之戰，中國付出不少啊！

二、韓國和香港

1. 排名第一的韓國

　　最近與加拿大學者談起韓國近年的崛起，很多地方已超越日本。老教授說："注意到韓國的高等教育排名已是世界第一嗎？"老實說，真的未注意到，只知道韓國家長拚了老命，也要供子女入讀大學，愛子之心已到了犧牲退休年華。回家查一下，原來根據 OECD 的 2013 年報告，排名第 1 的是俄國，第 2 是加拿大，第 3 是日本，第 4 是美國，第 6 才是韓國。但根據另一個教育機構 Pearson 的報告（用的是 2006—2010 年的數據），若包括國際考試比賽得分，大學生畢業後優勢和大學畢業率等因素後，世界第 1 是韓國和芬蘭，然後才是香港、日本、新加坡，美國只排到第 17，排名國家共 40 個。中國家長拚命要送子女去美國，可要三思，可以選擇的前後還有 16 個。

　　研究報告有幾個提示：一是高質素教師的重要性；二是如何吸納到優質教育人才，師道被重視才重要了；三是家長意見不是萬靈丹，大學要與家長溝通和合作，如此而已。美國太自由了，好學生成績一流，但一般學生的測驗成績，數學排第 25，科學排第 17，閱讀排第 14。反觀中國雖未入圍，但若測驗成績，只有 2,500 萬人口的上海，PISA 排名世界第 1，韓國人口亦是 5,000 萬而已。美國方面，即使是 OECD 報告，成人的大學生比率亦只是 41%，10 年不變，美國大學水準差距極大，識者心知。至於和韓國比拼多年的台灣，不在研究之列，但觀乎這 20 年的小龍地位之爭，早已全面敗退，大學雖多達 166 家，品質又如何？

2. 韓國教育 30 年變化

翻看 OECD 的 2013 年教育報告，共 440 頁，沒有興趣讀完，只參看 OECD 各國的最低受到 Upper Secondary 教育的人的比例，俄國確是注重教育，男性不論是 25—34 歲，或 55—64 歲的比例都是 95%，至於女性則分別為 95% 和 90%。美國最平均，全部都是 90%。英國只得 85%，55—64 歲的女性更為 60%。但韓國卻令人驚異，不論男女，在 25—34 歲之間，都是 100%，而老人家們，55—64 歲的男性是 55%，女性是 35%，可是韓國在 40 年前，教育是不普及的，進步之大，是矚目的。

台灣不是 OECD 會員，沒有數字，但號稱有 166 家大學，是否也達到如韓國的 100% 水平，也得看數字。韓國數字驗證《經濟學人》的 2050 年世界《大轉變》一書所言，女性受教育水平的提高和發展機遇的增加，會引發社會大轉變。韓國的企業階層一向男尊女卑，但隨着男女的教育均等，日後的機會亦趨均等，日本所希望的女性參與生產力和管理階層可能會在韓國出現。韓國已出現女總統，企業出現女 CEO，還會遠嗎？韓國和日本之爭是人才之爭，日本是內向型教育，是“封閉式”。幾十年來，大多數在海外成長受教育或父母有一方是外國人的話，這些日本人只能為外企或外國政府打工，是報國無門，而日本最需要是這種和世界互動的人，浪費了。韓國則無問題，大量 MBA 海歸可用。現在日本人口漸縮，GDP 規模大不了，有朝一日，韓國追上來不單人均了。

3. 韓國台灣 22 年之爭

《讀史觀世》中談了不少韓國和台灣的競爭，台灣的起點為南懷瑾所提出中國轉運之年的 1987 年，這一年台灣也 "解嚴"，民眾可以渡海做生意去也。

韓國的起點則是 1992 年，這一年中韓建交，韓台斷交，而台灣亦有了所謂 "九二共識，一中各表"。1992 年的韓國對中國出口是 50 億美元，而台灣對大陸的出口則以 74 億美元領先，因為有了 5 年時間的領先。但 2013 年，韓國對中國出口上升 55 倍，到 2,742 億美元，而台灣對大陸的出口則上升 27 倍到 1,972 億美元，只是韓國的 72%，明顯落後。

本來 2010 年 6 月，台灣已和大陸簽了 ECFA。韓國 "心急如焚"，急起直追，2012 年 5 月開始了中韓的 FTA 自由貿易協議，這次習近平訪韓，已敲定 FTA 在 2014 年底簽定，而台灣則因 "反服貿" 和 "太陽花學運"，簽定遙遙無期，因有年底 "七合一" 選戰，小馬哥亦只能 "心急如焚"，要知韓國在 2013 年已以 9.24% 的中國進口市場佔有率，超越日本的 8.19%，台灣只以 8% 位列第三位。

中華文化一向 "先敦親，後睦鄰"，但佔了先機的台灣卻未能把握機會，台灣仍在領先的是 FDI，投資金額仍是韓國一倍，兩岸人次往來是 900 萬，比中韓的 822 萬稍勝，但中國到韓國遊客 2014 年為 480 萬，台灣只有 330 萬，韓國到中國留學生 6.2 萬人，世界第一，台灣能有數千就不錯，年輕人他日如何了解這個世界最大市場，真令人心急如焚。

4. 從歷史數字看香港

歐洲老友來問，香港 "佔中" 後看到些甚麼？答曰：世事真真假假，肉眼看見也不為真，只能用歷史來看走勢。老友不懂中文，看不懂《讀史觀世》，只好用些歷史數字來看看。香港有 1,400 家跨國公司的亞洲總部，但永遠都有 "留港派" 和去 "新加坡派"，如今更有 "上海派"，端看負責風險的人如何看，一向在猶疑的，是不是更明確些，2017 年就有分曉。

香港風險怎麼論，穆迪是 Aa1，標準普爾是 AAA，兩者差一級，穆迪説無事，因為本來就評得較低，標準普爾不動，穆迪當然不動，評是也是互動的，相對的。

香港 FDI 的進出又如何，入港資金，2011 年 960 億美元，2012 年 750 億美元，2013 年 720 億美元，不是太好走勢，但仍排在全球第四，2013 年只降了一級，在美中兩大經濟體外，被俄國追上了。出港 FDI 又如何，2012 年 839 億美元，2013 年 920 億美元，排在美、日、中、俄四大經濟體外。

中國內地對外的 FDI 已達 1,010 億美元，早已不用透過香港，窗口作用可有可無，但有 CEPA，仍有外資來的。再看離岸人民幣中心，1 萬億人民幣是可觀，但只是中國總存款的 1%，上海自由貿易市場開放不久，已引來 23 家外資銀行，總存款 1,639 億人民幣，已和新加坡差不多。再看離岸財富中心，競爭對手是評分 AAA 的新加坡，若香港降級，財富哪裏去，不會有感情因素，新加坡自然是悶聲大發財的。至於中產移民台灣，那亦是此前的事，各有前因，莫問人。香港若不好，台灣也幸福不到哪兒去，時間的問題而已。

5. 滬快趕超香港

海外老友齊集上海，上次二十多人大聚會已經七年了，要作一個小結最好在上海的中環——陸家嘴的灘邊，黃浦江兩岸都可以看清楚，再到正大廣場前的大圓環天橋看四周，才能感覺最震撼，上海三大高樓就在眼前。

高達 632 公尺的上海中心已封頂了，正在試燈，當年最高樓的金茂大廈已成歷史陳跡。只有 32 平方公里的陸家嘴已由二十年前的平地無人煙處，聚集了 719 家銀行、證券公司、保險公司，佔了上海市的 60% 金融機構了，若算浦東新區，更是 90% 了。央行上海總部、上海證交所、上海期交所、中金所、中國銀聯全部落地於此，位列全球第三的 P2P 線上交易服務的陸家嘴國際金融資產交易公司，簡稱陸金所亦在此了。

香港和新加坡一直平分來亞洲的金融人才，陸家嘴別開蹊徑，吸收“海歸金融精英”、“下海公募高管”和“草根民間高手”。每年 700 萬的大學畢業生中的尖子，莫不以上海為落腳之地，跟香港每年培養不足三萬的大學畢業生相比，真是牛脾和蚊脾了。

陸家嘴地鐵站只是上海如今 330 個地鐵站之一，上海地鐵已長達 530 公里，每日載客流量 900 萬人，遠超香港人口了。在香港還在茫然之際，上海已推動“世界城市日”，舉辦“2,040 高峰論壇”，為未來 30 年規劃了，主題是“城市轉型和發展”。

金磚銀行已投身上海，上海自貿區也在浦東一年，陸家嘴金融業更穩固了，地方不夠，還擴展到世博舊址改成的前灘。上海地方不夠，還可以“飛區”到浙江、江蘇。虹橋機場 1 號航站樓重修，三年後再見了。

6. 上海速度

老友問在上海多年，印象最深是甚麼？答曰：“上海速度”。上海面積是香港 5.7 倍，人口是香港 3.3 倍，每年以 70 萬人速度上升，地鐵沒多久已日載 800 萬人，超過香港人口；網上購書免運費，晚上訂，翌日早上交書，現金交易。

2009 年，上海計劃 2020 年成為經濟、金融、貿易、航運四個中心。2010 年，上海港口吞吐量以 2,900 萬標準箱超過新加坡 50 萬個，成為世界第一。2012 年，已增至 3,200 萬標準箱，有朝一日，泰國克拉運河成為事實，增速更不成比例，香港如何能分一杯羹，至為重要。

2012 年的國際學生測試 PISA，上海 15 歲青少年得了科學、閱讀、數學、金融素養四項全球冠軍。2020 年這批青少年 23 歲，正好供應四個中心的人才，還有全球尖子、海歸都雲集於上海，人才增加的速度驚人。

2013 年，上海自由貿易試驗區起行，2014 年，金磚四國發展銀行總部花落上海，有多少工作機會，要的是全球化人才，位於菲律賓的亞洲發展銀行的人力資源部可要忙了。

當然，成為四個中心，人才、服務、商業環境外，還有法治一項，這就要看自貿區的進展如何，空氣是小問題，不會比當年的倫敦、洛杉磯的 smog 厲害。當然加價的速度也驚人，的士起步 9 月起加了 18 元，5 萬架的士還要有呼機訂車軟件才成，但金融業的要職薪金不會比香港差。食物安全很難說，連外資企業一樣出事，只差知道與否！

7. 金融中心排名解讀

每年 9 月到 10 月回港授課，總給金融碩士生們一個研究題目："2020 年香港和上海作為國際金融中心的比較"。多年來，答案頗穩定，認為香港仍會領先的佔八成，但今年 10 月，答案逆轉，認為香港領先者只有四成，認為上海香港持平，可以互補的佔了五成。

國際機構的調查，亦反映了上述情況。2014 年 3 月發表的 GFCI 指數（Z/YEN 集團，由倫敦市支援），75 個國家城市中，倫敦第一、紐約第二、香港第三、新加坡第四、深圳第十八、上海只排第二十六。但日後最有前景的金融中心，新加坡第三、香港第四、上海第五，上海已成有力競爭者。到 2014 年 11 月才發表的 IFCD 指數（新華道瓊斯合資公司），上海由去年第六，升至第五，香港則由第三跌至第五，香港和上海並列，同得 77.1 分，其實新加坡只得 77.23 分而排第三，新加坡和香港、上海只能算同一組，和紐約、倫敦、東京的 83—87 分，仍有距離。

　　東京何以排第三，兩家機構的調查要素有分別，值得留意是"增長發展"一項，上海已連續五年排全球第一。"服務水平"：香港第三、上海第六。"產業支持"：香港第四、上海第五。但在"國家環境"一項：上海由第 13 位升至第 5 位，香港則由第 3 位跌至第 12 位，最值得關注。

　　上海有自貿區後，已可作國際金融交易，可以有離岸人民幣市場，亦可推動人民幣資本項目可兌換以及作為人民幣產品定價和清算中心，香港的對策是甚麼？

8. FDI 對香港的重要性

　　台灣老友感歎大部分台灣人"對大陸認知不足，對大陸近年的進步毫無興趣"，所以隨時可以被騙得團團轉。筆者曰，無妨，香港亦只是一個程度的問題。不過台灣人一向認為自己的地理位置比新加坡優越，人民更優秀，何以不能成為亞太營運中心，一直耿耿於懷。

　　台灣事實上樣樣學日本，最終亦只得到日本一樣的結果。台灣和香港在經濟上最大分別是，香港的 FDI（國外直接投資入境總額），在 2014 年是 1.5 萬億美元，世界排名第 3，尚勝世界排第 4 的內地（金額 1.34 萬億美元）；日本不入 10 大，台灣更不足論，外資何以不來，是經濟自由度的問題嗎？此點香港排名第 1、新加坡第 2，但新加坡亦不入 10 大。抑或是日本、台灣的天災多，經營環境不宜？日本、台灣從來沒有自省。

　　若從 FDI 出國金額來看，香港亦以 1.39 萬億美元，全球排名第 6，中國內地的 FDI 出境才開始，2014 年全年才剛是 0.13 萬億美元，也是 10 名不入；日本在對外投資的 FDI 則以 1.18 萬億美元，世界排名第 8；台灣實力有限，也是 10 名不入。此處就看得出香港和台灣最大分別是外資充分利用香港這個平台，讓資金進出到整個亞洲。

　　老外們亦喜歡香港這個環境，畢竟香港回歸 18 年，仍保持經濟自由度世界排名第一，才能保住這些資金長駐。台灣就沒有這個幸運，少少大陸資金，都要左遮右擋，當然要充分利用香港 FDI 進出的成分，如何保持永續是第一要務，日後 "一帶一路" 發力，亦在此也，明白嗎？

9. 人民幣十年一變已不同

　　和 EMBA 舊友談起人民幣這十年的變化，除了兌美元升值外，邁向國際化的步伐更是飛躍了。無疑，作為貿易結算貨幣由零至 2%，要取代美元為時尚早，但世界貿易結算貨幣的寶座，在 2013 年 3 月，已被歐羅所奪了（歐羅 36.9%，美元 35.8%），人民幣取代日圓第四的名次，只是一兩年間的事（日圓 2.59%）。英鎊也不見得很穩，蘇格蘭獨立公投已投下陰影，所以 2020 年之後，歐羅、美元、人民幣的三雄並立，已是歷史的趨勢。人民幣在 2014 年 6 月和英鎊直接交易還不算大事，同年 9 月和歐羅直接交易，加上和日圓以及澳、紐、新、馬貨幣的直接交易，已和世界上主要貨幣直接交易，和全球貨幣交易只是行政問題。與中國簽訂貨幣互換協議（SWAP）的國家已有 30 個，協議額度已達 2.6 萬億人民幣，數字只增不減，至於成為儲備貨幣，也無疑問。

　　在美國不喊人民幣貶值之前，人民幣是世上最穩定的貨幣。至於人民幣離岸中心，香港、新加坡、倫敦、台北陸續登場，只紐約在抗拒，這是 ABC 作怪，Anyone but China 不能長久。

　　在人民幣結算上，香港佔 72.4%，有優勢，香港以即時支付系統 RTGS 可以即時結算美元、歐羅、人民幣，但行將在上海登場的 CIPS 中國國際支付系統，當然要以最高質量的跨國支付姿態出現。上海要在 2020 年成為國

際金融中心的條件之一,是人民幣可以跨國支付,要和美國的 Chips, Fedwire
比一比了。

10. 離岸人民幣前景樂觀

歐洲美元(Eurodollar)面世也六十有年了,當年它的興旺多少與中國有
關。韓戰發生,美國照例凍結中國在美國銀行的存款,蘇聯和東歐諸國為了
避險,乃將美元存到倫敦。倫敦起死回生,成為歐洲美元清算中心,各路英
雄乃可更廉價取得美元,日後各種貨幣都有,這亦是美國這霸主始料不及,
不然今日哪有紐約和倫敦仍可相持的日子?

如今離岸美元達美國本土存款的 30%,當然不受美國控制。21 世紀,
倫敦的各大銀行因操控歐洲美元利率被罰,得利的是英國,美國和英國雖是
親兄弟,也是明算賬。

回到離岸人民幣,以香港為首的清算中心已有七八個,似乎愈增愈多。
中國的本土存款 2014 年 6 月大概是 113 萬億元人民幣,香港才 1 萬億元人民
幣,不足 1%,加上其他中心,最多亦只是 2%,比歐洲美元的 30%,相差
太遠,人家已是六十歲老頭。

人民幣 2004 年在香港才 120 億元人民幣,10 年上升了 83 倍,前景是
看好的,但香港銀行的存款不夠多,2014 年才 8 萬億元人民幣,只是中國
的 7%,如今有 1 萬億元人民幣,已佔了全港存款 12.5%,即使上升一倍到
25%,亦不過是 2 萬億元人民幣。要發展到歐洲美元的 30% 境界,理論上是
34 萬億元人民幣,而中國銀行的存款只會日增,所以要有上海自貿區,要
有前海,要容許內地居民的境外存款,要全球人士企業都有人民幣存款。外
資當然眼見及此,要不然何以香港本土九成以上的銀行都轉成外資呢?

11. SDR 還是 STR

　　人民幣會不會成為 IMF 的"特別提款權"SDR 的一分子,在 10 年前確是 Someday RMB"有朝一日",但這日子不遠了,SDR 應改為 STR,Sure Thing RMB,"無有懸念"也!(2016 年 10 月,人民幣正式入 SDR)

　　中國人行已和世上 30 家央行簽了人民幣互換協議,獨欠美日而已,這是中美抗衡的一部分,終有一日會改變。人民幣的離岸活動已達 2 萬億元,其中 1 萬億元在香港,台灣亦已有 3,000 億元,上海的自貿區才一年多,已累積 1,600 多億元,福建、天津、廣東的自貿區亦已開業,這個市場只會更大。人民幣只佔香港存款的 9%,台灣亦已佔 5%(不過台灣自設限為銀行總資本額的 100%,所以只能到 8% 左右,當然鬥不過香港),日後人民幣的離岸部分可以去到多大,人民幣的衍生工具可以有多活躍,市場交易員們莫不要準備。

　　2009 年,人民銀行存款 61 萬億元,2014 年銀行存款已達 123 萬億元,翻了一番;相比之下,香港 11 萬億元,台灣 6.4 萬億元,人民幣國際化後,發展是無限大,只怕港台吸收不了,港台銀行界要盡快培養此類人才,急不容緩,STR 已取代 SDR 了,會在資本市場引起大變化。

　　2004 年,大陸、香港、台灣的市值佔世界總數分別是 1.17%、2.35% 和 1.32%,10 年過去了,2015 年 3 月,份額已是 9.43%、6.59%、1.49%。大陸 A 股市場雖然是以人民幣計算,外資的長期計劃是玩哪一瓣,豈不是很清楚嗎?股市最高成交量,上海是 1.8 萬億,是台北 69 倍,可思議嗎?

三、台灣

1. 李光耀眼中台灣前途

筆者初遊台灣是 1970 年，過去 40 多年又在台灣工作兩次共 8 年，其間訪台次數，已是數不勝數，所以在《讀史觀世》中談到台灣的種種，也是寫不完的。毫無疑問，台灣優點不少，但合乎"逢台必彎"的諺語，凡事都有變體。

台灣人情味重，但變體或有選擇性，因藍綠而異。台灣佛教盛行，但變體成迷信，連選舉也靠神明。台灣保存中華傳統文化，也出一些人物，但又底氣不足，超越不過前人。經濟曾有奇跡，半導體企業也曾稱雄，但亦無法擋住世界潮流。台灣也是民主投票遊戲的試驗場，但偏偏去不了封建思想。

當年筆者到南部探高雄分行，被稱之為"皇帝南巡"，以為是上世紀 90 年代的事。但 21 世紀，阿扁南巡，所用的臨時尿壺，居然被恭稱為"龍液貯"，還被鄉紳重金收購，"貧農之子"不得不飄飄然以為自己是朱元璋了，能不胡作非為。至於議會打架，那是日本也有的，有樣學樣而已，不算首創。台灣人亦相信"一人一票"、"全民公投"可以解決一切，比如台灣前途。這個命題，李光耀說得最直接，《李光耀觀天下》中文版剛出版了，他說："台灣的前途不是根據台灣人的意願確定的，而是由台灣和中國（大陸）力量對比的現實，以及美國是否打算進行干預而確立的。"所以他認為民意調查是無意義的。尼克遜對民意調查的看法是"可以有助於了解哪些地區需要特別進行遊說工作"。老實跟民意調查的人可能當選，但不會是 "有作為" 甚至不會是好的領導人。

2. "三中壓頂" 之際

上世紀在美國工作時，只知道美國人很注重 40 歲生日，人生走了一半，工作還有 20 年，供屋供了三分之一，亦仍有 20 年。早婚的孩子步入青少年，麻煩才開始，所以 40 生辰不想過，總是另一半來到 surprise。雖不滿意，仍要接受。但進入 21 世紀，40 歲仍是憂患的開始，50 歲才是 "三中壓頂" 之日，美國人稱之為 Three Deadly Middle。

人到中年（Middle Age）；Middle Class 中產階級，薪水已 10 年沒有加；Middle Management 中層管理，只到 VP 就沒得升了。所以 VP 名為 Vice President，一家大企業可能有數百個，只是職稱膨脹，實則 VP 是 very poor。主因是一個 50 歲 VP 的工作，由 40 歲 VP 取代綽綽有餘，10 年的經驗，在科技變遷中變了一無所用，10 年來保養不好的話，精力亦不如 40 歲那一輩。40 歲一輩，正是勇猛精進一群，因為 10 年內不能升到 SVP 那一水平，就令自己 "三中壓頂" 了，所以是不會客氣的。

如今 40 歲和 50 歲都是 X 世代一群，亦面對如何管理新入行的九〇後員工，又是一個新常態。中層管理管不管得了九〇後，高層是不理的，只要你自己搞掂，反正加班沒有加班費。高層對 50 歲以上的員工並不憐惜，反正 "優退名單" 有你份，所以美國的 "三中" 人士人心惶惶，這現象是否已來到亞洲？看看身邊人，便知道大事不妙！台灣最嚴重。

3. 台灣十缺無他事

台灣工總理事長説台灣 "五缺"：缺水、缺電、缺地、缺工、缺人才，

外加 "缺德" 和 "缺理性選民"。這都是內部問題，長年累積，但外國人如何看，就看 FDI 有多少，股市有無外資入市，這兩點若缺，亦可稱為 "缺資" 和 "缺市"，若再加上缺乏審時度勢的能力，就是 "缺時"，這一點最應向英國學習，加起來就是 "台灣十缺" 了。

2015 年的世界投資報告（WIR）出爐了，有 1990 年至 2014 年數字，大陸、香港、台灣的發展和對外資吸引力可以一比。1990 年，中國大陸 35 億美元，香港 33 億美元，台灣 13 億美元，相去不遠；2014 年，中國大陸 1,285 億美元，上升 37 倍，香港 1,032 億美元，上升 32 倍，台灣 28 億美元，上升 2 倍，總算還有得升。但外資到了大中華區，何以不一視同仁，是與 "五缺" 有關嗎？WIR 將台灣排在東亞之列，台灣只能超過蒙古和朝鮮；和南亞比，只超過尼泊爾和斯里蘭卡；和東盟比，只超過老撾、汶萊和緬甸。何以如此無吸引力，哀哉！

1990 年是台灣股市最悲壯的一年，年初股市升至 12,682 點，10 月跌至 3000 點，這一年的年底，上海、深圳才有股市成立。2015 年，台灣股市 8,600 點，市值 8,610 億美元，是上海股市市值的五分之一；台灣股市每月交易量 540 億美元，更是上海的二十四分之一；台灣股市市盈率 10 倍，上海市盈率則為 17 倍。上海經過 2015 年 6、7 月的大劫，外資又來了，台灣股市來來去去就是那 40 家可以投資的企業，25 年沒有甚麼長進，又是為甚麼呢？換了黨就是換了藥嗎？理性點！

4. 台灣海峽隧道不是夢

二戰後 40 年，在英國首相戴卓爾夫人和法國總統密特朗推動下，1986 年成立歐洲隧道公司，建了一條長 50 公里，穿越英倫海峽的隧道，象徵英國實體上加入歐洲，從此歐洲安定，商務發達。雖然成本 95 億英鎊，比預算 47 億英鎊多了一倍,建成後生意不怎麼樣,但風風雨雨 30 年,總算有利潤。行駛在這隧道的高速鐵路"歐洲之星",時速最高 300 公里,由英國 Folkestone 到法國 Calais 只需 35 分鐘。Calais 今年變成中東難民偷渡到英國的中心,卻是始料不及。

回顧亞洲,二戰後 70 年,台灣海峽兩岸"面臨變局",但北京到台北的高鐵計劃卻出爐了,其實正如歐洲之星,最關鍵一段是由福州到桃園的一段台灣海峽,大陸研究有多項可能性,其中以北段最短,約 120 公里,比英倫海峽長 2.4 倍,但以 30 年後的技術進步,已不是問題。英倫海峽水最深處是 172 米,這條由福州市平潭縣海壇島起建至台灣桃園海濱的隧道有多深呢?不知道!

海壇島在中國島嶼中排第五,前四依次是台灣島、海南島、崇明島、舟山島。平潭既是縣,也是海壇島上一個市鎮,此島已開發了平潭經濟特區,當然是面對台灣。如今"一帶一路"推出,由北京、山東、江蘇、安徽、江西到福建的高鐵線工程已基本完工,只差台灣這一段了,台灣要連接"一帶一路"到歐洲,已不是夢。

台灣海峽隧道,正如英倫海峽隧道若能成功,代表 30 年後台灣經濟還是好的,否則只是浪費,看 2050 吧!

5. 台灣二十四年觀察

不論 1992 年達成甚麼"共識",一位台商老前輩告訴筆者,台灣人心目中只有一個"拖"字,香港問題中英只談了 2 年,"拖"了 15 年到 1997 年,台灣則成功地"拖"到 2016 年,仍未有結果。當年一代人都不在了,台塑、長榮、統一等創業人都仙遊了,兩岸是不是統一已對他們無關痛癢,只有李登輝還在"帶病延年",自鳴得意。"拖"字訣成功抵壘,連馬英九也"功成身退"了，問題留給"太陽花一代"，蔡英文也只能繼續"拖"，反正"骨肉天親"，難道真的打！但台商要做生意，經營環境還是要的。

　　早在李登輝時代，台商的心聲是"說不出的苦"，因為李氏政策是"戒急用忍"，"南向政策"。這時期李氏是醉心於日本學者"中國崩潰論"和"七國論"，只要拖到大陸出事，台灣大吉。此時黑金流行，"南進"的台商遇上"九七災難"，死傷無數，東盟的痛苦，只有第一代創業人知，但人去記憶空。到阿扁8年，進行金融大改革，人人要獻金，是白金時代，但錢入了阿扁口袋，再也吐不出來了。綠營人士是"收水不做事"，台商的苦更甚，台灣進入"窮到只剩錢"的時代，台灣人最恨貪污，但熱度沒多久。小馬哥高票當選，溫良恭儉讓，不適合台灣政治，內治不了黨人，外擋不了綠營，變成"好人太窩囊，壞人太囂張"，沒有希望，人人"只求小確幸"，亦成功"拖"了8年，但全球經濟8年未好過，只靠大陸幫忙，亦只慘淡收場。蔡英文上台推出"亞洲新價值"、"新南向政策"，只是把台灣人"騙得團團轉"而已！

6. 台灣"六三三"的檢討

　　馬英九上任時支持率41%，並不算高，"下班"時支持率降至23%（阿扁13%），也不算很低，最低時是王金平之戰失敗，降至11%，這算是馬英九最失敗的時刻，還有後遺症，成為罪狀之一。

　　8年前，不知哪位蠱蟲師爺推出"六三三"支票，GDP增長率達6%，到下班居然連1%都保不住，這還是有大陸紅利之際，一個台灣鳳梨拿到上海市場賣80元人民幣，還有民眾支持，只要觀感一變，就變成今日香港。

　　失業率3%，不算太難，但也達不到。台灣工資還8年不漲，當然阿扁時代也沒漲，李登輝後期也沒漲，沒有人去提起。人均GDP達30,000美元，根據IMF統計，在2015年是22,288美元，被深圳超過了。最難堪是四小龍墊底，新加坡 52,888 美元，已到美國水平，香港 42,390 美元，韓國 27,195 美元。連韓國都不如，台灣人自尊大損，小馬哥能不有禍？唯一安慰是日本也只是 32,486 美元，當年宗主也不過如此，所以最佳策略是沒有 Promise。蔡英文比馬英九聰明，甚麼支票都不開。

馬英九簽了更多大陸協議（23 項）也沒用，台灣人心底不願走得太快和太近，兩岸和平協議 8 年都不敢提，就是此因。所以一年來了 400 萬大陸遊客對非旅遊業者不是功績，再下去就如香港般趕客了。

馬英九既管不住黨內的政客，也管不了教育部和文化部，所以李登輝和阿扁的"去中國化"課程，8 年都並未修正，兩岸認同分歧 8 年後更大，只有一種聲音的年輕人當然會有偏軌，支持率不高，理應如此！

7. 歐商對台灣之憂心

台灣銀行家對筆者說："如今和統一有分別嗎？"大陸銀行已開到台灣土地來，台灣人持有 3,300 億元人民幣，是台灣總存款的 5%，每週通航 900 班。台灣的銀行家都往大陸開分行去了，其實台灣銀行總資產也不過 8 萬億元人民幣，面對大陸銀行業單是存款就是 125 萬億元人民幣，也就是 5—6% 而已。

台灣最需要是投資，但吸資無力，台灣資金往大陸跑，也有南向回不來的。吸引外資 FDI，1990 年，當旺時代是 13.3 億美元，是大陸的 38%，算不錯；2014 年是 28.4 億美元，上升了一倍，但只是大陸 FDI 的 2.2%，香港的 2.7%，相形見絀。

當年歐洲商會已提出多項變革，如何保障外資銀行的破產法是其一。2015 年，這班歐洲老兄鍥而不捨，提出六大建議，如經濟不確定性、勞動力負增長、電力供應不穩、健保重量不重質、吸引人才無力、觀光硬件不足，這是寫給總部看的，為何台灣生意難做！

台灣最驕人是 4,330 億美元外匯存底，雖已變成大陸存底的八分之一，但仍可觀。台灣出口已經 14 季連續下降，GDP 連續三季收縮。往好處看，是差得不能再差，否極泰來。至於"亞洲新價值、新南向政策"是甚麼，也是虛言，台商遠跑得比政府早，"一帶一路"向東盟印度走是中國夢的框架，要去早已去，還要提醒嗎？台積電不是去了大陸？

8. 台灣南向政策前景

老友問"玩經濟"，台灣的綠營會好過藍營嗎？答案是要看台灣是不是否極泰來，行"泰卦"。小馬哥可是帶着三季負增長下台的，2016 年第一季仍是 -0.68%，外貿已十四季負數，所以林全說保 1% 都難，目標是 1.06%。那麼"新南向政策"有幫忙嗎？答案是"可能幫倒忙"。

看台灣和東盟 10 國的貿易額自 2015 年 1 月的 71.6 億美元，一直下降至 2016 年 61.4 億美元，下跌 14% 就知，2016 年 2 月是過年，只餘 50.9 億美元也正常。台灣東盟貿易額 2015 年全年是 794 億美元，和大陸的 4,500 億美元相比，只是 18%，要從這塊大肥肉中割一塊，又要"讓利"嗎？還有印度，台灣 2015 年貿易額是 60 億美元，大陸是 720 億美元，更只是 8%，台商多年來視印度為畏途。筆者老友們視為苦差，當然，天氣 50℃，誰又吃得消！

台商在大陸已深耕了 25 年，捨得離開這塊基業，再去"新大陸"嗎？難矣！台商對大陸的投資額，有直接有經 BVI，1991 年老李時代才 15.6%，到阿扁末年 2008 年，已是 66%，到小馬哥第一任 2012 年達 73%，2016 年張忠謀的台積電又投入南京 30 億美元。台灣 2016 年的大陸 FDI 達 80% 不出奇，比貿易額的 40% 更巨大，若要南向，要在大陸抽資容易嗎？理論上，藍營企業已全在大陸，部分綠營亦半掩面來了，要留在台灣的綠營企業南向投資,好事,他日賠本,只是台灣銀行界的損失而已。

東盟確是會進展,"一帶一路"之下,大陸和東盟計劃貿易額達 1 萬億美元,印度又如何,最保守估計,2020 年也會是 4,000 億美元,台灣綠營能分一杯羹,是甚麼情況下呢?

9. 南向的貶值損失史

筆者在 1990 年至 1997 年間親歷了台灣所謂的"南向政策",當時主事是李登輝下的老長要員,"鼓勵"台商向南走,一時間去越南、泰國、印尼、菲律賓不少,發生各種怪事。在越南找不到工人,收了薪水就在樹下睡覺不上班;印尼員工要一天拜佛陀五次,要準備洗腳水;到菲律賓的蘇比灣,是剛廢棄的軍港,忽然又不准建廠;到泰國上班要請警車開道,一包公仔麵,要五十種批文。總之,問題多多,要脫身又不易,還好最後再次西進大陸,賺了錢來補這個"南向"的洞。台灣第一代的企業主無不怨聲載道,當時還要組團去印度,要找商界代表,台商無不"避之則吉"。筆者老友還中了獎,要當團長,只好應酬一番,若是今日尚未撤資,當時投入資金,蒙受巨大貶值損失。

九七風雲,多少公司資不抵債,筆者手上剛有 1997 年 2 月的亞洲匯率,在九七前投入東南亞,每一元損失排名,印尼 82%,印度 47%,馬來西亞 39%,菲律賓 43%,泰國 26%,越南沒有數字,但印象中當年去河內,一美元兑二千盾,如今二萬盾,損失也是 90%。東盟只有去新加坡,可獲利 6%。當然台灣自己本身也貶了 15%。環顧北亞,去日本賺了 12%,大陸賺了 27%,韓國則賠 24%,到香港打個平手!過了 20 年,大家都忘了當年損失之苦。當年台灣銀行界要政府救亡,用營業稅未繳來補壞賬的利潤又忘了嗎?當然,管理層早已換人,歷史無人記錄,怪哉!

四、MENA

1. 管理 MENA 區之難

《讀史觀世》中談到中東局勢，引用美國前外交家的話：20 世紀最大的問題在 "以巴"。日後在 "加沙兩岸、耶路撒冷" 三地會發生甚麼和不會發生甚麼，也是問題所在。本書出版不過三個月，"以巴" 就開火了，證明了華府管不了以色列這位老弟。反而，這老弟的遊説團太厲害了。

7 月 22 日，美國聯邦航空局通知所有美國航空公司，在 24 小時內不得飛往以色列特拉維夫機場，禁飛區包括利比亞、埃塞俄比亞北部、朝鮮、烏克蘭東部克里米亞區，甚至在伊拉克和索馬里上空。而某個高度下亦不得飛行，因為科技進步到，一部 Manpad 比 iPad 勁得太多，一個兵就可以攜帶，半天就可以學會防空導彈系統，流通在世已是以十萬來計，在一萬五千呎的高度，即使是波音 777 也可以將它打下來。飛過這些危險區的搭客，有何安全可言。馬航 MH17 只是例子之一，而擁有 Manpad 的國家有五六十個之多，要全部繞開，怎麼飛呢？不計成本嗎？

總之，MENA 地區（中東北非）的負責人，只能頭痛不已。看見馬里、剛果、肯尼亞、也門、埃及西奈半島、敍利亞、伊朗和阿富汗的報告，就夜不能眠了。不做生意又死，做了又怕被美國罰款，法巴銀行之後，還有誰呢？

阿拉伯之夏,很明顯已到秋季,美國這個世界警察已經失能,聯合國只能叫,保險公司又怕賠款,銀行怕罰款,當年推出阿拉伯之春,非但無功而還,更令商務人員和遊客風險更大,歷史教訓也。

2. 兵家必爭的阿富汗

阿富汗在伊斯蘭黃金時代(756—809 年)是美好的,但太短暫了,到 11 世紀時來了蒙古大軍,16—18 世紀來了波斯人、布加拉人和莫臥兒人,19 世紀來了英國人,作為兵家必爭之地,達千年之久。

沒有外國人入侵的時間則有內戰,直到 1919 年脫離英國獨立,1923 年取消奴隸制度,人們還好些吧!最穩定時間,怕是 Zahir Shal 蘇丹在位的 40 年(1933—1973 年),這期間沒有參加二次世界大戰,戰後亦沒有加入美蘇的冷戰陣營,1964 年甚至行憲,選舉、議會、人權、女權都有了。

一幅 1971 年的阿富汗少女圖片(不知真偽),少女沒戴頭紗,穿短裙,面貌陽光,圖片說明阿富汗是開放自由富裕的,不過這一年阿富汗的人均 GDP 才 265 美元,人口 1,500 萬,香港這一年是 5,500 美元,不可能太富裕。但在 1973 年,一次蘇丹外遊期間的不流血政變,阿富汗變了有總統的地方,王朝沒有了。1979 年,蘇聯人來了,蘇聯入主阿富汗十年,阿富汗人死了一百萬,六百萬人變成難民,去了巴基斯坦和伊朗,幸福生活當然沒有了,但蘇聯自己也撐不住,1990 年散了,1996 年塔利班入主了,但 2002 年美國人來了,當了 13 年家,又走了。

2002 年,阿富汗人均 GDP720 美元,2013 年人均 GDP726 美元,其中還包括了 5,500 噸的鴉片生產,流亡的蘇丹 2002 年回國,死於 2007 年,得年 92 歲,是一個長命的阿富汗人,回顧一生,不知怎想?

3. MENA 局勢不能忘

2015 年 1 月 7 日，巴黎發生 "查利雜誌" 慘案，筆者本要出發巴黎的計劃取消，巴黎老友們説一切生活如常，何以不來，結果 4 月才出發，查利慘案已沒有半點痕跡。老實説慘案現場是從來不會去的地方，到 11 月 13 日黑色星期五，到處都是現場，傷亡慘重。筆者這次計劃到巴黎是年底，相信不會取消，原因是天下已無安全境界，最危險處可能最安全，總不會連續三次吧！

巴黎慘劇非獨立事件，法國的馬格里布困境（Maghreb）是殖民地後遺症，報在 100 年後而已。馬格里布泛指法國北非殖民時期的阿爾及利亞、摩洛哥和突尼斯三地。二戰後，法國引入馬格里布移民來補充不足的勞動力，第一代尚好，第二代沒法融入社會，只有享受法國一流的社會福利。法國白人和馬格里布移民的關係只能用惡劣來形容，雖然法國在中南半島也有殖民地，也有東南亞移民，但問題沒有那麼嚴重。

這次巴黎慘劇不是獨立事件，11 月 12 日已有黎巴嫩、貝魯特慘劇，死 41 人，傷 200 人，法國總統奧朗德才發表了 "憤慨" 之情，一日後就輪到法國了。法國慘劇後又有尼日利亞爆炸，32 死，50 傷，加上俄國客機在埃及上空爆炸，230 人無一生還，發表譴責已無濟於事，只是 Lip Service。世界旅遊業不可能沒有影響，對世界經濟只會雪上加霜，火上加油。

中東局勢不穩是誰之過，阿拉伯之春發展到今日已是嚴冬，法國老友多年來都警告筆者注意 MENA（中東北非）局勢，誠不我欺！

4. 阿拉伯煉獄之火

"阿拉伯之春" 踏入第 6 年了，西方智庫創出這個名詞之際，想的是 5 年後民主處處，安和利落，結果由春至冬，如今甚至變成 "煉獄"，智庫人

馬只好當 "縮頭烏龜"。不要說那批湧向歐洲的 100 萬 "大軍"，他們還是活着的，那些投奔了地中海的冤魂，午間夢迴，又當如何。

　　中東陷入內戰的敍利亞，死了 50 萬人，1,100 萬人流離失所，所以才有 500 萬人要逃難，失業率 15% 恐怕還是少的；也門又是數千人喪生，失業率高達 29%；利比亞強人死後，失業率達 19.5%；突尼西亞這個 "阿拉伯之春" 的發源地，人民焦慮不安，經濟搖搖欲墜，失業率 16%，抗議浪潮不絕。埃及軍方復生，穆斯林兄弟會玩完，外匯不足，失業率 13%，政府貧富兩面都不討好。君主國們，只有沙特還算好，失業率 5.7%，當地居民本來就不用工作，全部是外勞，居民福利優厚，如果油價不反彈，前景亦堪憂矣。其他約旦失業率 13.6%、摩洛哥 9.5%，但政治變革無望。

　　"阿拉伯之春" 的一把火啟動了 20 多國家參與的戰火，歐洲人夢想不到是吃到苦果居然是自己。地中海不少，但大西洋更遠，難民連英倫海峽也跨不過，不可能去到美國。中東出事，歐洲遭殃，歐盟未因希臘和歐豬危機而解體，但難民潮卻使歐洲各國執政黨人人自危，由德國到法國的右翼聲音、極端主義、反伊斯蘭、反歐盟都來了。土耳其看似坐享其利，左右逢源，但自己也發生爆炸案，中東歐盟都無樂土。英國脫歐，就脫得了麻煩？存疑之極！

5. 伊斯蘭走廊不容忽視

　　2008 年，美國最大私募基金之一 "凱雷" 的創辦人魯賓斯坦說："我們認為世界經濟是圍繞我們轉的，由我們的標準和意願主宰，但世界經濟中心正從歐美為中心向中東和亞洲為中心轉移。" 注意到這句話的人，當然明白為何絲路經濟的興起，正是代表這個現象。

　　研究中東的學者更指出，"伊斯蘭走廊" 這個古老現象，西方人只知道馬可孛羅東來，但 14 世紀，阿拉伯世界的 IbN Bottuta（白圖泰）由北非摩洛哥出發，穿過中東、印度、印尼，然後再到了中國的故事就鮮為人知了。該條路徑被稱為"伊斯蘭走廊"，亦即今日"絲綢海路"的其中一條，絲綢之路沿途包括 57 個伊斯蘭國家，是歷史、地理、經濟和宗教的紐帶。如今阿拉伯商人已由到古代的福建泉州，改到浙江義烏，那裏也是最多阿拉伯語翻譯的城市。

　　古時阿拉伯世界的金融中心在波斯灣城市，現今是伊朗的霍爾木茲（Hormuz）和阿曼的馬斯喀（Muscat），21 世紀則是阿聯酋的杜拜。西方的投行將中東業務部設於倫敦，而不是紐約，因為飛行時間倫敦是 7 小時，紐約卻是 14 小時。2007 年，倫敦的外匯交易量已經是紐約的一倍，到 2015 年 10月，倫敦的每日交易量是 2.15 萬億美元，是整個北美市場 0.809 萬億美元的1.24 倍。這次英國"脫歐"會有何影響，不知道，但阿拉伯財富基金和中國絲路基金、亞投行會在伊斯蘭走廊活躍，香港正應趁此機會，加強和杜拜的聯繫，取代倫敦。此其時矣！千載難逢！

五、"四小龍"

1. "醒獅"和"小龍"變化

　　台灣的藍綠相爭,由老人家們的國會互鬥,發展到青年人的"太陽花和康乃馨"之爭,只不過再次顯現台灣的公權力不彰,有法不執行的現象而已。一週來,台灣股市波濤不驚,站穩 8,700 點,對投資人來看,亦是茶杯裏的風波。

　　台灣人一向自我感覺良好,不看外面世界的變化,認為世界只是"美國和日本",亦是多年"台式教育"之功。兩蔣時代留下最大的遺產就是"恐共症","解放、統戰、間諜"都成為台灣的負面字彙,孫中山的"三民主義"亦在投票遊戲流行後成為"大毒草",錢穆在九泉之下亦要一哭。在兩蔣時代,台灣自命在經濟上、政治上、文化承傳上和軍力上(有美軍支持下)都勝於大陸。

　　兩蔣死後的 1990 年,據 IMF 的計算,以台灣 1,600 萬人口,GDP 規模的 PPP 計算,是大陸的 41%(香港則是 20%),所以港台合計是 61%,當然要平起平坐,但 2012 年,這個數字已是 7.2%(台)和 3.2%(港),即使和大陸各省份來比,亦只能排在廣東、江蘇、山東、浙江、河南之後,台灣排在第六位,是排第一位的廣東的 51% 而已。目前可以自豪是還比上海和香港大。

　　一切順利的話,到 2018 年,港(2.2%)台(5.8%)合計只是大陸的 8%,排名在各省的十名外。可以預期,經濟上若無"超國民待遇",已不成了,小馬哥若是無能，綠營更無能。中國大陸這頭獅子已睡醒了，台灣這條小龍，仍在夢中，美國人不可靠，"放棄台灣是人生的現實"，不視為"背信棄義"，一年的 52 億美元軍購，太渺小了。綠營上台增至 145 億美元也不多。

2. 港台戰後嬰兒和子女境遇

　　和台灣的戰後嬰兒們談起子女的問題，回顧戰後嬰兒們的一生，是生活艱辛但人人有希望的社會，只要努力就有回報，港台是一致的。

　　當年一家七口 400 呎已是幸福的生活，唸完 MBA 還是當廳長，也不見得有怨言，但戰後嬰兒的子女們呢？是生活安逸，但希望只在最優秀的一群。大學生太多，品質沒有保證，是問題所在嗎？1990 年在台灣時，台灣的大學沒幾家，學生的大學在學率約是三成，大專院校到 2013 年是 166 家，在學率升至七成，香港則保持在三分之一，台灣在數字上遠勝香港。

　　台灣過去二十多年，以科技產品加工起家，號稱科技之島，所以科技系畢業生吃香，1990 年—2000 年間，科技生由 35 萬增至 61 萬人，非科技系學生亦由 25 萬增至 58 萬。這是長人李時代的成果，但台灣商人的管理最擅長是削減成本，由設備、原料和工資三者齊削，最好下手是工資，而大陸科技生更便宜，是不爭之實。在台灣唸科技，如不肯渡海西移，接受較低工資，便沒有前途，所以由 2001 年—2011 年間，台灣科技生，不增反減，只有 60 萬人，但非科技生卻由 58 萬暴漲至 75 萬，這 17 萬新人只能入服務行業和零售業。這方面，香港得益於自由行早於台灣很多年，而大學生亦沒有台灣多，情況不嚴重，大學生不至於要月入 22K 台幣，這是阿扁 8 年政績，小馬哥只能全面承受，若無三通，台灣早已陷入衰退，商界削成本太成功，學位太多，誰料到呢？

3. "四小龍" 分野與文化

2014 年年初，看到里昂老同事的四小龍預測，新加坡居首，上升 6%，台灣第二 5.7%，香港第三 4.9%，韓國居末 4.7%，理由是歐盟經濟將由 0% 增長變為增加 2.5%，四小龍都會受惠，各地股市亦會上升。基本錯了，其他當然亦全錯了。

自 2008 年金融海嘯之後，歐盟就沒有好過，因為歐洲人過得太安逸了，無從改革，這亦是《讀史觀世》的結論。所以在今年 10 月再回看四小龍的業績，最佳估計，新加坡是 2%—4%，中間 3% 居多；香港 2%—3%，最多是 2%，台灣沒有了歐盟，卻多得香港佔中，陸客遊台大增，黃金週效應，大概可得 3.3%；韓國被低估，大概可達 4%。所以四小龍 2014 年的經濟排名，是韓國、新加坡、台灣、香港。

老友説，香港和台灣是兩類中國大陸外的明珠，二十年後，在四小龍之爭，雙雙敗下陣來了，有甚麼深層原因呢？很明顯，韓國和新加坡都是強勢領導，而香港、台灣都是相對弱勢，台灣更是藍綠之爭，二十年來，百事俱廢，小馬哥的民望六年間由 68% 插水至 9%，近年在 15% 左右，無法領導群豪，"黨內無友，黨外無援" 之下，還想要見習大大，能代表誰呢？

香港要走上台灣的老路，誠為可悲。四小龍都是中國大陸外受儒家傳統影響的地方，20 世紀下半段，都受美國文化的影響。台灣和韓國都有日本因素，但有正反之分，戰後 65 年，四小龍都踏入現代化的行列，但對本地歷史的溫情理性卻大有分野，《讀史觀世》其義在此。

4. 日本和 "四小龍" 的前景

中國進入新常態，2015 年第三季 GDP 破七，只有 6.9%，已是意料中事，但日本和四小龍的第三季業績如何，更令人關注。第二季中國 GDP 增長還是 7%，但日本是 -0.3%，新加坡是 -2.5%，台灣是 -1.97%，韓國是 0.3%，香港則是 0.4%。第三季又如何？新加坡回到 0.1%，其他地區尚未見數字，但台灣已被估為 -2.11%，全年不能"保一"，只有 0.9%，恐怕仍是太樂觀，全年大概零增長（結果 0.74%），候選人不知如何面對那場"投票遊戲"，真是"屋漏更兼連夜雨"，若再遇上股市大崩潰，換誰來選也沒用也！

日本和四小龍全部依賴出口中國，佔有率分別是日本 18%，新加坡 20%，韓國 30%，台灣 40%，台灣還是集中在電子產品，台灣經濟"不堪提"，小馬哥的"六三三"許諾，只是一場空。日本不管是"舊三箭"還是"新三箭"，都救不了經濟，第二季出口下降 4.4%，入口下降 2.36%，中國遊客到日本大買特買，也不見有甚麼大作用，消費者總需求只升 0.2%。看來第三季不會是好景。其實本月已是全年的第四季，日本和四小龍在新常態之下如果找不到新亮點，全年的經濟增長也就"係咁先"。日本台灣不能"破一"，已是板上釘釘，其他三地也就是在 2% 之下掙扎，還要看中國態度。

老實說，日本"不必憎"，台灣"不必寵"，香港"不必縱"，已是常識。韓國在中美間搖擺，但對日本強硬，生意是"不必愁"。新加坡遠在東盟，只要馬六甲戰略地位不改，也可東盟中國兩家春，"不必憂"也！

5. "四小龍"連一孩都沒

中國取消"一孩政策"，當然是大好事，當時很怕"80 後"全部變了無兄弟姐妹的小皇帝。但過去 35 年，中國是一個"努力向上，野蠻生長"的社會，生活還未安逸，所以"80 後"不少變了"創業者"，比起沒有生育計劃的日本，少了一批"草食男"和"宅男"。

社會風氣不一樣，在"一孩政策"之下，中國家庭其實不只一孩，看生育率，中國每千人生 12.25，比沒有限制的美國（每千 /13.66），只少了一個半；比日本的每千 /8.23，好得太多了。日後要追上美國，不必花很大工夫，反而日本如何催生，也無功效，太安逸了。

　　亞洲其實要為孩子頭痛的還有四小龍，問題相當嚴重，在 224 個有數字的地區，最後 8 名中，四小龍全列在其中，台灣 8.61，韓國 8.37，新加坡 7.79，香港 7.58，香港排尾二，只高於富而老的摩納哥（6.79）。雖然如此，香港還是為小孩教育而頭痛，到長大又為工作而頭痛。要知道四小龍的青年，沒有誰願意做 3K 工作，都給外勞了，父母也捨不得，只好養在家，不然去做研究生，讀個碩士或博士學位。台灣當年開了 166 間大學，將大學當生意來做，地皮有價，執笠可以賣地。台灣 2,300 萬人口，有 100 多萬的青壯已在大陸，有碩博士學位者 110 萬人，全台每 21 人就有一個碩博士。學位有了學問如何不知，只知台灣大學新生不足，8 年內由 30 萬減到 17 萬，大學教授要失業，還好有大陸和香港都會請人，開源之道是收大陸學生，但來的尖子又考取班上頭 10 名，怎辦呢？

6. 生仔問題誰最大？

　　自替法國人打工以來，就知道法國人生第 3 個小孩就有稅務優惠，也有同事連生 6 個，有 3 個還是在中國生產，令中國同事歎為觀止。但數十年後，法國人生育率每千個 12.49，比 1 孩政策的中國每千個 12.25，好不了多少。法國還有大量北非移民，也是好生養的，不覺得的是德國人的 "生子津貼"，因為生子而辭工的父母，每年可以有津貼高達 2 萬歐羅，但 2014 年，德國人每千仍只有 8.42 嬰兒，是歐洲區最低的。

　　其實歐洲人不生小孩已為通病，看下列數字：比利時 9.99、西班牙 9.88、烏克蘭 9.41、奧地利 8.76、葡萄牙 9.42、意大利 8.84、摩納哥 6.72，所以德國人在 2007 年推出 "生仔津貼"，8 年下來，收效不大。2015 年要吸納 80 萬中東難民，也有策略性，吸收得起也，將來是否和法國一樣有"移民後遺症"，那是後話。

　　亞洲方面，日本是老人最多，年輕人最少，嬰兒數字更是 8.07，是摩納哥外世界最低，安倍新三箭推出"連配相親"和"父親休產假"，會有效嗎？且問"草食男"和"御宅族"，連結婚也欠興趣，何論生育，反而新加坡，在李光耀時代已説大學女生不肯結婚，推出遊船河相親，如今改為郵輪之旅，是免費，但要上生育課和性輔導，且看 8.1 的生育率，能否改善。但新加坡有移民政策，每 10 年 100 萬人，人口不是問題。

　　俄國人口卻是每年少 70 萬，才得人驚，酒精中毒是大問題，生孩子每個有 1.3 萬美元獎勵，有地方獎 1 部汽車。中國只改政策，其實 12.17 問題沒那麼大。

7."四小龍"如何自處

　　1990 年，中國才改革開放了 12 年，只像一條潛水艇浮出了一點上水面，只求暫安，亞洲四小龍正在春風得意。這一年，四小龍名義 GDP 和中國大陸相比分別是韓國 71%、台灣 43%、香港 20%、新加坡 10%，加起來是 144%。四小龍帶着資金和人才進入中國市場，好不得意，優越感就是這時候累積的。

　　到了 21 世紀，中國崛起，但四小龍仍有分量。2001 年，和中國大陸 GDP 相比，韓國 36%、台灣 23%、香港 14%、新加坡 8%，總計 81%。

　　2015 年，中國完全露出水面，是一條航空母艦，四小龍仍是當年那四條現代化的快艇，但地理位置不一樣，比例亦降低了，韓國 12.1%、台灣 4.6%、香港 2.7%、新加坡 2.6%，總計 22%。

　　中國經濟是減速了，但 6.8% 一年的增長，就比台、港、新的整個

GDP 都大了，影響所及，四小龍在 2015 年亦全部減速了。據 IMF 估計，韓國 -0.6%，新加坡 -1.1%，香港維持不變，台灣 -1.6%，但台灣自己估計要 -2.8%，影響最大，因為出口大陸、香港，已佔全部出口 40%。在投入中國大陸的 FDI 金額裏，四小龍在十大中排名如下，香港第一，韓國第四，台灣第六，新加坡第七；至於排在第二 BVI 金額如何分配，沒有資料，但台灣應有一條大數，所以排名應全高於美國。

在航空母艦旁邊行駛，如何自處，新加坡泊得遠，影響最小，最難自處是台灣，海峽風高浪急，船上人意見又不一致，只得一個"拖"字，今後難矣！

8."四小龍"的人才移轉後果

美國的失業率 5% 不太可信，因為勞工參與率不是災前的 66% 而是災後的 63%，用同一個理論來看四小龍，發現是四小龍相差極遠，新加坡67%，韓國 62.7%，香港 61.1%，台灣 58.67%。失業率的數字則是新加坡 2%，韓國 3.4%，香港 3.3%，台灣 3.84%。再看青年失業率，新加坡 4.3%，韓國8.2%，香港 6.4%，台灣 12.88%。通脹率，新加坡 -0.8%，韓國 1%，香港2.4%，台灣 0.53%。

四小龍各有獨特情況，新加坡勞動力不足，所以有大量進口勞工和移民出現，還有老人工作計劃，所以失業率幾乎是零，青年失業率奇低，而人均GDP 是 55,904 美元，是四小龍之冠，李光耀可以去得安心了。台灣數字亦有些疑問，2,300 萬人口，但有 200 萬人渡海到大陸工作居住，又維持戶口在台灣，這些人怎麼算，算了後數字如何改變，一直是分析員們的疑問，儘管如此，青年失業率 12.88%，大學生畢業只賺 22K 台幣，加上台灣黏手機時間 193 分鐘是世界之冠，青年的黏手機率只有更高，有所謂"太陽花運動"

是半點不稀奇了。台灣人均 GDP 只有 22,083 美元，只是新加坡的 40%，蔣經國一輩打下的基礎，消磨淨盡！新加坡 2016 年 GDP 預測增長 2%—2.5%，2015 年第 4 季突然發力至 5.7%，有點奇怪，説是內需所至，亦解釋不了，而台灣 2015 年只能達 0.75%，預測 2016 年 1.5% 誰能相信。台灣在四小龍競爭中已很明顯敗在人才不足，大量好手去了大陸和香港工作，不知不覺之間就敗陣下來了！

9.“四小龍”經濟近代史

中國進入新常態，GDP 由 1979—2010 年間的平均 9.9%，降到 2016 年的 6.7%，仍是相對的高增長。

只看中國的變化，而不看自己如何變，是説不過去的，看看四小龍過去 35 年（1980—2015）如何增長，是互利，還是搭順風車，數字最清楚。

1980 年，大陸剛改革開放，GDP 只是 3,030 億美元，四小龍以韓國為首，650 億美元，四小龍總計 1,600 億美元，是中國的 52%，但首 10 年（1980—1990）是四小龍最風光的 10 年，GDP 以倍數上升，韓國 4.3 倍、台灣 4 倍、香港 2.6 倍、新加坡 1.6 倍，中國大陸只上升 1.3 倍，還是潛龍勿用，所以四小龍的 GDP 總計是中國的 141%，這時的台灣是中國大陸 42%、香港是 19%，合計 61%，以如此少的人口，達到此結果，台灣香港既自傲又自大，是有數據支持。

第二個 10 年（1991—2000），是世紀之交，四小龍已進入“新常態”，以製造業為主的韓國和台灣放慢了，中國大陸增長了 3 倍、韓國 2 倍、台灣 2 倍、香港 2.2 倍、新加坡 2.5 倍。新加坡李光耀看出人口紅利的好處，改變移民政策，大量吸收華籍移民，但四小龍的 GDP 總計，已降成中國的 96%，四小龍似乎安於現狀，照辦煮碗。

21 世紀才是中國真正發力的 15 年（2001—2015），2015 年 GDP 上升 9 倍，達到 10.95 萬億美元。四小龍的增長，只有韓國上升 2.5 倍。新加坡繼續人口紅利，上升 3 倍，和大陸走得最近的香港只是 1.8 倍，台灣更下降至 1.6 倍。台灣人口西進達 200 萬人，是 "反人口紅利"，這時候台灣只是中國大陸的 4.8%，香港則是 2.8%，共 7.6%，不能再自大和自傲了。

10. "四小龍" 25 年之爭

四小龍經濟規模，由 1990 年是中國的 141%，到 2015 年只是 23%，只是 25 年而已，是戰後嬰兒們親身經歷，但更值得注意是四小龍間之爭，一向是香港和新加坡的雙城記，和韓國與台灣的加工業之爭。

港新兩地是金融中心之爭，香港製造業已全盤搬入內地，而新加坡則保留高科技、石油等行業，GDP 仍有 25% 是製造業。

1980 年，香港人口是新加坡的兩倍，但 GDP 只是 1.2 倍；20 年後，新加坡人口增加至 500 萬，香港 700 萬，香港是新加坡的 1.4 倍，但 2011 年，新加坡 GDP 超過香港，其中有匯率因素，到上世紀九七亞洲金融危機後，坡幣大貶，所以，港新兩地的 GDP 拉開至 1.8 倍；到 2015 年，香港只比新加坡大 5%，大家亦打過平手，但沒有了 "國父" 李光耀的新加坡往後 25 年是不是一樣呢？

韓國和台灣之爭，怕是台灣一直以韓國為對手，1980 年，韓台 GDP 相差 1.55 倍，1990 年相差 1.4 倍，看來有得追。但台灣 1990 年由李登輝開始政爭時代，戒急用忍，藍綠之鬥，企業不知如何投注，西進雖有 "超國民待遇"，卻未敢全盤投入，九七風波對韓國的影響比台灣大，匯率狂貶。到 2000 年已復蘇，韓國 GDP 已是台灣 1.7 倍，無得追，韓國三星等品牌出現，台灣仍在加工業浮沉。2015 年，韓國已與中國實行了自由貿易區協定，台灣的 EFCA 只是一個空談，韓國 GDP 已是台灣的 2.6 倍。

所以，四小龍在過去 25 年裏，台灣已經完全被打敗，韓國大勝，大家都是可以投票的地區，而港新兩地之爭是打個平手，再過 25 年，是何光景！

11. 結語："四小龍"的將來展望

四小龍又一個 25 年會如何？答案是如何搭乘"一帶一路"這一架便車，很明顯，四小龍過去 25 年的高增長亦變了如中國的新常態。2015 年四小龍的 GDP 增長率分別是：韓國 2.6%，台灣 0.7%，香港 2.4%，新加坡 2.0%；如果用 2015 年 3 月底來計算年增長率，更悲哀，韓國 2.8%，台灣 -0.6%，香港 0.8%，新加坡 1.8%。

四小龍最得中國之利是北方的韓國，台灣在變天之後，自我放棄，前景最差，香港和新加坡亦受到中國放慢的影響，所以 2016 年的 GDP 預測，韓國 2.6%，台灣 1.47%，香港 1.5%，新加坡 1.9%。相信不久後，各大預測家都要下調預測，正如全球 GDP 亦已下調至 2.4%，隨着各類不同形式的黑天鵝、脫歐、反恐、負利率等等，2016 年不能看好，是常態。

反而東盟經濟，除了新加坡（1.9%）外，一片大好，平均 4.5%，沒有了產油國汶萊的 1%，泰國的 3%，平均增長會更高，所以台灣要南向，也不無道理，只是能否佔據到市場而已。目前東盟所需要產品，中國包括台灣投資的企業，都已能提供，最高希望是緬甸 8.4%，越南 6.7%，泰國 6.8%，老撾 7%，印尼 5.2%，馬來西亞 4.2%，菲律賓 6%，誰準備最好，誰的絲路經濟就會搞得好。但這只是"一帶一路"中的 10 國（或地區），還有 56 國，其中大部分正處於所謂"伊斯蘭走廊"，是阿拉伯財富基金投資的 Comfort zone。歐盟固然仍是最大的消費國，但此消彼長，25 年內非洲也許就是明日之星，中國已去了 100 萬人，有了市場之先！

總結

英國"脫歐"在 2016 年 6 月 24 日公投了，雖然英國正式"脫歐"仍有兩年之久，但已打開了全世界轉勢的"潘多拉魔盒"，世界正式踏入"不確定性年代"。英國 29% 人口作出脫歐決定，令新歐盟存亡又一次受到考驗。而英國亦面對朝野都要換領袖以應付和歐盟的政經博弈，蘇格蘭和北愛爾蘭亦可能"脫英"了。

法國 2017 年總統大選，德國總理能否長期執政，都成疑問。2016 年 11 月，美國總統大選，希拉莉和特朗普誰會有更高的確定性，亦是未知數。中國雖亦有經濟放緩的"新常態"，但卻是不確定性中的確定。2017 年唯有習近平和普京確定性最高。"一帶一路"戰略亦會成為全球經濟的希望。唯有中國和美日關係穩定，以及和"一帶一路"沿途 66 國的關係平順，和平發展合作是主調，才是世界之福。總結如下：

1. 美國

中美關係是如中國所希望的"新型大國關係"或是美國智庫提出的中美共同體（CHINERICA），都是可以接受的方向。中國夢和美國夢相互糾纏了多年，也是應結出一個"共同利益"的果，但美國總統換人，沒有一年，也不能推出新戰略，中國只能繼續佈局，下一盤好棋待變。不管美國誰上任，中東北非的問題必定纏身，對中國只能小打小鬧。美國的國債仍高不可攀，但孤立主義又復活了，要注意。

2. 日本

中日關係要待安倍"下班"才會有好轉之機。"安倍經濟學"應在 2017年底壽終正寢，日本出不了新首相，也是浪費時間，中日經濟只能維持現狀，沒有進展。日本會否成為核大國，尚存疑問。

3. 東盟

"東盟 +6"的 RCEP 比美國推出的 TPP 要有前途。TPP 很可能隨奧巴馬下台而煙消雲散。東盟是海上絲路的必經之路，但隨着陸上絲路的鐵路網完成，世界貿易如不大增長，中歐的海途和陸途由 99%：1%，變為 50%：50%，對航運業有何影響？這是一大世變，對新加坡的影響巨大，中國由雲南、廣西入中南半島的鐵路當注意。

4. 歐盟

英國脫歐已成定局，歐元和英鎊的前景黯淡，匯率先貶。此次脫歐，對英國和歐盟都有巨大影響，歐洲五百年來的"利己主義"發揮無遺。歐豬四國遺毒未去，歐洲經濟放慢無可避免，移民難民問題如舊，國內恐怖分子如舊……如何受惠於"一帶一路"，變得尤其重要，否則歐盟玩完。

5. 中東北非

"阿拉伯之春"遺毒無窮，美國將脫身不得。中國在此地影響力僅排第五，但伊斯蘭走廊將在 21 世紀復興。學習阿拉伯語是另闢蹊徑的方法，肯以阿拉伯語為第三語言者，有前途。

6. 中亞和南亞

上海合作組織將由原始的中、俄和中亞四國，加入印度和巴基斯坦，中亞經濟走廊和中亞絲綢鐵路，將是新貿易之路。已經成立 15 年的上合組織，由寂寂無聞到不可忽視。中俄關係更上層樓，中、俄、蒙經濟走廊亦開始了。絲路更壯大，連帶開發中國東北部的經濟。上合組織 30 多億人口，2015 年 GDP 為 37 萬億美元，6 個觀察員國，6 個對話夥伴國，都準備加入上合組織，當注意。

7. 中東歐

南歐和北歐五百年來已將人力和土地發展到極限，生活安逸，能保住就不錯。歐洲未來增長在於中歐 8 國和東歐 8 國。中國已推出中東歐 "16+1" 的合作計劃，絲綢鐵路已通了中國到波蘭這一段，亦是補英國和歐盟分裂之失。

8. 大中華區

"一帶一路" 是中國戰略之大者，中國在人力發展應收到人才紅利。推進香港和上海成為世界金融中心，是一箭雙雕，兩者都不可棄。英國脫歐拖累了倫敦，人民幣國際化應在五年之內實現，成為繼美元之外最有影響力的貨幣亦非夢。當然貶值是風險，但歐元面世後，升貶了多少次，美元自己也是升幾年，貶幾年，交易員才有得炒，只會升值不是好事。

香港和台灣若踏不上 "一帶一路" 這班快車，前途有限。本書提供大量想像空間，往後數十年，看歷史大勢，提供 "一帶一路" 上各種服務的中介，注意伊斯蘭經濟走廊，通曉阿拉伯語和阿拉伯文化，注意評級風險和如何管控，應是香港和台灣所長和大展身手。是為禱！

張建雄

2016 年 4 月 25 日